述而作

武功薪传

（修订版）

张义尚◎编著

社会科学文献出版社
SOCIAL SCIENCES ACADEMIC PRESS (CHINA)

序　言

张义敬

中国社会科学院胡孚琛先生来电话，说社会科学文献出版社拟出版其先师张义尚遗著，可否请我写篇序，我高兴地同意了。

义尚是我的大哥，生于 1910 年农历三月二十七日，长我 16 岁。他从小缺奶，到了七八岁时，得了五心烧（肺结核），医师对祖父说："您的孙子，要长大了才能算数呢！"这话却被他自己听见了。"才几岁，难道就要死了？"当时，还没有有效的西药，在我们乡下，连西医也还没有。当他的私塾老师知道这事之后，就给他灌输了一些路见不平拔刀相助的故事，以振作其精神；再告诉他，身体不好，通过坚持锻炼，就能够转弱为强的道理。从此，他开始习武，先是爬竹竿、举石锁，继之习外家拳，再继习金家功夫，进入复旦大学后，就学杨式太极拳，一直坚持到晚年。

在我的印象中，大哥总是胖瘦适中、精力充沛、脸色红润、行步如飞的，凡与他同行，我总得加大脚步，才不落后。在读大学时，他跟银道源先生学过道家的内功，还跟王元吉先生学过"地理"，跟黄炳南先生学过易筋经……

1947年，大哥在成都参加过高考①，录取之后，就在南打金街挂牌行医。当时，他也正寄居在锦江边上李雅轩老师家学太极拳。同时他在报上登广告数月，寻访道家明人，找到了周明阳（一三）老师。到1948年下半年，将周一三老师迎到重庆北温泉，借居邓少琴先生寓所，准备做一些周老师的南宗功夫，终因时局动荡而未果。

1948年秋，学校放寒假，大哥叫我去过年，初次见到了周一三老师。周老师瘦高，90多岁了，精神健旺，手上的静脉血管突出很高，好像要脱离手背而独立。他清早要做一次拍打功夫，拍得很响，我住他楼下，都能听见。有一次在江（嘉陵江）边玩耍，他竟然从江水中拉出一条斤多重的鱼来。当时我年轻，认为他就是神仙。他有时一睡就两三天，不吃饭，我们不放心，上楼去看他，他却说："不要打扰。"他还告诉我，在清朝，他当过四川盐运使，从四川运食盐到拉萨，他去过两次，言下颇为自豪。他死在重庆中兴路他的学生周戈安家里，时间大约是1951年，享年百岁左右。大哥跟他学了道家南宗的人元丹法，后来写成《东方绝学》。初稿我见过，既惊异于

_____

① "高考"全名是"高等文官考试"，在1949年以前是政府选拔人才的主要方法。录取之后，可以根据成绩当县长、专员之类；学医的，可以当医院院长或主任医师之类，大致如此。

前人之想得出，也慨叹于大法之难于行，然而在学术上的价值，自当永存。

大哥就读于上海复旦大学，读了两年。八一三上海抗战爆发了，复旦迁到重庆北碚，他是在北碚毕业的。毕业之后，在邓华民的蜀华实业公司当过会计主任，有四五年之久。此后大哥就终身以医为业。

大哥每学一门技艺，都留有著作。我曾问他："你的著作为什么不联系出版呢？"他说："我写书是为了做学问，提高自己，也不愿别人把我的书稿改得面目全非。"他的书多是蝇头小楷、线装成册，与古籍出版社的线装书一样精美，见者无不赞叹。除了著作之外，他还抄录、整理了大量佛道方面的资料，估计近两百本。可惜大多在"文化大革命"中被抄、被烧，空余浩叹而已。四川的夏天相当热，他不睡午觉，午饭之后，拿一把大蒲扇，挥扇退热片刻，就又开始工作了。

大哥十多岁时跟周之德老师学了几年金家功夫，到上海进入复旦之后，就改学太极拳了。但对于周老师，大哥依然极为关注，曾从上海寄三百银元给他，使他重振家业。在"与人斗其乐无穷"的时代，大家都穷，但每逢年节与生日，大哥总要给李雅轩老师寄钱、寄粮票，从不间断。

从上述两件事看来，与今日之学生相比，能如此尊师者，恐怕已为数不多了。

在我十多岁时，大哥教过我古文和金家功夫。在他的引导下，我终于爱上了太极拳。大哥是我的第一位太极拳老师，后来的几位老师，也是由于他的引荐。

这一生中，与大哥通信不断，在思想、学识诸多方面，受益良多。古人说长兄代父，义尚于我，足以当之。大哥于2000年年底辞世，享年91岁。

谨就我所知的一些情况，略述于此，谨代序言，或为读其书而想知其人者所乐闻吧！

张义敬

2010年4月

回忆练拳六十年[*]

（代序）

张义尚

中国武术包括拳术、气功和各种器械。拳术是人类在原始蒙昧时期就用以御侮自卫的斗争技术。在长期生活实践中，人们深知体弱力薄，难以征服自然，赤手空拳，难以战胜强敌，因而逐渐积累了锻炼体力和利用器械的经验，这就是武术的起源。

中国拳术是随着人类文明不断进步而发展起来的。它源远流长，门派复杂，功深莫测，各有千秋，在历史上名扬四海，功绩卓著。今日来谈拳术，从御侮方面讲已经过时，但从健身方面讲仍不无价值。这里将我练拳六十年的经历和感受作一概略记述，敬请有关行家批评指教。

---

　*　本篇选自《忠县文史（资料选编第一辑）》，忠县政协学习文史工作委员会编，1991。因系作者总结练拳 60 年的体会，故置于书首，聊作《武功薪传》序言。——编者

我幼年时体弱多病，受业师启发，向往拳术和气功，当时苦于无处问津，深感遗憾。十四岁那年，我进入县立高小读书，访知本县南岸王场（现属石柱土家族自治县）拳师王鲁璠，并拜其为师，开始练拳。师擅长字门拳，主张练拳多不如专，贵在精练实用，在教授套路方面，只是一个正桩十六手；在教授裁手（亦称散手）方面，也只有五六个动作。我练了半年，兼习少林深呼吸法，竟使我那病弱的身体强健了起来，这真是一个奇迹。

开始练拳后，我接触了一些人，看到会拳术的人总比不会拳术的人强，与人较量起来总是占上风。我悟不出其中的科学道理，就决心对它作一些探讨。在老师的指导下，经过自己的不断实践，我终于弄清楚了一般人所以敌不过会拳术的人，是因为他们的力气是分散的，不能集中受指挥，所以动作迟钝，当然也就谈不上如何制人、如何防护了。学有心得，使我对技击产生了兴趣，勤奋练了两年字门拳后，我不仅身体强壮了，技击本领也有了很大进步。原来班上我战胜不了的同学，可以一一制服了，即使受到三五个人围攻，我也可以从容应付了。

然而强中更有强中手，能人背后有能人。我的一点功夫在强手面前不堪一击，对力大汉子粗的人也难操胜算。因而我亟欲继续提高拳术。十八岁那年，我有幸认识了梁平县的周之德先生，我真诚拜师，当即被列入门墙。周老师是内家拳法形意支派的金家功夫第五代正宗传人，我虚心受教，潜心钻研了七载，费了不少精力和金钱，终于把功夫学到了手。

我对金家功夫的总结是五个特点、两个秘密和两个缺点。五个特点是：第一，进攻如走路，自身随随便便，不摆任何架式，对方一点也看不出形迹；第二，打人不现形，对方尽管挨了打，甚至被击倒，但却不知道是怎样被打的；第三，逢人须夺位，以攻为守，守即是攻，不像其他拳种，把攻守分成两截；第四，拳出不空回，出手过后，如未能达到目的，不是收回再打出去，而是立即因势变换攻击手法，不给对方以喘息反扑的机会；第五，拳法变换无穷，不拘什么动作，都可以随对方的情势而不断变化，一直到对方彻底溃败为止。两个秘密是：第一，练功由浅入深，循序渐进由疲劲①、抖松劲、急劲、灵急劲到快利粘连随合劲，一气贯串，自然而然，练出真功。对于外家拳法利用外物，如插沙、举重、打桩板、掼沙袋等，则认为是吃人饭做牛活路，它虽然可以增长蛮力，但却把本身的灵活力练僵死了，于身体的健康与技击的巧妙都是南辕北辙、有损无益的，因而不采用那种使蛮力的练法；第二，教气功只有一开一合两个动作，但内中包罗万象，所有金家功夫的各种奥妙都涵摄在内，隐而不发。但这个功夫也有两个缺点：第一，不容易学习，难得真实受用，动作虽然简单，做得是否正确，外形上难以判断，任你怎样聪明，如不虚心接受名师真传，只能是有外无内，没有真功；第二是这个功夫技击性太强，真正练到了家，出手就会伤人，导致不良后果，历代传授，慎之又慎，故功夫难以广泛流传。

我在初中阶段，就开始看太极拳谱，当时我对那读起来还感

---

① 疲劲，《金家功夫述略》又作"皮劲"。抖松劲，《述略》作"抖搜劲"。原文如此，故未予改动。——编者

到高深的论述却很感兴趣。初中毕业后，我到上海去读复旦大学预科（即高中部），恰好学校请了杨澄甫先生的嫡系传人吴云倬先生做太极拳教练，我当即参加了学习。由于我已有了一点儿内家功夫的基础，学习起来接受得快，领会得深。练了半年，脚下很明显的有了根劲，每盘架子后，身体非常舒适自在，精神特别清爽愉快，有即将乘风飞去、飘飘欲仙的感觉。这一时期，我的拳技进展很快，功夫一天比一天不同。一年过后，老师就要我做助教辅导别人练拳。那时，我与人推手，已可以轻巧地把人平空抛出了。

不幸抗日战争爆发，我与吴老师分手后就音讯隔绝了。我除了自己重点地钻研太极拳，对形意、八卦也作了一些研究。此外，又学了一些其他的东西。这就把劲路弄乱了，自己明知不对，但总找不出科学的道理。直到1942年，从李雅轩老师学习，费了一年左右的探索，才又走上了正路。

现在，人们都知道太极拳是很好的养生健体运动，但相信太极拳有技击作用而且是高级技击的人是不多的。根据我现在的体会，太极拳不仅是技术，而且是艺术，它和生理学、心理学、物理学、军事科学、唯物辩证法等，都是息息相关的。绝大多数拳种，用于与人搏斗时，都难免有盲目侥幸的地方。然而以太极拳与人较量时，人则是清醒的，能知己知彼，根据客观情势的变化采用合理的战术，沉着地利用对手的缺点和自己的优势集中力量，在最恰当的时机制服对手，没有丝毫盲目的动作，并且出手或轻或重，一任自己权衡，完全可以随心所欲。这就是所谓"人不知我，我独知人，英雄所向无敌"的太极拳技击的妙谛。这种技击本领是凭太极拳"用意、不用力、松净、轻灵、缓慢、不断"等特殊练法，长时间磨砺出来的。太极拳讲"极柔软，然后极坚硬"，练时缓慢，而用时反而神速。它尊重客观法则，否定主观唯心，有深奥的哲理依据。但它和人们的普通常识——有力打无力、手慢让手快不同，所以能够真正了解太极拳、练好太极拳的人世不多见。

假如有人问我，太极拳与金家功夫比较，哪一个最好？我说，从养生角度上看，各有千秋；从技击角度看，太极拳比金家功夫更细微高妙一些。但要练到有一定水平，达到随心所欲的程度，不可讳言，太极拳也比金家功夫更难。

今天，武术在技击作用方面的价值已大大缩小，所以从技击作用着眼去练高明的内家武术如金家功夫和太极拳的人，可说是绝无仅有了。不过从另一角度看，如棋艺、书法、球赛等一样，你如倾心地去研习它、欣赏它，其中自有特殊的乐趣，使你得到人生稀有的享受。这也就是我已届八十高龄，还坚持不懈地练习和钻研拳术，并不断总结经验的原因。

我练拳六十年，只在抗日战争爆发后即1938年回到忠县时，在当时的县国术馆表演过太极拳、剑和枪的技术，那是忠县武术界第一次见到太极拳的真面目。当时有不少人求教，但我没有大批教人。新中国成立后，我也只是偶然当众表演过拳术，仍未大批教人。但现在忠县内家拳的学人，大都或多或少和我有一些瓜葛。

目　录

第一编
金家功夫述略

张义尚　原著
（张　宏　整理演练　张紫东　摄影）

引　言

　　余既写《〈金家功夫原谱〉回忆录》，因思就技击价值而言，自武器昌明之后，当然失去其重要性，然于强身健体方面之作用，则仍未可轻视。并且西方之拳击，至今仍甚流行，然若以之与吾国之武术较，尤其内家高明之武术较，岂仅小巫见大巫之可比！于以知吾华祖先之智慧技巧，有远非西方文明之所能及者。惜过去封建反动统治社会，根本不关心人民身体健康，亦毫不重视祖国宝贵文化遗产，所以此等技术，不绝如缕。为长中华人民志气，灭西方文明威风，我觉仍有写出之必要。目前太极、八卦、形意，俱有著作，将来或可免于湮没。而金家功夫，以原仅流行于蜀东梁平小邑，又以过分秘密之故，流行亦不宽广，故余若知而不言，无异坐视祖国宝贵文化之覆灭，心殊不忍！因复补写此稿，略述金家功夫之做法练法，并仍以《原谱回忆录》冠首，愿与有志锻炼身体而不甘为造化小儿之所玩弄者共之。

己酉四月下浣

（公元 1969 年 4 月）

金家功夫系统

第一代祖师　金一望　先师

第二代祖师　李少侯

第三代祖师　麻贵廷

　　　　　　杜伯长

　　　　　　刘子连①

第四代祖师　万玉成

第五代祖师　周之德

第六代门人　张义尚　编述

---

① 注：即后文之刘志强，子连是号。《金家功夫述略》一文，本书作者写于
1969 年，与 20 世纪 70 年代所作之《师资回忆录》中人名写法基本相同，
但与作者后来于八九十年代陆续发表的相关文章中人名多有出入：如"金
一望"后作"金一旺"，现统一为"金一望"；"刘子连"后作"刘志强"
或"刘志祥"，现"刘子连"、"刘志强"分别保留原样，"刘志祥"改为
"刘志强"；"李丹翼"后作"李大义"，统一为"李丹翼"。后文不一一
指出。——整理者

《金家功夫原谱》回忆录

余18岁时，学此功于梁平石安周之德先生。据师云：金家功夫，原名姬家功夫，源出山东姬姓。（尚按：《形意拳谱》明言山西姬隆丰所传出，师言山东，当系误记或误传耳）又云：姬家秘不传人，金一望先师与马龙、马虎兄弟结为弟兄，每夜轮流往姬家屋顶窃窥，如是等三年，而金先师所得特多，所悟更深，较技自胜，因与马氏弟兄不睦。三人原俱少林福荫寺学徒，原福荫寺老僧授马氏弟兄以五雷火法（邪术），欲伤先师，先师因遁，辗转至梁平，迷路于袁家沟。适袁二老爷携其幼子一才（庶出，另有长子一培、次子一发为嫡出，均年已及冠）散步田间，先师见一才气色，有杀身之祸（一培等欲除之故），因异而问之，触动袁老心事，并求解救。先师念其良善热忱，因留其家，教其子以功法。后共传八徒，由李少侯传麻贵廷，麻传万玉成，万再传之周师云云。考《形意拳谱》载姬隆丰传李洛能、马学礼、戴龙邦三人，李传郭云深、刘奇兰，郭传李魁元、李存义、张占魁等。《金家原谱》有"艺在青山传三友"之语，而马学礼、戴龙邦即马龙、马虎之来由。又就二谱观之，金家有内五劲外五劲、内五行外五行、内六合外六合、四把捶、十二形，以至头肩肘手臀膝足等打法着法，皆与形意大同小异，余故敢断定二家功夫同出一源，而分支不同耳。

金在梁传八徒（即袁家三弟兄、李少侯、李丹翼、丘六老爷、张占宽父子等，其中以李丹翼为大成就者），唯少侯有传人（传麻贵廷、杜伯长、刘子连三人），但已各有所擅（麻头风、杜膀子、刘拿法），三传而至万玉成太先师（麻为正师，亦参刘、杜二人）。万生平授徒，着重专门，纯以单式练法为主。刘传文焕章，文徒袁树滋等，余曾遇之，功之名目虽同，其练法着法已大异，其剪桩四把捶尚有歌诀（剪桩四把一名虎翻身，歌曰：虎路三把洞内藏，神仙指路最难防。猛虎伏身隐卧地，翻身一起虎撵狼。扑虎转身十字露，白鹤亮翅非寻常。六合埋伏藏火印，攒心一举鹰扑王〔亡〕。摇头拨云燕含珠，游龙戏水火交通。清身暗藏猿猴膝，翻山拧阴草寻途。猛虎扑羊腾窝旋，大展入洞伏虎眠），而周师则全不重视，虽亦曾受教于万师祖，早已忘之。其开合劲亦异：合劲时，头仰，手背相接，指尖抵心部，后背微弓，目观头上，以鼻吸气，动作缓和雍容为要；开劲时，身直，头微上顶，两手先交叉，再挨身分向左右下落，须极自然下垂于胯旁，手心向内，两足前弓后箭，两目平视向前，口念"壹"字吐气（袁云"一字御天干〔街〕"，即气转周天，复返丹田之意）。如是周而复始行之。其练白鹤亮翅，则是一路拳架，内中颇多擒拿手法。于此亦

武功薪传

可证明太极、八卦之架子各派不一，不足为奇矣。

《原谱》略云：合劲一个蛋，起翅一大片。拳去不空回，空回不如再起。起是交口，落是空步。步步不离阴脚把，把把不离虎扑羊。出洞入洞肚内藏，起心打人最难防。双手常带锯子手，量人也难防。十字铲臁，神仙难免。蛇无头不起，鸟无翅不飞。蛇有分草之巧，虎有靖山之威。打人如走路，不是走路不打人。打人不现形，现形不得灵。粘连随合，进退起落。空中作有，有中作无。奇穷变化，变化无穷。逢人须夺位，两手不空回。动机在目，含藏于腰。上下不离腮，左右不离怀，两手不离奶，手手不离肘，肘肘不离把，把把不离虎扑羊。高来低对，低来高对，横来直对，直来横对，高矮寸中，穴下藏身，藏身手才发。

又曰：欲学真妙诀，须知琢磨意。黄金难买道，传与忠孝义。艺在青山传三友，专在勇毒，慎之！慎之！逢异人不可深说，常带心意，谨慎！谨慎！

其内五劲为皮劲、抖搜劲（加劲）、急劲、灵急劲、快利沾连随合劲。知起落，不知起落枉学艺；知进退，不知进退枉费力。外五劲为头有顶劲、眉有粘劲、眼有认劲、耳有听劲、口有清劲，无清不打人。内五行为……拳如胆、心如炮、炮如火、火如雷、雷如吼、遇敌好似火烧身。（外五行已忘）内六合外六合，略同形意。又曰：心意六合第一家，万法全归实堪夸。

四把捶为：头一手，熊出洞单膀子；二一手，倒打紫金冠、翻身膀子（翻身入林肘附内）；三一手，顺头鹞子入林、锯子手；四一手，起六合捶、火焰闯心捶；五一手，顺头夺捶，又是虎抱头、鸡心肘；六一手，起挑领把、玉门单清；七一手，抓阴脚盖十把；八一手，起展手膀子；九一手，开劲膀子兼头风。

九家膀子十二样做法。即熊出洞单膀子、六合膀子、合劲膀子、开劲膀子、展手膀子、裹缠膀子、燕漂水膀子、白鹤亮翅膀子、搜山膀子（摇山劲）、清身膀子、分草膀子、翻身膀子。

肘法方面有：鹞子入林肘、清步肘、清身肘、鸡心肘、倒杀肘、分草肘、伏肘。

腾风（即臀风）有开尾腾、偏腾。

膝风有抛膝、猿猴入洞。

腿法有十字铲臁、分草步子，另有鸡形步、清身步之练法。

手法方面，有引把（直为引）、眼把（横为眼）、挑领把、盖十把。捶法方面有六合捶、夺捶、阴捶、阳捶。

十家拿法为：鹰拿兔、蚌吸月、狼拿马、羊拿虎、虎拿羊、江猪拱船、美女晒羞（滚手锁喉）、老秦王拿道、扭羊头、白蛇绞棍。

十二形为：鹅顶头、猴盗桃、鸡扑窝、熊出洞、猴子背、鹞子入林……（其余已忘）

周师所传之最主要者，则为熊出洞、六合膀子、鹞子入林、清步肘、挑领把、十字铲臁、白鹤亮翅、摇山劲、鸡形步、开合劲之十者。然即此十者，若真能一一练好，已可应用无穷矣，因其中头、肩、肘、手、臀、膝、足皆已具足也。

此家功夫之身手，皆别具风格，不同其他一切拳法。尤其开合劲一功，最为深密，不特为拳法之基础，真正练到极点，尚能提气腾空（金家称悬空）、入定出神也。其他鹞子入林、摇山劲、熊出洞、清步肘、清身肘、鸡形步、清身步等，亦皆立法甚高，迥非外家功夫之所能及。

步法有马步、寸步、垫步、坐腿步（后足实、前足虚、足踵着地），均要垂臀收尾、切忌后足蹬劲，须两足如弹簧，既轻灵自然，又沉重有根。又初功两足落地，大都沉实有声，至功深之后，则楼上练功，楼下不知。

又六合膀子之六合，为左眼对右眼，右眼对左眼，左肩对右肩，右肩对左肩，脚趾至肩肩连合，左膝对右膝，右膝对左膝，膝对膝，左腕对右膝，右腕对左膝，膝对腕。

其锻炼之法，初为皮劲，乃身手不灵之境域，过此加劲以至快利沾连随合劲，皆是轻柔自然之所造致，切忌使用拙力，对此点非常强调，此较形意尚高一着也。

其练拿法，则以马步而立，用重五至八斤之毛铁，一手抛于胸前之空中，另一手以小穿花式伸出抓握之，定住不动，随即松放，又换另一手以小穿花式伸出抓握之，如此连环不辍，每早午晚皆如是行；但不要疲劳，要保持灵机，适可而止为要。

金一望先师之功夫，入城不由门，八十里地往返，壶水未沸（因师有悬空之功，据云遁离福荫寺时，为马氏弟兄发觉，雷火随至，赖此得免，然指顾之间，已烬大殿一角矣）。随身携带之拂尘、锡杖、岩瓢，共重二百四十斤，本已殉葬，后却在一木柜中。临终之时，八徒家中各死一道人，逾年之后，梁邑复有人遇之于宜昌者，并托其传语致谢张占宽，戒令敛抑意气，诸事谨慎云。

金之弟子中，以李丹翼得大成，惜未授人。李少侯晚年入魔疯狂，墙壁屋柱，逢之则摧。麻贵廷原为李少侯之大师兄（余门拳），形体魁伟，诨号"麻大堆"，走镖于川陕之间，前后十年，未遇敌手。以李改学金家，颇不然之。试而败，且伤重，因拜李为师。开合特胜，能令头发自在出入，使理发者无所措手足。杜精膀子，刘长拿法。万先师为麻饲马僮，甚辛勤，常随麻往来于刘杜二家，故得三人之传。师顶发一绺，人若握之紧，能随意带之翻滚空中。师前行，人若从后戏弄其发辫者，从无能逃其惩处。生平较技甚多，从未败北。徒手裂猿，纸捻飞敌。大富绅谭某请师教其子，侍师之壮仆见师文质彬彬，风吹不禁，乘师蹲地洗脸无备之时，从后以手扳其肩，孰知刚一着力，飘飘而起，跌于师前三丈许，几致毙命。周师初学余门拳于高宪隆，艺已大成。后复师徒共事万先师，经万之多方磨难而心不退，且侍师益谨，因尽得其传。万初传周以熊出洞之法，专练二年有余。经一再请求，始传开合（称为换气），练至六十日，丹田火热，暖气如沸水，贯尾闾、沿脊背，上行入脑，复返丹田。自是以后，精神大振，黑夜不辨五指，而师能于百步以外认物。用于清身步，能履稀泥田坎而不陷。万谓拳脚功夫，金家已经到顶点，至于器械，据彼所知，当以子午棍为最，万县朱某，尤擅胜场。适朱于川陕镖行告老归来，周师迎之至家，习其艺，并愿供养终身（因朱无后）。我到师家来往时，朱尚健在，我辈皆以师爷呼之。但以科学昌明，武器日新，我遇师时，师已辍功不练，且染阿芙蓉癖，然于功夫，仍深自秘惜，不轻语人。经我一再竭诚请益，前后五载，方倾怀相吐。自愧资质愚钝，锻炼不力，成就甚微，然其高妙之处，尚能识之。今后再过若干年，恐此类功夫将如鲁殿灵光，甚至完全湮没无闻矣，惜哉！师又擅岐黄术，尤精伤科，新中国成立前后以医为业，声誉载道，活人无算，至今仍健在云。

此录小史部分，超出科学常识，然原传如是，未敢笔削，仁智之见，随乎其人可也。

己酉古四月十二日

（公元 1969 年 5 月 27 日）

金家功夫之气功

　　此家功夫，最为简切，然内容精深，含义无穷，应用之妙，实无有更逾于此者。其中以开合劲为最主要。练法：先两足如立正式立，但须全身软柔自然，切忌挺劲，心中万缘放下，无思无虑，视听任之，全神凝定、微停。（如图1）随即左足（右足亦可）向前迈步，距右足约数寸至一尺许，足尖外摆，横斜落地。借左足落地之蹬劲，右足迅速向前迈步，足踵着地，足尖内扣，两足距约一尺二三。左足任体重三分之二，右足任三分之一，两膝外开中空，以能容一小酒瓮为度。身向下蹲，尾闾内收，脊背后弓，所谓"猴子背"、"合劲一个蛋"以及"身如半月"者是也。两手随进足之时，由下挨身上提至心胸之部，两手腕及手背相接，大指食指虎口贴身，十指指尖俱向下，松肩坠肘，肘向前逼而倒杀，肘尖内抱，头部亦随之微向上仰，颈项前伸后缩，两目直向天目额顶看去，同时口念"亥"音，徐徐吸气入丹田。（如图2）

图 1　　　　　　　　　　　图 2

　　此上各种动作，务须动则全动，一气呵成，所谓"合劲要快"也。但呼吸方面，俟身势定后，仍须缓缓吸满，方接开劲。开劲之时，右足向前大迈，屈膝成弓步（由虚变实），足尖向前，膝与足尖相齐，两足距约二尺许，身势随之由曲而伸，头亦随之先微上顶而迅速前下落，（所谓"鹅顶头"也），使下颌与胸相接，两目随之下视于腹，口中同时念"壹"音徐徐吐气，仍须尾闾内收，气向下沉，使下腹充实，右胯根尤须着力，左膝亦须柔曲，切忌挺劲。两手亦随同由心胸之部向下落于两胯之侧，手心向内，亦须柔软自然而沉重为则。（如图3）总上诸动，亦须一气呵成，但比合劲为慢，故曰"开劲要慢"（合宜快而轻灵，开宜慢而沉实）。身势定后，口中须徐徐将气吐尽。即又右足微收斜横落地，左足迅速向前大迈起合劲如上，不过左右有异耳。（如图4、图5）每次连做三至五个开合，即须休息，不宜多做久做。注意，此式之妙，一开一合之中，外则全身头肩肘手臂膝足无不受练，内则神凝顶腹、气转周天，与道宗北派小周天之功息息相通，其立法之高世无伦比，洵堪重视也。

此外六合膀子与合劲膀子，亦可运用开合气，但二者非专以气为主，此不俱论，容后《肩（即膀子）之锻炼及运用》中论之。

又此派气功之传授，一般俱在入门两三年后，观其可以深造者方语之。其中重要之点，则更是最后之事，如万传周于卒前之二年；余于1927年入师门，至1953年方尽得之。甚矣守道之密、闻道之难也。

图3   图4

武功薪传

图 5

按：由开起合时，只要腰腿一后含，前足足尖外摆，随即前足落实，重心全部倾注于前足，同时后足即借势越过前足，以足踵着地，足尖内扣，两足距为一尺二三，起合劲如初。

按：开时两手，师原传由心下擦而分向左右，至按于腹结盘骨之部为止，余觉开宜尽量舒展，故改为两手下放松垂也。尚识。

头之锻炼及运用

头之锻炼，即在开合六合之中，此外无特殊做法。但至气运及头之后，须用散之之法，称为开头风，即以头额由轻至重撞击墙壁屋柱也。若不散之，即有头额晕重之弊，若开亦不散者，须食蜂蜜以解之。

头之前后左右，俱可用以击人，尤以前额之部之力最重。若以双手由胸穿出外翻作虎扑式擒人之上臂，劲向下沉定住，头随之同时猛击其面胸之部，此为头风最猛之着，惟畏六合捶之解救耳。

以金家功夫逢人须夺位，逐处俱已打破敌人之身势，而入于敌之内线，故头之运用机会极多。一般方式，手不中则继之以肘，肘不中则继之以肩，肩又不中，则大可用头追击耳。功夫练成之后，灵活取用，机势所在，无不如意，无容多及。

肩（膀子）之锻炼及运用

肩在金家功夫中，做法最多，且最重要。

其中最常用者，厥为熊出洞单膀子

其做法：初用寸步，一足直向前大迈，另一足随之微跟落后，距约一尺四五寸。两足上步时，俱忌提悬过高，落后之足，又不可挺劲。若是右足在前者，则动步之时，右手随之轻柔上提至右肩之处，即翻向前下微左之处盖去，手心仰前向，微斜向左前方，身势随之微向左扭，使右肩带倒杀势向前突出，与右膝相齐，头宜顶劲，两目向右肩前看去，左手同时由下上提至左胸齐心之处，与右肘弯正对作照应。此两手一上一下，即所谓锯子手。一面有护卫作用，一面又有迷惑敌人目光之作用，若敌手直来与吾之手相接，又能听敌之劲，因势利导，如上用入林，下用出洞，左去清身膀子，右去白鹤亮翅之类，随宜而用。此两手须如软沉之皮鞭，更须与足身配合，足到身到手到，又要下重上轻，内重外轻为至要。此式为半开半合劲（如图6）。再换左足向前，起左半膀子亦如右（如图7）。连环不辍习之，每次做三、五、七、九个即止。总以运用轻灵之劲，切忌拙力蛮练，注意，注意！寸步练熟，即用垫步练之。垫步者，初以左足小上一步，右足随即越过左足大上一步，左足又随之上跟。三步连成一气，同时右膀突出。（此举例，先出右足亦可）

图6　　　　　　　　　　　　　　　图7

二为六合膀子，此为膀子中之最猛者

其做法：右足在前内扣，左足在后直向，左膝对右膝，右膝齐右足尖，两足尖距四五寸至七八寸许。两膝俱屈，身向下蹲，臀尾内收。左手同时上起至肩，再翻向右膝之外盖去，使腕与膝对，左肩向前倒杀突击，肩尖下与右膝正对相齐，左肘弯正对心口。右手同时由下上提至左肘弯处，头上顶左扭，两目向左肩前平看出去，同时口念"亥"音吸气（如图8）。吸气既足，右足向前轻迈三五寸，横斜落地，左足随即向前大迈一步，右足在后微提随落。左手随之向前撩出，与左膝相对，右手随之下按至裆间护阴，身亦随之由屈而伸，臀尾内收，头亦随之以鹅顶头式开出，同时口中念"壹"音徐徐吐气，两目下视于腹，腹部丹田觉充实，小腹如放左胯根上为则（如图9）。吐气既尽，又左足前迈内扣，右足随跟落地，与左足尖对，右膝对左膝，起右半六合膀子亦如左（如图10、图11），连环不辍做之。做至三个或五个，即宜休息片刻再做，总要灵机活跃，切忌精神疲钝为至要。运用之时，可单用，亦可与熊出洞合用。例上右足，出熊出洞单膀子，敌如避过，

图8　　　　　　　　　　　　图9

图 10   图 11

我右足再上，左足随跟，身势一反即六合，出六合左膀不中，再上右足，身手一反又为出洞也。

三为展手膀子，此为马步靠打

例左足微上斜横落地，右足随之向前直迈，足尖向前，两足距一尺七八至二尺，身势下蹲。两手仍用锯子手，使右肩向前倒杀偏靠去。再右足微提横斜落地，大上左足出左膀亦如右（如图12、图13）。三、五、七动一休息如前。

四为裹缠膀子，此式由展手起

例先起右边展手膀子，随即右足悬提，身向右后转，使右足落于左足之后不远处，左足即随之向右后越过右足，向右后大迈一步成低马步，足踵着地，足尖翘起，右足任体重三分之二，左

图12　　　　　　　　　　图13

足三分之一。两手于转身时，随之由左而上，手心向内，划圆弧如领物状，绕身而转至右后起锯子手，左手下盖，右手照于左肘弯间，左肩随之偏沉靠出。再提左足悬绕落右足后，身向左后转起右展手膀子，如此反复习练之。亦要三五个一休息，不要使灵机麻痹丧失为首要。（宏按：裹缠膀子是前后两个展手膀子衔接时所带裹缠动作及用意，因动作特殊无图）

五为白鹤亮翅膀子

其做法：仍用寸步或垫步，两手于胸前一拍，随即分向左右亮开而外扭，扭至手心朝后，前足之膀子即随之突出。头向上顶，两眼随之看出（如图14、15），左右俱同，亦做三五个一休息。

图 14　　　　　　　　　　图 15

六为搜山膀子摇山劲

做法：两足骑马式立，两掌于胸前，手心上仰，由足而腿而腰腹为坐发劲，使两肩交互前后扭旋，前扭之肩之手随之由心胸微左仰掌，向前向右连穿带裹分去（此以右肩前扭为例）。左手亦同时翻手心向下，挨身向左后倒杀，劲在左肘尖，前去之肩宜低，前去之手在后杀之手之下穿出，手心向上，后杀之手在前去之手之上，覆手心向下，向后杀出。头有顶劲，目向前穿之手望去。左右手交互来回，身势亦随之而起伏摇摆，故曰摇山劲（如图16、17）。每次量力而行，不要疲劳为要。

七、八为合劲膀子与开劲膀子

做法：合劲膀子用坐腿步，例左足微向前迈，横斜落地，右

图 16 　　　　　　　　　　　　 图 17

足随即越过左足向前以脚踵着地，两足距一尺三四，身势下蹲，两手同时起锯子手。右膀向前靠出，头微上顶而仰，颈项前上伸而后下缩，口念"亥"音吸气入腹，即是合劲膀子（如图18）。吸气既满，右足随即向前大迈一步，左足跟步，口念"壹"音，将右膀开出，是为开劲膀子，左右俱同（如图19、20、21）。

九为燕漂水膀子

例右足向右横迈一大步，左足随之右移，足踵着地，距一尺三四，两手随划圆弧向右摆去，摆至右手在右后上方约与耳齐，左手则在右肋微前之处，手心扭向前上方，左膀因而亮出（如图22）。再左足横迈亦如右式（如图23），反复练之。

图 18

图 19

图 20

图 21

金家功夫之气功

图 22　　　　　　　　　　　　图 23

十为清身膀子

做法即合于清身步子之中。另以寸步或垫步练习之亦可。

十一为分草膀子

做法即在分草步子之中。此分草与清身之别，是清身膀子前穿之手连穿带裹，裹劲为多；而分草膀子则连穿带分，分劲较多也。

十二为翻身膀子

据师云须卧地练习，练与用俱不便，用途不大，故未及之。

总上为九家膀子、十二样做法，在实际锻炼上，以出洞、六合、展手、亮翅、搜山五者为最要，裹缠清身次之，只要将七种练好，其余一点即明也。在运用上，出洞最便，六合最力足，亮

　　　　　　　　　　　　　　　　　武功薪传

翅、清身俱指左打右、指前打后之遮盖打法，所谓打人不现形也。搜山膀子系抖搜劲，凡敌贴我紧实时，皆可用之；敌用擒拿，亦可以此破之。敌若身体灵活，向我身之左右背后闪转相乘时，则裹缠之用处最多；练时虽从展手起，其实六合、出洞、合劲、亮翅、清身、入林、清步以及其他种种之手法着法，皆可用此以裹缠制敌，即是粘连随合之意也。又膀子有二人实际对靠法，称为合膀子，乃所以练临敌之准稳，甚为重要，有相当功候，即当习之，唯不可过分猛撞，以免劲疲或伤人耳。

肘之锻炼及运用

肘在金家功夫中之重要，不亚于肩，且伤人较肩尤甚。

其中最要者，首数鹞子入林

其做法：亦用寸步或垫步，例以右足向前大迈，左足随后微跟，两手同时于胸前相交，右手心向上，挨身由心之微左上穿，连穿连向右外分而右后回返，至于右耳之处，手心正对右耳，手腕尽量屈，使五指向前，肘尖觉紧为则。肘尖随之同时向前微下斜方杀出，左手亦同时于胸前在右手之外，手心向下，挨身向下抓按至裆间护阴，此亦锯子手之一种。此种手俱活动性甚大，上穿之手可变挑领、擒拿、虎扑等，下抓之手本带有虎扑意，抓至下面，又可变撩阴、抓阴、擒拿等。身势随之微向左横，右肩微低于左肩，腹胯开劲，两眼向右前方看去，此右边入林肘（如图24）。再大上左步，右足跟步，起左边入林肘亦如右（如图25）。每练三、五、七动，总宜保持灵机，勿使呆钝为要。

图 24　　　　　　　　　　　　　图 25

其次为清步肘，此乃横击之肘

例上右步，左足微跟，成低马步，左手由右肩之处向下抓按至裆间，右手即同时以虎口抵心之微右微上之胸部，右肘向前横击，兼沉劲下杀而出，头顶，目向右外平视去，身势向左斜横（如图 26）。随即身腰右扭，右足收回半步，足踵着地成坐腿步，右手随之离胸，反手向外向右划去，如以指划人目之意，亦有拦挂敌手或顺手牵敌之意（如图 27），右足尖随右摆横斜落实，再上左足，进左肘亦如右（如图 28、29）。连做三、五、七个一休息。

再次为清身肘

例出右肘，先以右手手心向内向敌之面部搭去，即是引把（直为引把，清步肘之右手划目即为眼把，眼把亦有时手心向内而

图 26

图 27

图 28

图 29

以指背横划者）。随即右足乘之暗进大步，直入敌人之裆内，右把于进步之时，随向内反至胸间，手心下覆，左手亦提至心部，手心与右手指正对，相离一二寸许，两手连成一气，用丹田之合劲，直向右前沉杀而出（如图30）。再出左手，上左步，出左肘亦如右（如图31），连做三、五、七个一休息为要。

图30   图31

此外，鸡心肘即是搜山膀子及步子中前去裹穿之手之肘，用时外形有如入林，惟手心多向上向外而位于头面之拗前方而已，无特殊练法。

倒杀肘即搜山及步子中向后倒杀之肘，亦不必另练；惟用时须目随回顾以防变，甚为重要。

分草肘，于分草手法中相机而用，亦无练法。

最后，伏肘

为向下沉击之肘。例大上左足，坐胯蹲身，左手由胸裆之间抓向左膝之外，手心向下，右手同时屈腕如入林式成肘，向下沉击至裆间（如图32）。换步用左肘亦同，皆是拗步之式也（如图33）。

图 32   图 33

运用之时，肘与肩常交互为用，如用入林，可变亮翅、出洞、清身、展手、裹缠等，因敌之势，随宜使用。如先用出洞、六合等膀子，一击未中，亦再起即入林、清身、清步、鸡心、倒杀、分草等肘，亦随宜使用。至肘后即继之以把，如入林变挑领、虎扑，清步连眼把，清身连反手掌（掌背击面）、翻手虎扑等。此皆拳去不空回而再起之意也，宜知之。

手之锻炼及运用

金家功夫手法中，有四把、四捶及十家拿法。

四把中最要者为挑领把

法用寸步或垫步，例右足大迈，左足跟上，右手随之由心间向前上划圆弧挑领而去，高与目齐为度。左手同时先微上起，再抓护于裆间，右手挑领之后，随用虎扑下抓至与心齐。身势左横，腹胯开劲（如图34）。再上左步，跟右足，左手即于右手之下沿右臂挑领而出，右手同时由左臂之上抓回下按，护于裆间，左手亦挑后，虎扑至与心齐（如图35）。两手去来，宜两臂摩擦而过，与形意之劈拳极相似，不过劈拳出手沿回手之上而去，挑领则恰恰

图34

图35

相反耳。金家单练之手，仅有此式，然用法最多，变化至繁。亦每练三、五、七手一休息，不要把劲练呆滞了。

盖十把在四把捶架子中

引把在清身肘中，眼把在清步肘中，俱无单练法。四捶即阴捶、阳捶，亦即盖十把后之两捶。夺捶亦在四把捶架子中，俱不单练。六合捶既在架子中，亦有单练法。即用六合膀子之身势、步子，例左足在前内扣，右足在后直对，同时右手握拳，由下挨身向上冲至下颏微前之处，拳心向内，拳背向外，左手亦同时由胸前在右手之外，挨身向下抓按至裆间护阴（如图36）；再上右步，跟左足，右手外翻虎扑抓护裆阴间，左手同时变拳，挨身上冲至颏前停住（如图37）。连做三、五动为止。

图36

图37

至练拿法，必先以练习抓握之劲为主

做法以马步而立，用重五至八斤之毛铁，一手在胸前抛放空中，另一手以小穿花式迅速伸出抓握之，定住不动；随即松放，又换另一手以小穿花式迅速伸出抓握之，定住不动。如是连环不辍，但不要过度疲劳，适可而止。每早午晚皆如是，三年之后，基功成矣。

所谓十家拿法者如下。

一、鹰拿兔。例敌右手右足（顺步）在前，吾即以右手大食中三指反抓握其右肘关节，向彼身之左后下方撑去，右足同时上大步，左足跟步，以左手抓握其腿弯之部，向我左后上方拿去，两手同时用力，敌必跌出也。

二、蚌吸月。例敌右手右足在前，我大上左步，以左手虎口向上抓握其右肘关节，向彼之上后支撑去，右手同时拿敌之右膝弯部向我后上方提悬，如拉弓然也。

三、狼拿马。例敌拗步，右足在前，出左手，吾以左手拿彼腕部，右手扶彼左肘，同时以左足踏压彼之右足或扣其足踵之后（若我是进右足，则以右足踏压其足，或以右足跟挨踏彼右踵之后），两手同时用力向彼右后方连推带按用力去也。

四、羊拿虎。例敌右面对我，我即寻机以右手四指抓握其面鼻，而以右大指按彼右耳后陷坑之穴也。

五、虎拿羊。如敌面正对，吾以左或右手食中二指入彼眼眶，大拇指抓其下颌也。

六、江猪拱船。例敌顺步出右手，吾以左手向上拿其肘弯，迅向彼之身后支撑去，左足同时大上一步，使吾之背与彼之背相接，右手反抓其衣领，随用合劲开尾，两手同时向我之前上远方抛去也。

七、美女晒羞。此式亦名滚手锁喉。例敌顺步，右足在前，吾以左手手心向内，大食中三指反拿敌之喉管前上支撑，并以右手下抓其阴部也。

八、老秦王拿道。例敌面正对，吾以一手手心向前抓握其咽喉，同时下手手心向前抓握其阴部也。

九、扭羊头。吾以一手抓敌之头项并后脑，向内用力，同时以另一手仰掌托敌下颌，向前用力，两手同时用力如扭物也。

十、白蛇绞棍。敌以右手紧抓吾之右腕不放，吾即以左手搭彼右手之上，使彼手固定位置，不能脱卸，随即向我怀中拉回，使彼手远、我手近，随拉随向左上、向右外翻扭，右足迅退一大步，左肘同时压彼右肘之上，向我右外用力沉压去也。

此四把、四捶及拿法，皆与头、肩、肘、臀、膝、足互相联络使用，尤其用肘之后，常以把继之，所谓"肘肘不离把"也。至用拿法，必先练成特殊之抓握功劲，否则不易制敌，反为人所乘，是以有志此道者，必先练功于平日也。

按：手在金家功夫中，虽非居于主要地位，然手与足皆为临敌攻远之要器，功夫要八面玲珑，动哪有哪，如利于近，不利于远，不算高手也。且金家亦非不重手指之作用，如刘子连以拿法著称，即是一例。不过在万传系统中有此偏向，此是各人之发挥方向不同耳。

又形意劈拳，意在中平，变化虽大，敌方走化之方亦多。金家挑领，直攻敌人面目（引把、眼把亦然），中有遮盖作用，且是攻敌之所必救，纵不能一击而中，然乘之而再起肘、肩、头、膝等，敌每不能抗拒应付，此较劈拳为高亦更险毒之着也。其勿忽！

臀之锻炼及运用

臀之锻炼，即在开合、六合、搜山膀子与鸡形步之中，无特别练法。只有气功通灵之后，可于墙壁屋柱由轻至重以撞击之。其运用无有定式定法，总之挨身即可使用。一般不出开尾腾与偏腾之二者，前者以尾闾正向后方腾击，而后者则以臀向左右腾击也。又腹与背亦可击人，腹击即用于夺位之时，而背则用于与敌相接之时也。

膝之锻炼及运用

此家膝风有二。

一曰抛膝。例以左足直立，右手仰掌由心胸向上穿，连穿连向右外分去，身向右扭，左手同时由右手之外如钩挂式落至左胯之外，扭手心向左外方，右膝同时由下向右后上方抛击，右肘与右膝正对，似挨非挨为度。再右足尖内扣下落，左手左外穿分，右手钩挂下落，左膝随之向左后抛击亦如右。往返练习，三、五、七动为则。

二曰猿猴入洞。例左足前迈落地，左手向前上穿分带裹往左外，右手同时由左掌之外（外下方）覆掌向后倒杀，左足宜有软弹之劲，使身蹲臀摇，如迎风摆柳之状，逍遥自在，右膝随之由后向前方直撞而出。再腿臀微沉，摇身使右足前迈下落，足尖微向外摆成斜横势，两手右穿分而左倒杀，左膝随之直冲而出。如是连环不断交互做之，连做三、五、七动为则。

二者之分，抛膝意在向上，其力不大；入洞则向前直冲，猛毒无匹，切忌任意使用也。入洞运用法，亦有以两手由胸穿出作虎扑式抓握敌人之两上臂定住而用者，则更为凶狠，如受之者无抖搜劲以搜山膀子破之，命不保矣。

足之锻炼及运用

此家足之做法有二。

一曰十字铲臁。例左足向前迈步落实，同时左手前上穿分向左，右手即由左手之下覆掌向后倒杀，右足随之向前踢而出，劲在足之前掌，用以铲击敌人之前臁（如图38），因两手互穿，足之互换，俱有十字之形，故曰十字铲臁。随即右足下落踏实，右手前穿，左手倒杀，左足随之铲出（如图39）。如是互换行之，连做三、五、七、九次一休息。

二曰分草步子。两手穿分倒杀同铲臁，惟足不前铲而用分，亦即右足斜横向左，左足斜横向右之摆踢也（如图40、41）。

此上二法之运用机会极多，尤其动手之际与追击之时，常不相离。动手即用者，以其指上打下，每易一发中敌也。即不能中，落步远则挑领，近则入林、出洞、六合等，随宜而用，变化甚多。追击常用者，例吾用六合膀子、拗步入林肘等，敌人见机退速，吾即可以铲臁分草等击之，其势甚顺，且能致远也。

图 38

图 39

图 40

图 41

武功薪传

又锻炼足踢，尚须借助于木桩（外捆草绳或麻绳）或沙包等物，使出脚能恰到好处。以若不先行练此以取准，远则不及敌身，近又劲曲不畅也。

鸡形步与清身步

此二种步子，乃金家锻炼身手之特殊功法，而非专作技击之用，故另立一目，不入"足之锻炼"中。

鸡形步等，乃用以增长两足之弹性、根力，并充实腰腹，令气沉入丹田，并鼓荡之使布于四肢百骸者也。法以左足向前横斜落地，体重全落于左足，左足屈膝下沉，以软弹之劲支持全体之重量，左手随之前上穿分向左，右手同时由左手之上或下覆掌向后出倒杀肘，右足随之同时将右膝提悬向前向左去，右足五趾下抓，一如鸡之独立或行进状（平时可多观鸡之动作），头微上仰，两眼向前平望去，身势微微一定，即左膝下沉，使身蹲臀摇，一如风摆荷叶，使右足向前横斜落地，五趾抓地，体重全落于兹，两手右前穿分向右，而左肘向后倒杀，左膝同时悬提向前向右去，五趾向下抓劲，一如右足之状（如图42、43）。如是交互行之，连做三、五、七、九动为则，不要过度。此法对于锻炼身体、增长内劲，功效特著，并且头肩肘手臀膝足七者之锻炼，亦皆包括在内，惟隐而不发耳。

至于清身步子，乃鼓荡内气，提气腾空之做法。"清身"者，"轻身"也。其做法外形上亦略同鸡形，惟不要曲膝蹲身、摇臀沉气，而当满身清利，如风行水面、云流太空一般，使身势飘浮轻举、

图 42   图 43

快活自在，一如作凌云之游者然。

此两种步法，鸡形尚浅，清身更深，非气功通灵、内炼有素者，莫由致也。

又两手于胸前起，一手穿分或穿裹向前而仰，另一手同时向后倒退以肘倒杀而覆之势，在金家功夫中约有六式，即搜山、入洞、铲臁、分草、鸡形、清身也。凡前穿之手，有戳眼、穿鼻、杀喉等之作用；而后退之手，有牵、采、抓、扑等之作用。肘则前穿（鸡心、分草）与后退（倒杀）中俱有之，膀子亦然，头风亦暗藏于是。至于前穿之手，或在退后之手之上穿出、或在退后之手之下穿出俱可，但总要两臂摩擦而过，不要散漫。余前所述，或云在另手之上穿，或云在另手之下穿，皆不过举例耳，宜知此为要。

四把捶略释

此为金家功夫之基本架子。此外尚有剪桩四把，一名虎翻身，师云须在地下练习，颇为不便，虽曾学过，早已忘之，故我未学得。

四把捶共有九手，兹为略释如后。

头一手，熊出洞单膀子。即用寸步或垫步，起熊出洞右边膀子（以右为例，起左亦可）。

二一手，倒打紫金冠、翻身膀子。即身向右后转，右足向右后扫去，右手亦随之由下向后向上反扫去，随即右足落地坐实，左足微跟，起右式鹞子入林，左手在下，翻掌心向前上（与入林同向），作击腹撩阴势。

三一手，顺头鹞子入林、锯子手。身向左后转，重心坐右腿，左足足踵着地，右手随之由面胸下扑，左手起鹞子入林，惟与一般入林之用开劲者异。

四一手，起六合捶、火焰闯心捶。左足前迈落实，右足跟上，左手下扑，右手挨身上冲至下颏微前（即是右边六合捶）。

五一手，顺头夺捶，又是虎抱头、鸡心肘。再身向右后转，重心坐左足，右足足踵着地，左手由下向上挂，护于左耳外，手心正对耳门，唯不屈腕（此异人林处），右手同时成拳挨身沿右腿下击，至于右膝之上，拳背向上，拳心向下与腿接。此乃用于击人之小腹、阴部或胯腿者，是为夺捶。

六一手，起挑领把、玉门单清。右足向前大迈落实，左足微跟，起右式挑领把。不带虎扑式。

七一手，抓阴脚盖十把。即左手向上穿至右肩之上，随即右手虎扑，左手手背沿右手直向前下滑去作抓阴势，抓后成拳，有反击意。拳背扭向左外，置于左膝之外，是为阴捶；右手亦同时成拳，以拳背向外，挨右胸右肩向右外反击，是为阳捶。左脚同时向前大上一步作骑马式（亦有腾空飞步而上，再猛重下踏，两足落下只距一二寸许者），以足重踏敌足，眼向左前望去。以左手向右肩上穿时，与右臂成十字形，所以又名盖十把。

八一手，起展手膀子。身向左转，重心全落左足，右足越过左足上步，足踵着地，起右边展手膀子，头有顶劲，眼向右外看去，合劲吸气。

九一手，开劲膀子兼头风。右足向右前大迈落实，左足微提下落。右膀随之开出，右手向前仰掌作撩阴势，腹胯开劲，气沉丹田。头亦同时以鹅顶头式开出，左手下按至于裆间作护阴势。气随吐出，口仍同时念"壹"音。

金家功夫运用变化示例

师初云，金家功夫有九八七十二变着，即四把捶之九手，每一手又变八手也。其后师复语余云，金家功夫之头肩肘手臀膝足，只要件件练好，错综交互，联络纵横，直可千变万化、变化无穷，岂仅九八七十二变着而已哉？

余今以第一手熊出洞右式为例：若一击不中，即可变清身肘，又若未伏，右手一翻即掌其面（正反掌俱可），再变虎扑羊，兼补左式拗步鹞子入林，敌若迅退，我右手穿分，左肘后杀，进以左式十字铲臁，仍未中敌，左足落地即成挑领把（左式）。敌若拦格，我即趁势起左清步肘或白鹤亮翅，又连头风；或左手钩挂敌手，上步进以右式清步肘。敌若又吞身或从左化，我则起眼把划其目，再进右步用右式白鹤亮翅；敌若向右拦格我肘，我则进右足，用右式搜山膀子或清身膀子，再一变而为右式清身肘，手一翻又掌击其面（即是把）。又连虎扑，所谓手手不离肘，肘肘不离把，把把不离虎扑羊也。再变六合膀子（由虎扑接连），一反又是鹞子入林或熊出洞（俱右式）。由鹞子入林可一变而为双抓头风，若彼用六合捶，我则任丢一边而用狼拿马，彼若后夺，我趁势进步起展手膀子，再进猿猴入洞，落步踏其足趾，抓阴，阴捶，顺用腾风偏式，接倒杀肘，翻身掌面，虎扑。敌若绕身相乘，则用裹缠膀子，于裹缠之中，敌若力抗或内躲，又可变亮翅、清身、分草、挑领、入林、清步……如此变化下去，实是无穷无尽也。任起一手皆然。其所以能然者，以各种手法平时既俱是左右并练，且着重保养增长灵机，而绝对禁止蛮练呆钝。一达快利粘连随合之候，自能从人借力，随机应变，不滞不散，不急不慢，从从容容，因应咸宜矣。

又步变而手不变，连环袭敌之法：例用顺步右挑领，随即不动步以左挑领继之；若敌距稍远，则右足先上，左足后跟以起左挑领（拗步），随即连起右挑领（顺步），连环不辍以乘之（此偏进一边之法，类似形意之崩拳，乃最快最便之攻击方式）；若距更远或速退，则酌用寸步、垫步以至快步等，手仍同上。若已与敌手接触，则随人之势，圆活变换，头肩肘膝足皆可运用。其他起式用出洞、入林、铲臁等，可以例推。

（此偏进一边之法，类似形意之崩拳，乃最快最便之攻击方式。）

金家功夫原谱

姬家功夫

一代　金一望先师　　道人

二代　李少侯

三代　麻贯廷　　杜伯长　　刘子连

四代　万玉成　　梁平观音岩人

五代　周之德　　梁平石安龙塘人

六代　张义尚　　重庆忠县九亭垎口山人　生于1910年

农历三月二十七日（公元1910年5月6日）

谱　曰

合劲一个蛋，起翅一大遍；拳去不空回，空回不如再起（即把不中用肘，肘不中用肩，肩不中用头，腿脚不中用膝，膝不中用胯臀意），起是交口，落是空步，步步不离阴脚把，把把不离虎扑羊；（熊）出洞（猿猴）入洞肚内藏，起心打人最难防，双手常带锯子手，量人也难防，十字铲臁，神仙难免；蛇无头不起，鸟无翅不飞，蛇有分草之巧，虎有进（一作靖）山之威；打人如走路，不是走路不打人，打人不现形，现形不得灵；空中作有，有中作无，奇穷变化，变化无穷；逢人须夺位，两手不空回，肩动必捶，腰动必腿，上下不离腮，左右不离怀，两手不离奶，手手不离肘，肘肘不离把，把把不离虎扑羊；高来低对，低来高对，横来直对，直来横对；高矮寸中，穴下藏身，藏身手才发；粘连随合，进退起落，打人不现形，现形就不灵，出洞入洞肚内藏，神仙也难防。

一本又云：欲学真妙诀，须知琢磨意，黄金难买道，传于忠孝义。艺在青山传三友，专在勇毒，慎之慎之。逢异人不可深说，常带心意，谨慎谨慎。

熊出洞单膀子	半开半合劲（一作开劲大十字）
六合膀子	合劲又是小十字
开劲单膀子	开劲
六合捶	开劲
挑领把	开劲　头正眼关
抓阴脚	开劲　头埋
鹞子入林	合劲（一作开劲）
猿猴入洞	开劲
合劲单膀子	合劲
翻身单膀子	开劲

展手膀子	合劲
白鹤亮翅	开劲（一作合劲）
燕漂水膀子	合劲
龙现爪	合劲
鸡形步	分草肘　分草膀子
六合清步肘	
搜山膀子	摇山劲
裹缠膀子	
拦路断魂（宏按：指裹缠膀子）	
清身肘	清身膀子

按：一本有九架膀子十二样做法，即：熊出洞单膀子、六合膀子、白鹤亮翅膀子、燕漂水膀子、展手膀子、裹缠膀子、清身膀子、分草膀子、翻身膀子、搜山膀子、开劲膀子、合劲膀子。

又肘有七肘，即：鹞子入林肘、清步肘、清身肘、分草肘、倒杀肘、鸡心肘、伏肘。

把有：引把、眼把、挑领把、盖十把、阴把、阳把。

臀有：偏腾、开尾腾风。

膝有：抛膝、猿猴入洞。

脚有：十字铲臁、分草步子、鸡形步、清身步。

头有：正、偏。

捶有：六合捶、夺捶、阴捶、阳捶。

虎路三把：挑领把、眼把、盖十把。

清身四把：引把、阴把、阳把、挑把（横眼把，直引把）。

四把：开劲一把、鹞子入林眼把、挑领一把、抓阴脚盖十把。

四捶：六合一捶、顺头虎抱头夺捶、抓阴一捶、抓阴脚一捶（阴捶，阳捶）。前为定，两边为神下为坠。

外五劲：头有顶劲、眉有占劲、眼有认劲、耳有听劲、口有清劲（一作静）。无清不打人。

内五劲：拳如胆、心如炮、炮如火、火如雷、雷如吼、遇敌好似火烧身。

外五形：头有开形、眼有认形、面有清形、口有换形、腮有豆形。

内五形：心有默形、肝有摆形、脾有松形、肺有合形、肾有心形。

外六合：左眼对右眼、右眼对左眼、左肩对右肩、右肩对左肩、脚趾至肩肩连合、右膝对左膝、左膝对右膝、膝对膝、左腕对右膝、右腕对左膝、膝对腕。

内六合：人有心合、心有理合、理有意合、意有形合、形有气合　气有做合。

十二形：鹅顶头（开劲）、猴盗桃（合劲）、鸡扑窝（摇山劲）、熊出洞（膀子）、猴子背（合劲）、饿狐缩身（拿法）、鹞子入林（肘）、虎揭（一作摇）窝（拿法）、猿猴出洞（膝风）、猿猴盘膝（向上的膝风）、饿猪爬槽（拿法）、羊跪母（拿法）。

十面埋伏：上埋下头风、下埋上铲臁、胸合背抖松劲、背合胸开劲、上挨下腾风、下挨上肩风、前挨后清身肘、后挨前眼把、左上（挨）右倒杀肘、右挨左翻身肘、前手阴脚阴拿手、引手分拿抛膝。

十家拿法：鹰拿兔（原作阴拿兔）、蚌吸月（原作半提月）、狼拿马（拦拿马）、羊拿虎、虎拿羊、美女晒羞（滚手锁喉）、老秦王拿盗（道）、江猪拱船、扭头羊、白蛇绞棍。

又题云：

开合大十字、行做小十字、迁子做裹缠身、展手膀子、鸡行步、分草肘、分草膀子、清身肘、清身膀子、清步肘、白鹤亮翅膀子、燕漂水膀子、搜山膀子摇山劲、虎腾窝、熊出洞单膀子、翻身膀子、雁（按）鹅封顶、鹅（当是饿）猪扑食、玉门单清。

操劲动身做功（应有程序二字）：

皮劲　抖松劲（一本有佳劲）　急劲　灵急劲

快利粘连随合劲

知起落，不知起落枉学艺

知进退，不知进退枉淘力。

四把捶：

头式，熊出洞单膀子

二式，倒打紫金关翻身膀子

三式，顺头鹞子入林锯子手

四式，起六合捶　火焰闯心捶

五式，顺头夺捶又是虎抱头鸡心肘

六式，起挑领把　玉门单清

七式，抓阴脚　盖十把

八式，起展手膀子

九式，开劲，猿猴出洞单膀子

剪桩四把：

头式，左六合

二式，开劲

三式，回身鹞子入林

四式，虎抱头

五式，起挑领把

六式，盖十把抓阴脚

七式，右六合

八式，开劲

九式，左六合

十式，开劲

十一式，起六合捶

十二式，开劲。

（盖十兼抓阴，六合连珠上，六合捶开劲。

六合一开劲，回身鹞入林，虎抱挑领把。）

过步剪桩：

头式，左单膀子

二式，鹞子入林

三式，清步肘

四式，眼把

五式，挑领把

六式，盖十把　抓阴脚

七式，起六合捶

八式，开劲

过步剪桩歌

出洞鹞入林，清步眼把引，挑领又盖十，六合捶开劲。

（原谱至此书"缺"字，且有"撕去了原本"五字。证明非完全之谱也，不过大体上都已有了而已。）

开合劲秘歌

月当三四、朗悬太空；清明灵气，荡漾溶溶；倏尔一轮明日，上照琼宫；只觉得"亥"气直沉海中；抱肘开足，紧关着地户不动；腹内松净，元气有奇功；猿猴坐观空。

筑固了基础，折下了天柱，胸膈密接，洞门中闭，恰似鹅顶头日月射地中；有"一"物从北海深底，经中正黄河，上昆仑明堂，从赤龙背而航太虚；五虎托腹结，下田坚密。

按：开合为金家功夫之灵魂，内中秘密甚多，作用最大。余本师授，因作此歌，以便记忆不忘耳。尚识。

附录：《开合劲秘歌》讲解

注：由于《开合劲秘歌》原文深奥难懂，为了方便读者更好的理解，现将张义尚先生对秘歌逐字逐句的解释附于后，下文中括号中的内容为张义尚先生回答张宏问的原话。

（《开合劲秘歌》分两段，第一段是对合劲的要求，第二段是对开劲的要求。）

月当三四（指背的形状应像初三、初四的月亮一样，是一个弯弯）

朗悬太空（指合劲当快，干净利落，即"起翅一大片"）

清明灵气（指练的地方空气要好，无风、无灰尘）

荡漾溶溶（指空气好，风和日丽）

倏尔一轮明日（倏尔：突然、很快；明日：眼睛）

上照琼宫（琼宫：头上之顶门，全句指合劲时眼睛突然朝上看，看顶门）

只觉得"亥"气直沉海中（合劲吸气时，外气由前沉丹田，走任脉，内气由后背上到顶门，走督脉，这里是指外气）

抱肘开足（指合劲之肘形，脚形）

紧关着地户不动（地户：肛门；由于合劲吸"亥"气，内气走督脉，自然就会收肛）

腹内松净（合劲吸"亥"气时腹内的感觉）

元气有奇功（元气：内气、先天之气；有奇功：指通任督脉，全句说长期这样，可通任督脉）

猿猴坐观空（形容合劲定式时的姿势）

筑固了基础（开劲定势后，脚要站稳）

折下了天柱（天柱：是后颈骨，这里指打头风）

胸膈密接（下巴挨着胸，指开劲后头和胸的关系）

洞门中闭（指口形，上牙与下牙要挨着，嘴唇未闭，舌抵下牙）

恰似鹅顶头日月射地中（鹅顶头：形容开头风之形状；地中：指小腹。头像鹅顶头一样开后，眼睛看着小腹。全句是说：开劲定式后，下巴要挨着胸，上牙要挨着下牙，舌抵下牙，眼睛看小腹）

有"一"物从北海深底（开劲之"一"气从丹田出）

经中正黄河（气从身前面腹部）

上昆仑明堂（指上头顶）

从赤龙背而航太虚（从头顶再由嘴出；太虚：此指宇宙）

五虎托腹结（五个手指头按着腹结穴，指开劲手的位置）

下田坚密（指开劲定式后丹田充实饱满的感觉）

1976 年 8 月 15 日夜答张宏问

附录：张义尚先生答张宏关于开合劲的疑问

问：合劲是外气沉丹田、走任脉，内气走顶门走督脉。开劲是内气或是外气航太虚？

答：外气航太虚，内气沉丹田。

问：走什么脉？下田紧密是什么气？

答：是内气。

问：开合劲是顺呼吸还是逆呼吸？

答：是逆呼吸。

又我原有九八变着，现已不能记忆，且临用之时，因敌变化，变化无穷，岂仅九八七十二变着而已哉。但为平素之练习粘连随合计。续演五个套路如后。

一 追风

1. 右铲臁脚

2. 落步右挑领把

3. 快步左鹞子入林肘

4. 左劈面掌

5. 回身左铲臁脚

6. 落步左挑领把

7. 快手右鹞子入林肘

8. 右劈面掌

二 连环

1. 右挑领把

2. 右上左跟拗步左挑领把

3. 右上左跟顺势右挑领把

4. 右垫左大步右跟（即快步）左鹞子入林肘

5. 左上右跟拗步右鹞子入林肘

6. 左上右跟顺势左清步肘

7. 眼把（撒左足以踵着地成虚步）

8. 右熊出洞单膀子

9. 左六合膀子

10. 开劲

11. 转身上步左挑领把

次拗步右挑领；次顺势左挑领；次快步右入林；次拗步左入林；……以至右六合膀子，开劲终。

三　大战

1. 右鹞子入林肘

2. 右上左跟拗步虎扑羊兼左鹞子入林肘

3. 右上左跟顺势右鹞子入林肘

4. 左清步肘

5. 眼把

6. 上步右挑领把

7. 上步左清身膀子

8. 上步右白鹤亮翅膀子

9. 左六合捶

10. 开劲（右手开出）

11. 双分左猿猴入洞

12. 落步左鹞子入林肘

13. 左上右跟拗步右挑领把

14. 左上右跟顺势左挑领把

15. 寸步（右上左跟）或快步（左垫步再右大上左跟）右鹞子入林肘

16. 回身左鹞子入林肘

次左上右跟拗步虎扑羊兼右鹞子入林肘；次左上右跟顺势左鹞子入林肘；……以至寸步或快步左鹞子入林肘而终。

四 缠绵

1. 右熊出洞单膀子

2. 左六合膀子

3. 开劲

4. 拗步右引把

5. 右铲臁脚

6. 落步右鹞子入林肘

7. 右劈面掌

8. 左清步肘

9. 左眼把

10. 右挑领把

11. 左展手膀子

12. 右裹缠膀子

13. 右清身肘

14. 右翻手劈面

15. 虎扑羊兼拗步左入林

16. 左熊出洞单膀子

次右六合膀子；次开劲；次拗步右入林……以至虎扑羊兼拗步右鹞子入林肘终。

五 逍遥

1. 左引把

2. 左清身肘

3. 右清步肘

4. 右眼把

5. 左铲臁脚

6. 右分脚

7. 左猿猴入洞

8. 落步左鹞子入林肘

9. 左劈面掌

10. 快步右挑领把

11. 快步左抓阴脚盖十把

12. 回身右引把

次右清身肘；次左清步肘；次左眼把；次右铲臁脚；……以至快步右抓阴脚盖十把终。

追风诀

铲臁、挑领、入林、劈。

连环诀

挑领三、入林二、清步、眼，出洞、六合、一开劲。

大战歌

入林三起清步眼，挑领、清身（膀子）亮翅行。

六合捶、开合、入洞，入林、双挑、又入林。

回身又是入林肘，左右虽别同一情。

势名大战冷猛狠，迅风顿扫九天云。

缠绵法

出洞、六合、一开劲，拗引、铲臁、入林劈。

清步、眼把、连挑领，展手、裹缠、清身肘，齐。

翻手劈面入林肘，出洞膀子换势奇。

往复缠绵新而续，行云流水乐希夷。

逍遥引

引把、清身、清步、眼，铲臁、分草、入洞连。

入林、劈面、快挑领，抢步盖十逍遥名。

连环歌

挑三、鹞二、清步、眼，

出洞、六合、一开劲。

金家功夫入门锻炼次第

习练此家功夫，一般可依教者观察及学生志趣而定其锻炼之次第。

如以肩为主者，则入手以出洞、六合、展手、裹缠、亮翅、搜山、鸡形步等为必修课，开合次之，头、肘、手、臀、膝、足又次之，至四把捶、清身步而功圆。

如以肘为主者，入手以鹞子入林、清步肘、清身肘为必修课，次及开合、鸡形步、摇山劲，又次头、肩、手、臀、膝、足之做法，又次四把捶与清身步而圆。

如以手足为主者，则入手以挑领把、十字铲臁、分草步子为必修课，次传出洞、六合、鹞子入林、清步肘，又次传鸡形步、开合劲、搜山膀子，最后传四把捶、清身步子而圆满。

至头、臀、膝三者，一般俱作助功用，以其着法太少故。然亦有专攻之者，如"麻头风"是其例也。

又如周师所传，以十种为主（见《回忆录》中），再加清身步子，则是七拳平均发展之锻炼法也。

总之，七拳之中不拘以何为主，但最后俱必修习鸡形步、开合劲与清身步子，方能入于神化之域，不可不知。

又凡为主之功，入门最少须练三年左右，至二年以后，即须加鸡形步、开合劲、清身步子之功。其练习之法，俱要求得轻柔灵活之劲，以蓄养增长灵机为主。千万不可用努力蛮练，将身手练板滞了。此是与一切外家功夫之主要分水岭，若不识此，费力纵多，成就必不大不高也。

金家功夫之评价

此家功夫之各种做法，我以前整理过，惜已无存。此次重新整理，不同于以前者，以前全记师授，零零碎碎，缺乏系统性；此次则系融化贯通，由《原谱回忆录》（内附小史）而气功、而各种做法及运用法、拳架略释、变化示例、锻炼次第，将整个金家功夫系统化、简明化，此自感满意者。

此家功夫与形意同出一源，惟近时之形意，如五行、十二形，皆偏重在手法方面，虽有七拳歌诀而无专练之法；金家则尽量发挥七拳之做法及运用，手之地位，仅为七拳之一，且似乎反不若肩肘之重要。形意，由明劲而暗劲，练之失当，劲多猛而不灵、不干脆；金家入手即讲软柔自然，保存增长灵机，此较形意为优者。二家在步法方面则完全相同，专讲勇毒亦同。金家之各种手法更分外险狠，不用则已，用则每致伤人，此过去祖师不轻传授，余虽习练，不欲大成之由。以中招中，和招和，己不用毒于人，人亦不用毒于我，乃显明之因果关系也。何况现在社会，火器昌明，武术纵精，岂敌一弹?！然就技巧而论，确有其特殊高明之处，而非其他一切外家功夫之所能及。外家多尚拳击、掌法、腿法，不甚讲究发挥全体之作用，而金家则除拳、掌、腿外，于头、肩、肘、臀、膝、背、腹皆能锻炼运用也。

又就劲之着人而言，金家之劲甚脆，与太极略同，非形意之所能及。不过金家之发劲，尚有一定部位，而太极功夫练到顶点，则全身任何一点皆能发劲，一似全身有电，触之即伤者，此则又高于金家远矣。

又就养生健体而言，太极最为超绝，八卦次之，形意又次之。金家因有特殊之开合劲、鸡形步、清身步，最低限度，亦可与八卦抗衡，或犹过之。惟较之太极之自然呼吸、混元气功，差次一着耳。

又凡由软柔自然与蓄养灵机而练成之内劲，其着人也，意到即出，毫不费力，而受之者如同触电，分外清脆，无所从抗。形意五行连环，奇正相生，攻坚摧锐之力甚猛，亦能放人于二三丈外，惟发劲者亦感吃力，受之者有沉木不灵之觉，此其辨也。

又形意之劲，有断续往来之痕，金家亦然。惟太极拳与八卦掌，于动中蓄气凝神，其劲整而不断，故二者虽皆不讲七拳之练与用，而实际上已超过明显之着法而入于混元之境界。混元者，一通百通，一练百练，一切妙用，无不含摄也。不过，若就太极与八卦再比，则因八卦缺乏推手听劲之功，且于松、稳、静、匀之细致周密，亦终以太极为至高无上耳。

按：此中所谓自然呼吸、混元气功，须从杨、吴两派嫡传弟子口传心授，方可神会。一般仅有外形之冒牌太极拳者，不足以语此也。

附：遣兴三首

余此次总结内家功夫，计有《八卦拳学正义》、《八卦拳真传述要》、《金家功夫述略》之三种，以《述略》为最后写成，成后有感因作。

一

头肩肘手臀膝足，鸡形开合清身续。

内劲灵机为主宰，气神相抱随所欲。

二

艺成而下德成上，通道之技非凡响。

太极八卦并金家，形气意合包万象。

三

堪笑无聊学屠龙，几经周折兴转浓。

任他丑诋凭他谤，且惜残年庆时雍。

己酉蒲节前三日

（公元 1969 年）

尾　跋

　　《述略》既成，尚有不得已于言者。第一，凡学功夫，必从明师口传心授，先学其形，不断改正，以入其神，方可攀登技术之顶峰。若以为既有书载，可以依之无师自通者，则是大误也。因在锻炼过程中，其中之规矩法度、变化转移等，不胜其繁，凡此皆非明师相机指拨不可。而此《述略》不过可作师传之印证资料耳。其次，余于《评价》之中，虽举太极、八卦、形意以与金家并论，尤推尊太极一功，但切勿认为学功夫非太极不可。须知一派有一派之特长，只要能得明师指引，逐步深入，自然"处处绿杨堪系马，家家门闾透长安"，俗语所谓"行行出状元"也。试就《回忆录》中之诸师小传以观，则金家功夫之技也近夫道矣，甚为明显，岂轻浅浮躁学而无恒者之所能窥其万一耶?! 故若有能缘遇之者，千希身体力行，重道尊师，虚心求教。一得真实受用，则于身于心，畅快无涯，即此已是人生之莫大幸福矣，岂小可哉!

庚戌（公元 1970 年）古六月重录再及

补　遗

　　梁平方言，称功夫为"活路"，如金家功夫亦名金家活路，余门功夫又名余门活路，活路者即日常生产劳动之俗语，而以练功名之者，盖谓练功必似生产劳动，既勤且恒，方有收获也。

　　（伯父嘱我深自秘惜，不要外传。1976 年 8 月 24 日于忠县九亭堑口山顶张家祖屋谨录，是日满 17 岁。张宏）

第二编
武术阐微

一　蜀东稀有拳种形意拳支派

——金家功夫

金家功夫是由金一望先师（金道人）在川东万县地区的梁平县留传下来的一种功夫。金道人在梁平，一直被当作神话人物传下来。据说他平时行踪隐秘，很少和人交往。金道人原籍是蒙古方面的人，拳谱上只记载他是六月二十四日午时生，作为纪念他的月日。但生平为何？没有记载。他在梁平逗留的时间，从传代推算起来，大约是距今一百二十年。

他为什么到四川来？相传是因师兄弟间的不和而逃来的。据我揣想，他很可能是参加太平天国反清运动失败之后，不敢回原籍，跑到四川避难的。

他在梁平，前后一共传了八个徒弟，但除李少侯外，其余的都没有传人。

（一）金家功夫的特殊风格

金家功夫和其他拳种最大的区别，是反对打桩、插沙等借助外物为道具的蛮练；其次是练功的时间和量不能过度，绝对禁止苦练，把人搞得筋疲力尽，要顺乎自然，始终保持神经清明，精力充沛。每个单式动作的锻炼，有左即有右，左右各一动为一数，每动不得超过十数。

我曾总结金家功夫的特殊风格为两个秘密、五个特点，今略释如下。

两个秘密：

第一为开合劲气功：它只有一开一合两个动作，但内容深密，既是吐纳法，同时又把全身的头、肩、肘、手、臀、膝、足各种打法完全包含在内，这是比形意拳更为超胜的地方。它是否因金一望是道人，把道家玄门的炼气方法和姬家武术动作融合而成，不得而知。

第二为操劲五次第：金家练法，都是单个式子的反复操作，由浅入深。

第一个阶段为皮劲：是指初学入门，经老师示范，亦步亦趋，但身手不协调，气浮不沉，两脚无根的境界。

第二阶段为抖搜劲：是指经过老师不断纠正，手眼身步渐渐协调，全身渐渐松开，气自下沉，两足渐渐稳实而落地有自然沉重的响声时。

第三阶段为急劲：是指身手更进一步协调，动作活泼，速度也自然增加之时。

第四阶段为灵急劲：是指动作速度更进一步增加，全身精神意志的灵敏程度也相应增加之时。

第五阶段为快利沾连随合劲：此时动作更快速利落，脑子里的灵敏程度如明镜无尘，高悬空中，无物能逃其鉴照。动作中具有莫可计数之可变性，能与人不即不离，或攻或守，丝丝入扣，恰到好处之时。

以上五个劲次，从头到尾都要全身松柔，不使拙力。要以神驭气，以气催形，以心神灵明为主，以气血形质为辅，这同形意拳的先练明劲再转暗劲、化劲不同。

五个特点：

第一个特点是打人如走路：一切拳种，都有一定的姿态，使人一望而知他是经过某种训练的。惟有金家功夫的脚步动作，与平常走路一样，既自然，又灵便，一点不露形迹。

第二个特点是打人不现形：因为金家功夫的动作本身，即具有声东击西、指上打下之巧，每一个手法都是这样，所以使人挨打过后也不知道是怎样被打的。

第三个特点是逢人须夺位：金家功夫与人对敌时，仿佛对方就是一块活磁石，自己则是一个铁铸的人。自己总是很自然地紧紧直逼对方，利用物理学二物不能同时并存于一点的原理，直接夺取对方的位置，取而代之，使他无有立足之地。

第四个特点是两手不空回：按与人角斗之时，敌如攻我，最普通的办法，是遮架或避过对方的攻击，再向对方还击；其次，是招架与还击同时并行，连守连攻，连攻连守，但空间上仍有攻守的分别，不过攻守同在一个时间而已；其三，一出手便是攻击，以攻为守，无须另行防守，而防守已寓于攻击之中，一击不中，二击、三击、四击以至无穷击俱因势而生，绝没有把手收回来再出去的笨办法。这最后一法，便是金家功夫的打法。

第五个特点是奇穷变化、变化无穷：当金家功夫一出手，绝不意味着孤注一掷，而是同时寓有无数可变之势紧跟着，除非敌人已经溃灭，这个态势一点不能放松。

这五个特点，必须在理论上能够彻底明白，知道它的重要性，并在实践上完全能够熟练地掌握运用，才可算是真正金家功夫的传宗接代人。

（二）金家功夫与形意拳

金家功夫与形意拳是同源异流。学金家功夫的人不知道，北方学形意拳的人更不知道。这个渊源，是我学金家功夫后，再与学形意拳的人接触并看到了《形意拳谱》才知道的。

证据在哪里呢？

第一，形意拳是由山西姬隆丰传出的，金家世代相传，也说金家功夫原是姬家功夫，是由金道人向山东姬家学来的。考山东并无姬家传拳的事，山西说成山东，显是年久讹传所致。

第二，姬隆丰后的重要传人，山西有戴龙邦，河南有马学礼。周师传金家功夫时说，金道人向姬家学拳，是同马龙、马虎弟兄一道的。马龙、马虎同马学礼、戴龙邦，蛛丝马迹，明显可见。以此可以推想金道人与马学礼、戴龙邦是同时代的人，也很可能还是师兄弟。

第三，形意拳传到河南的马学礼一支，叫心意六合拳；《金家功夫拳谱》明明标上"心意六合第一家——金家功夫"。

第四，从年代上考察，形意、心意和金家的初期，都是距今一百五十至一百七十年前的时代，三家的后学到现在，也都是在七代至十代之间。

第五，两家拳谱上，都有七拳、十二形、四把捶、倒打紫金冠、玉门单清、遇敌好似火烧身等说法和词句，不是同一来源，哪有这样巧合呢?!

第六，河南心意六合的四把捶，是一个八九手的简短套路；金家功夫的四把捶，也一共只有九个动作。

第七，两家的身法、步法几乎完全相同，其锻炼方法，以单式动作为主，不大重视套路，两家都同。

金家功夫和形意拳的不同处如下。

第一，是金家功夫有开合劲气功作为整个功法的枢纽，形意、心意里面没有。

第二，金家练功的五次第，始终强调用意，讲灵巧，是一贯相承的，特别反对明劲的做法；形意练劲，分明劲、暗劲、化劲三个次第，明劲是刚劲，暗劲、化劲属柔劲，是先刚后柔，与金家的由纯柔而刚不同。

第三，形意、心意的六合，是外三合、内三合共为六合；金家功夫的六合，则是外内各有六合。

第四，心意十形、形意十二形，都是仿不同动物的小套路；金家功夫的十二形，实际都是开合劲的注脚，一开合之中有十二形，十二形不出一开合。

第五，形意七拳，各有歌诀，但实际锻炼时，仍以拳为主；金家功夫则专门在七拳上做文章，由于诸师的嗜好领会不同，有以把和拿法为主的，有以膀子（即肩峰，但不拘于肩的部位，是连整个上臂在内的）为主的，有以气功头风为主的，有以肘法为主的，有以足击为主的，也都各有千秋。

第六，形意拳多偏重功力深厚，金家功夫则更强调变化莫测以制人。

综上，金家、形意既有许多不同，我为什么断定是同出一源呢？因为以上的不同，仅仅是功夫内容风格上的差异，这在各个派别中都是有的。即就八卦掌说，同是董海川传出的八母掌，程廷华、尹福、梁振普三人的动作都有明显的差异，何况金家、形意到现在已经历了一百年以上呢！

金家功夫，外表上虽不受看，然朴质无华，别具一种风格，有它的精深内涵。你若真正掌握了它，在强健身心与自卫御侮两方面，都有得心应手、左右逢源之妙。但我从来不愿传人，因它的技击性太强，若武德不好或年轻气盛，很容易动手伤人，同时它的内容比较深奥细致，也不是一般心性浮躁、浅尝辄止的人可能学好。鉴于目前知道金家功夫的人很少，间有关于金家功夫的报道，也存在着错误，为了不负历代祖师留传这一功夫的苦心，故乐于写此简介，请同志们指正！

（原载《武魂》杂志 1987 年第 2 期）

二 内家功夫中的一支奇葩

——金家功夫

　　笔者于 1987 年《武魂》二期介绍了《蜀东稀有拳种形意拳支派——金家功夫》一文。那篇文字的内容，是根据我在三十年代十八岁时学习金家功夫七年的知见写的。1981 年 11 月出席四川省在成都召开的老拳师座谈会，并奉命代表四川老拳师列席北京"全国武术工作会议"。归来路过梁平县才知该功夫于第二代后有麻贵廷、刘志强两个传承，我原来所学属麻系，杂有余门功夫，不如刘传之精纯。后于 1986 年缘遇垫江高英老师，一见知为高手，乃是金家第五代师资中得到它全部奥妙，而且本身造诣已达到炉火纯青的惟一传人，故决心请列门墙，重学金家功夫。蒙师不弃愚鲁，不断琢磨，又七载矣，才知金家功夫乃是"金氏心意六合拳"，虽与形意、心意同出于山西姬家之一脉，但在养生及技击技法上有很大的不同。金家功夫于养生和武术技艺方面成效斐然，可惜该功过去保守过度，未能得到武术界有识之士的重视。

金家功夫的渊源

金家功夫，乃"心意六合拳"的一个支脉。发源于四川川东地区的梁平，至今已有二百多年的历史。

金家功夫的先师——金一望，山西人，是一位打家劫舍的绿林英雄。他和他的结义兄弟马某闻姬家拳艺超绝，但不传外人，因求学心切，遂前往偷学。已至三年，为姬家发觉，姬老感其心诚，慨允破例，重学三年，得到了姬家功夫的绝密传授。

二人既得绝技，痛改前非，出家修道。后于湖北分手，各奔前程。马氏沿江而下，金则溯江而上，至四川之梁平县，喜其山清水秀，物产丰饶，遂隐居于老鹰场地，和光混俗，济世活人。金前后共传八徒，以李丹翼功夫最深，功成而去，不知所终，其次当推李少侯，他是金家功夫的第二代惟一传人。

金家本是姬家，而我们曾见到金家拳老谱，其谱首标"心意六合第一家——金家功夫"。因金道人在梁平为第一代祖师，并且艺业出神入化，于心意六合门有更高深的造诣和发展，故以金家功夫名之。

李少侯功夫甚高，曾应清廷武状元之试。试考官惊其神力，以为邪术而不取，遂抑郁不乐，后修静功，走火入魔。他在武功方面，仅"陆地飞腾"（一称"悬空"）一法未得。祖师有秘本传他，入魔后他时刻藏于胸怀，常曰"天书"，不给任何人过目。逝世后不知书之去向。

李少侯传徒以刘志强（刘二霸王）、麻贵廷、魏和尚三人为杰出。魏早死，麻原余门高手，曾在川陕道上走镖达十年之久，再转学于李，故其艺不纯，惟刘之功夫精纯出众。此是第三代。麻传万玉成，万传周之德，皆有相当功底，非一般拳师可比，惜周后已无传人。刘传文焕章、裴元和尚。裴早死，文为刘亲自选择之传人，是金家功夫真传之继承者。此是第四代。

刘传袁树滋、高英（原名敬源）等老师。袁传人不多。高英于民国廿一年考入南京中央国术馆，广学内外诸家拳种。1924年毕业后，曾任军队国术教官，经一再砥砺深钻，方知金家功夫别有风格，与太极、八卦、形意、心意及大成拳，皆有不同。其法极精简，与"越是上乘功夫越是简易圆融"相符。故一面再虚心请益，一面潜心修炼，成为目前金家功夫惟一之第五代高手，其功夫已达炉火纯青之域。惜师在过去"左"风之下，流放新疆廿七载，且幸经释冤狱，于1977年归来之后，传授有志青年不少，在老师化雨春风影响之下，我们师兄弟中已有相当功力能传其艺业者已为数不少。

现在我辈同仁，决心在老师玉体尚健，亲自指导下，把"金家心意六合"这一功夫整理出来。而笔者因在上海读书时，曾广学太极、八卦等内家功夫，虽于金家功夫水平有限，然对功夫之高低深浅尚有一定认识。故这一次的整理工作，是根据高师的教导，在文字上略予订正润色而已。

（原载《武魂》杂志1994年第9期）

三 金家功夫的灵魂

——开合秘授

（一）简介

中国武术，不论内家和外家、各门各派，皆各有所长。金一望先师既入道门，故于养生功有深入的体会和研究，创造出"开合"一功。它既是最精简最高深的养生法，又含藏巧妙绝伦的武术技击术。过去一代只能传授一至三人。

兹有必须注意者，开合一功，说简单，确是简单，说深秘，更是深秘。同门师兄弟中，固有一学便会者，但就笔者个人而言，虽自问也不是下愚，且对这一功法又是重学，竟事师七载，请益琢磨逾三十次，还亏了师兄弟们的帮助，师方曰"可"，而自己在心里也才觉得有了把握。盖事非经过不知难，对于一个事物的认识，除了实践—认识—再实践—再认识，多次反复，不可能有真知灼见。现在不少青年人，对于高深的内家武术，每每浅尝辄止，自以为是者，未有不堕入狂妄无识之流也！

（二）动作说明

1. 总旨

合劲一个蛋，起翅一大片，鹅头并凤膀，沉肩坠肘先。胸如洞，背如弓，起手不见手，脚去无定踪，勿需千招手，妙诀在心中。

2. 开合外形

开合外形是：鹅头、凤膀、沉肩、坠肘、阴脚、雷声、手与脚合、肘与膝合，要身形、眼神、手法、步法合而为一。手起脚起，手落脚落，脚落身到，一气呵成。所谓"混元一体"之式。

3. 开合内蕴

心与意合，意与气合，气与力合。要藏精、蓄气、凝神、沉入丹田，使心、神、意、气、力合而为一。炼谷化精，炼精化气，炼气化神，炼神还虚，炼虚合道，归于太极，返于无极，合于自然，层层有诀，能者从之，学者勉之。

4. 开合与调息

开合功法是高级层次的气功锻炼法，它要完全松开，没有一点儿勉强做作的呼吸和运气模式。主要借身体的一开一合，巧妙地产生自然调息，以"一"音（"一"亦作"噎"，乃以口念"一"字发雷声）使气沉入丹田，所谓"一字通三焦"，以充实身内之五脏六腑，体外之肤表毛发，并与整个宇宙合而为一。此中奥妙无穷，有缘有德者悟之。

5. 开合与技击

技击巧妙无穷，不外阴阳、刚柔、吞吐、沉浮、涨缩、来去、进退、起落、真假、虚实、轻重、动静、大小、快慢、方圆、曲直、上下、前后、左右……之变化运用。凡此皆已全具于开合之中，其中阴阳是总纲，其他刚柔、虚实等等无一不具有阴阳之属性而变化莫测。但亦自有其一定之规律，至于如何运用变化，是赖明师按照每人之功底水平如何而相机指点，已非口笔文字之所能及者矣。如略释其义：刚为坚，柔是软，吞指收，吐为放，涨即开，缩是合，沉为下陷，浮是虚悬，来是回，去须踩，进必扑，退即避，起指手，落是脚，动指形，静指心，以至真假、虚实、快慢、大小、方圆、曲直、上下、前后、左右等，可以例知。总之，开合功一法，是金家功的灵魂，金家入门之基本功，也是金家功夫从头到尾始终不能离开之核心功法。一法能统万法，万法终归于一法，其重要性为如何，可以知之矣。

6. 开合与养生和特异功能

开合功在医疗保健与揭开人体生命奥秘方面，有其不可轻视之价值。例如：

（1）高师在新疆石河子建设兵团时，有一三三团十四连马国章之子，患肺结核、气管炎、胸膜炎等，医药无效，习练开合半载，诸病皆愈。

（2）四川垫江县徐某，17岁时，久患遗精，诸医不能治，因习开合三月而病若失。

（3）四川垫江县一施工员陈其清，28岁时因水泥板滑落，重伤头部，造成严重脑震荡，致记忆力全失，身体转侧即倒。住院经年，断为终身残废。因从高师处习开合功，一年余之后，身体全部恢复健康，因而成为我们师兄弟中之一人。

其他尚多，兹不多说。

至于改造体质，出现超绝功能，如金师祖腾空而行；李少侯神力惊京师试院；麻师能使头发自在伸缩，出入于头皮之表层；万师之手斗大青猴而死之；周师六十日而通小周天，目力倍增，身轻逾常；高师幼年多病练开合而转健，头颅变形，脱胎换骨，成为金家第五代师资中之具有最高功夫水平者，此其一斑也。

（三）开合动作说明

此是开合功具体操作法图说。

1. 预备式：全身正立，两脚与肩齐平，两手自然下垂于大腿之外侧，全身松开，口微闭，两目平视，两耳内听，舌抵上腭，顶头拔背，两脚如陷入地下九尺然。（图1）

2. 提起右脚，左脚单立，膝部自然弯曲，重心落在左脚，双手微向前方丢出。（图2）

3. 先将已提起的右脚向前迈出一步，身体略向前扑，此时重心落在迈出之右脚。（图3）

4. 当右脚迈出后，后面的左脚应紧随右脚跟上半步，同时两手从下向上前方抱，呈环抱形。（图4）

5. 当右脚迈出，左足跟上半步，手呈环抱时，两手十指向内指向心窝，双手手背和腕关节紧贴，身体微向后吞内收。（图5）

6. 在身体向后吞时，尽量含胸，腹部向内收紧，左脚随身向后吞时弯曲站立，前脚（右脚）应翘起脚尖，跟部着地，成阴脚，其重心在后之左脚。（图6）

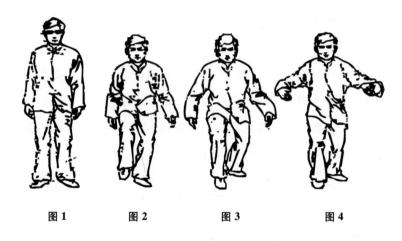

图1   图2   图3   图4

7. 身形合稳后，应随之提起左脚向前，此时重心又落右脚，右脚单立而弯曲，提起左脚之时，两手翻腕向下成交叉十字形。（图7）

8. 当右脚站稳后，随即将提起的左脚向前迈出一步，脚跟着地，双手成十字，与迈出的左脚左膝，向地下呈垂直而接近开满式。（图8）

9. 这是开合的最后一个动作：此时左脚跟、左脚掌、左足趾，依次缓缓地踏实，身要向下略沉，脚要下陷，双手慢慢向下分开，落在两大腿外侧，身子站直，左足在前、右足在后，呈半弓半箭步。重心在胯和裆的中央，身形中正，两眼平视，此为开满时定式。（图9）

图5　　　　图6　　　　图7　　　　图8　　　　图9

10. 当身子开完站直后，开始练气，用气流发"一"字，发雷声，其声应为细、长、缓，从咽喉而下，直达丹田。从发"一"字音起，心意要默想着一股气流随声进入丹田。发音毕，稍停。是完成了一度开合练习法。

其后身腰向内后缩，将左足缩回提起，再迈出一步，同时右脚也向前跟进半步，丢手向前呈环抱，随之身向后缩，这样在一直线上，左右两脚走动变换练习。开合实际上是一开一合，只有两个连贯动作。这样一左一右地反复练习即可。

（原载《武魂》杂志1994年第9期）

四 金家功夫的实战练法

　　金家功夫是心意六合拳的分支，它是吸收了中国武术历代发明的技击精华而自成一家的，它的特殊风格和理论是：

　　1. 以心意的内养为主，并取宇宙间林林总总的万事万物的自然法则和规律，为我所用，故曰"勿需千招手，妙诀在心中"。

　　2. 它的技击练习方法，是以单式为主，而不重视套路的外表美观，故它在早期只有仅仅九个动作和鸡形步共称十形的四把捶。到了第二代的李少侯手里，才把金家惯用手法连缀起来成为一个简综四把，总共两个套路。

　　3. 以精简实用为主，反对贪多、繁琐，故老师常说"不怕你千手熟，只怕我一手毒"。

　　4. 自然界的各种动物，为了生存而斗争，每每各有它们的斗争技巧。武术中各门各派拳，多有仿生动作和名目，如白鹤亮翅、鹞子入林、猛虎扑羊等。其在形意拳有十二形，心意六合拳中更有十大形的专练招式。金家功夫当然也不例外，但它没有规定十形或十二形，而是专凭学人的悟性、灵慧、嗜好而选择某些动作，多少不定专练，可能是只有练三五个形，也可能是七八个形，并且最后还要无形无象、万法归一、随心所欲，犹之万物统于阴阳，阴阳归于太极以至无极一样。

5. 金家技击临阵的准则，攻守同步、以攻为守、守即是攻、高来低对、低来高对、横来直对、直来横对、进生退死、猛勇歹毒、行如闪电、动如猛虎、奇穷变化、变化无穷。所谓"逢人须夺位，两手不空回"，前句是根据物理学定律，二物不能同时存在于一定的位置，直切地说，也就是取而代之，不让他有落脚点；后一句是手出之后，即如胶粘之附于对方之身，裹缠封闭，使之无有丝毫自由，或使如全身空悬，上下前后左右俱无有着力处，达到人不知我，我独知人。这才算是金家功夫登峰造极、所向无敌之神化境地。

其次，金家功夫历代相传，究竟有哪些招式名目呢？为了维护金家功夫的正统和纯洁性，避免一知半解之流的粗制滥造，招摇撞骗，我们此后一一写出，作为一个历史传统的总结和定论。（下略）

（原载《武魂》杂志 1994 年第 10 期）

五　"卍（万）"字与习武练功

　　人们要在学识、技术或事业上有所成就，都少不了对所做之事下极大的钻研和实践功夫不可，所以清儒顾亭林主张"行万里路，读万卷书"。就习武而言，有"拳打万遍，妙理自明"之说。要练拳一万遍，假定每天练3遍，就要10年才能完成。若要达到3年小成境界，那就少不了每天要练10遍了。若要研习高级气功学问，揭开人体生命奥秘，《玉皇心印经》说："诵之万遍，妙理自明。"《参同契》说："千周灿彬彬兮，万遍将可睹。"佛法密宗咒诵，修皈依发心、金刚萨埵、供曼达、大礼拜等加行，至少要满10万之数。若修上师瑜伽、本尊心咒，则动辄要念满百万千万。又如永明禅师念佛，一昼夜之间也要满10万遍。所以他们能够达到即生或即身的成就。这正是"唯光阴与勤苦不负人"这一颠扑不破的真理的具体说明。

　　近年来武术、气功虽然吸引了不少青少年和老年人，但其中也不乏轻易对待，不了知功夫是由勤苦加时间的积累，水到自然渠成之理，或一曝十寒，或始勤终懈，或揠苗助长，那就只能是以"幻灭"二字告终了！凡是有心从事习武或练功的同志，让我们携起手来，把这个"卍（万）"字反复深思，作为一个座右铭吧！

（原载浙江《气功》杂志 1990 年第 4 期）

六　蜀东金家功夫第五代传人

——高英老师小传

高英（敬源）老师，蜀东垫江县人，1913 年农历冬月初九日生。幼岁多病，到了十三四岁，身体犹未发育，辗转经人介绍，得到了金家功夫第四代文焕章先生之真传，获得转换形质、颅骨垒起之奇验。曾任前民中央八十七师驻南京警备队连长、四川省保安十团国术教官，新中国成立后左风影响，被管训三年后判刑十年，流放新疆，刑满后就地营职，至 1977 年方告老还乡，时年已 64 岁。1991 年 4 月患脑溢血，昏迷五昼夜之后，犹缓步自如，偶尔行拳，更有奔雷逐电之势，令人惊叹不已！

金家功夫是蜀东梁平稀有拳种，我此前已讲过，原是姬家功夫，是由金道人到梁平播下的种子，姬家原出山西，不少人也说来自山东，考山东并无姬家拳种，而四川人往往把山东、山西混淆不清，因此致误，这是不足为奇的。我原学金家功夫于 1928 年，见其身手步法酷似形意，以为形意支派，近年来看了有关河南的心意六合报道，回忆金家老谱明明写着"心意六合第一家，金家功夫"，并且梁平的两派传人，都说金道人与马道人为师兄弟，都是向姬家学来的，可见源出姬家与河南首传之马学礼或不无关系。可以断言，中国历代统治阶级，都重文轻武相习成风，所以就武术而言，除少数特殊人物如张三丰、张松溪等偶见于稗官野史外，关于武术派别传承渊源，从无系统记载；目前一些人对于历史问题往往争论不休，结果总是一笔糊涂账，这是自然的。好在我们现在的主要目的是挖掘武术的精华，去其糟粕，发扬光大，因此我在下面，都只就武术的本身内容为主作探讨。

梁平第一代金一望道人；第二代李少侯是唯一传人，没有问题；第三代李少侯传刘志强和麻贵廷二人，已形成了不同的风格；刘传文焕章、麻传万玉成，也是大家公认的；万传周之德先生，实际上能继承周之艺业者现已无人，文传袁树滋、高英老师二人，袁本身功夫实践锻炼不够，也没有大量传人，唯有高英老师，学习认真，艰苦锻炼，并于 1932 年入南京中央国术馆，学习两年毕业后，自感虽然学习了内外家多种拳术，都是套路花招，在技击实战上没有把握，还不如他在梁平所学更为切实，因回川再度从文师爷学习，受文熏陶者前后达八年之久，因此功造大成，炉火纯青。

梁平及其邻县都知道金家功夫的高妙，远非外家拳术之所及，我初学金家功夫，周师也对我说："外家拳在金家功夫面前，简直是手足都失掉了作用（无所措手足），其内劲之猛，屋柱逢之即摧，以六七人合力撞击一点，不如金家功夫有成者臂肘或头一击之劲为清脆。"可惜我当时受师熏陶不够，不久去上海求学，又改学太极拳，于金家未能深究。迨至1986年遇高师，师只略示一招，已令我大开眼界，方知内家功夫发劲，柔内藏刚，其沉实清脆、闪电崩雷之势，如非炉火纯青，任你怎样也做不出来。可惜师艺方成，适值天翻地覆之改革，师因历史关系1953年流放新疆，至1977年方返回故里，而垫邑又偏僻，未能如王芗斋在北京，大开以武会友之门，致师功夫虽高，屠龙无地，始终不能无遗憾耳！

据我所知，高师在南京中央国术馆学习时，曾与日本武术访华团员较量，仅用分草之式不出三合，打得日本人鼻血大出；又共其诸友游青城山，于六角亭休憩之际，以臂触亭柱，全亭移位数寸，复反触之，使回原位；又双手抱围之大树，师以臂触之，震颤不止，有人不自量力效之，臂受重伤，医了两年余，犹未痊愈；又在新疆时，与少数民族发生纠纷，为大汉二人擒扭其左右手，另二人抓其前后衣领，数十人拥之而行，师趁其不意，骤发冷劲，两手脱出，左手前托，右肘倒杀，打开一条路脱身回营。近年来国家提倡挖掘整理民间武术瑰宝，不拘朝野公私之来访者，一见师之行拳，无不佩服投地，认为稀有！师常叹："梁平金家功夫真传，早已绝迹，社会上不少以金家自命者，多是冒充骗人，毫无实学。"言下感慨万端。

形意、心意与金家，同系姬家之一脉，三者之中，金家最为原始，似最为接近本根，紧握纲要，需识"知其要者，一言而终；不知其要，流散无穷"，越是上乘功夫越是简要圆融，一般浅见薄识安知其妙乎?! 原来从师习艺者，其初尚不知其技艺之珍贵，到目前大家方庆幸于极"左"时期，师命犹得保存，以至金家功夫未能中辍，如非师有深厚功底，在新疆难保生还，则金家功夫失传必矣。只是该功自来授受慎重，不轻予人，能得其真传艺业者，每代不过一二人；加以当今之世，真能热爱武术、勤奋深钻者乏人，一般学人虽多，大多浅尝辄止；稍有所得者，因不识金家功夫在内家武术中的特殊价值和重要性，亦多中道停练不前，足可叹哉！

义尚于 1995 年 1 月 12 日晨

（《武魂》杂志 1995 年第 9 期修改发表时改标题为

《蜀东金家功夫与高英》，整理者据之对本文有所增补）

第三编
太极拳漫谈

一 《杨式太极拳练法详解》整录后记

《杨式太极拳练法详解》为李师雅轩 1939 年原稿，过去曾经刘仲桥、黄星桥二师兄整理过，以后复由师自己多次改订增删。为了对发展体育事业，增强人民体质贡献力量，准备出版，故此次不得不重新整理。

太极拳是中国武术当中比较高深的一种，它本身是技术，同时也是艺术，所以对于太极拳的实践认识永远没有止境，它之所以耐人寻味，也在这里。写作带艺术性的技术，只能由有高度技术成就和高度艺术水平的人来完成，文章写得虽好，而本身的技术艺术造就不大不深，不可能写出有价值的东西。太极拳中的杨式，过去当然以澄甫太老师为巨擘，他的技术写作，当时皆由其门弟子代为执笔，而非他老人家亲自动手，故虽有几种册子，都是语焉不详，说理不透，不无隔靴搔痒之感。家师李公雅轩追随澄甫太师多年，传授既正，悟解尤深，本其心得，写成此稿，皆是自己亲笔，直抒胸臆，无有间隔。这在太极拳书中，可说是绝无仅有的了。所以我们这次代劳整录，严格遵守的宗旨，是仅就其文字之有错讹重复者，予以订正删削，外此则尽量保持其本来面目，不敢妄事增减。这是首先要说明的。

另外根据家师平时教导和门弟子问难请益，我们觉得有必要讲到下面的一些内容。

（一）必须指出的太极歧途

中国的拳术，门派很多，各有各的风格特点，不能张冠李戴，混淆不分。太极拳的特点，就是静、缓、软、匀。静，就是神经清醒、照物无遗的境界，太极拳尤重动中求静，故静是太极拳核心的核心，一点也不能疏忽。缓，与快为对待，为了达到动中求静的目的，所以动作不能太快，有越慢越好的提法。软，是全身关节肌肉筋骨彻底松开，丢掉后天的拙劲硬力，则肢体自然沉重柔和，有松沉软弹、棉里裹针的感觉。匀，是均匀，即动作虚实分明，快慢一致，如行云流水，抽丝挂线，相续不断的意思。以上四点，是太极拳与其他一切拳法的分水岭，自始至终不能违反的原则；但近来有些人主张刚柔相济（我们也说刚柔相济，但内容不同）、快慢相济、顺逆缠丝等，明显地违反了"静、缓、软、匀"四原则，这是对太极拳原则的修正，实际上是走到外家拳的途径上去了。

世间一切事物都是发展的，太极拳在陈家沟尚保存很多擒拿法、打法、跌法、腿法等，这是事实。后来各式尤其杨吴两式，渐渐扬弃了许多艰难的动作，而一归于听劲懂劲，这正是太极拳的进步和发展的地方。他们实际上不是不讲各种打斗方法，而是打斗的方法更巧妙、更高明了。但近来有认为这是赶巧，吹捧提倡走老路，仿佛是不把扬弃的糟粕拾起，就好像是美中不足，这完全是儒家厚古薄今的思想在太极拳里的反映。

太极拳是一种比较高深的武术，就是遇到了好的老师传授，也还要自己虚心受教，经过长时的熏陶，勤学苦练，然后才能逐步提高。若条件不具足，单凭自己的揣摩想象，任你怎样聪明，也免不了顾此失彼，强调了某些方面，又忽略了某些方面，结果毫厘之差，千里之谬，用功纵勤，收效不多，这是我们亲身的体验，也可说是深刻的教训，同时说明了亲近明师益友的重要性。但近来有不少的学者甚至是教者，根本没有从师学习，只是弄些图书，摹仿摹仿，或者剽窃一点外形，自吹自擂，拉拢学人，这是一种自欺欺人、不老实的学习态度和做法。

上面这些道理弄不清楚，会给真正想学好太极拳从而得到增强健康水平的人带来大的障碍，所以我们这里特别指出。

（二）学习太极拳应有的认识

我们过去听武术界一致的公论，内家功夫以太极拳为第一，形意、八卦也很不错。青年好学，很想各种都会，熔化于一炉。后遇李师，方知形意、八卦等功夫当然各有各的长处，但它所走的劲道与太极不同，不宜兼练。并且学功夫总宜专宜精，才能得到好处，若不专，必难精，一个人的时间有限、精力有限，要想同时练好几种功夫，势不可能。何况一趟太极拳，有大小、刚柔、快慢等变化，用毕生精力研练，也取之不尽、用之不竭，哪里还用得着外求，这是首先应当明确的问题。

至于太极拳有"神拳"的称号，李师说有二因：一是太极在练时是用神、用意，藏而不露，因以用神为主，故称神拳；二是太极在推手时，变化神奇，快冷绝伦，能打人于不知不觉之中，只要神气一动，对方就惊心动魄，不知所措，当先杨禄禅称"神拳杨无敌"，就是这个道理。

（三）杨式太极拳盘架子的方法

杨式太极拳的基础锻炼，就是盘架子。有的书上说入手要站桩，那实际上也不是杨式的正宗传授。因站桩是少林的东西，目的在使步稳固，是死的呆板的法门。太极门虽然也要步法稳固，但它是在动中去求，从不主张立地生根的固定站桩方法。如果以立地生根不动为能，那就必定犯硬顶的毛病，那是太极拳最忌的。太极的基础既在盘架子，所以对架子的姿势，必须做得准确踏实，不可稍有马虎含糊，《十三势歌》中所谓"入门引路须口授"，正是指的此一阶段。有一些学太极拳的人，很重视武禹襄的"身法十条"，但杨家师传杨式正宗，则是抓纲领，找大体，不赞成那样琐碎枝节地去练。老师在一次书信中说："关于身势方面，只要一身松开，虚着顶起劲来，气自然地沉到丹田，也就够了。上有提劲，下有沉劲，物必自直，并且劲整。一提一直，自然就会端正；全身松开，自然就会下坠；神顶起来，自然会有灵机。你们看鸡冲斗、蛇行、马跑，不都是顶起头来吗？头只要顶起来，提起神来，不是就会动作很灵机了、很迅速了吗？如琐琐碎碎地在局部上去找，我以为是都不必。要以我的看法，含胸这一规矩也不可强调，不然也会练不出很自然的功夫来。"

又说，"吾们练拳，应本老论，行功心解，塌肩垂肘，顶头拔背，绷开了，沉下气去，稳稳静静地松开劲去晕味，决不会错。如照其他，必影响进步，切记切记。"

又说，"应本老论，全身都要放松放软，以神领，以气化，以意走，决不会走错了路。"

又说，"练拳要天天在松软上、灵感上、稳静上、舒适上、沉着上及利用呼吸上思悟，须如何才能做到？久之，才能长进。"

又说，"我练功夫的方向，是找大松大软，是找虚无的气质，是找神明的感应，是找莫测的变化，不停留于筋骨肌肉的稳步锻炼过程中。"

（四）太极推手的走化和发劲

推手一名"打手"，乃是练习太极拳的人在盘架子已有一定火候，能够以心行气、以气运身，使遍体躯干四肢以及一切关节皆能一气贯通、随心所欲之后，为了防护自身、攻击敌人所采取的锻炼方法。一切拳法的运用，都不外守卫自己、攻击敌人，但外家的拳法多数是采取直线的动作、外形的变化，惟有太极功夫是采取弧线的动作、内劲的变化，故有听劲、懂劲、走劲、化劲、粘劲、拿劲等术语。听劲也叫找劲，是与对方一接触，就要能够清楚知道对方来力的轻重、方向、速度等。懂劲是不特能够知道对方来劲的种种，还要以我的劲与对方的劲相结合，利用对方劲的动态，以多种多样的弧线，合于分力、合力、力偶、斜面等原理，使对方的劲逐处落空，无有用武之地。根据力学惯性原理，敌劲既逐处落空，即逐处有失掉重心的场合，我于敌人已失重心的场合，仍粘着不离，且随顺敌动方向增加力量，使敌人已失的重心不能恢复，而且更趋于向不利方向发展，而我则处处不失重心，从容不乱，可以随意地摆布对方。此中引敌落空的方法，即是走劲、化劲，也就是不顶的功夫；不使敌由落空失重而转至不空与维持重心，即是粘劲、拿劲，也就是不丢的功夫。要达到不丢不顶，必须能够舍己从人，随敌人的变化而变化，不自动，不妄动，也不宜多动。不自动，是彼不动己不动。不妄动多动，是恰到好处，敌进一分，我退一分，敌进二分三分，我亦退二分三分，若进一分退二分则丢，进二分三分而退只一分则顶，非丢则顶，走化粘劲与拿劲皆无法完成了。

至于发劲，也就是继走化粘拿的攻击扫荡方法。正当的发劲，总要就敌人的劲而发放，所谓妙处全凭能借力。虽然有走化而达我顺人背之境，利用敌人之外形不顺而进击，不与对方之劲相合者，纵能胜人，也定会是拖泥带水，不俊不美，不大方。若能与敌劲合一，利用圆圈弧线，连化、连拿、连发，浑为一气，于敌人旧力方过，新力未生之际，如水翻波，连根涌出者，是为截劲，也是接劲。能运接劲者，则敌不动则已，动则力为我借，此种境界，外形上几乎全无动作，而被发者有全身震撼如触电之感觉，才是正途。然此境界虽高，犹可以言说思议，被发者亦尚可觉知对方之劲势，不过不能抗拒耳，术语称为"水劲"。等而上之，至蓄劲人不知，发出人不觉，制人于无功，胜人于无形，不见而变，不动而彰，无为而成，术语谓之"土劲"。此劲惟澄甫太老师有之，家师李公亦有之，我辈则望尘莫及矣。虽不能至，心向往之。

李师关于发劲的指示，如云："太极拳用法，应是在推手或打斗之动作中，随机应变，顺势而用，不宜以主观的手法强干，否则就变化不灵，在动作中做不出神舒体泰的味道来，其姿势动态，也就不够俊美。"

又说："太极的发劲机会，应是在打斗中赶现成的，送在手上来的，如这样子打得才干脆，而不是把发劲的机会硬做出来的，否则打不出人去，就算是凭自己的力大，勉强把人打出，也必拖泥带水。"

又说："太极拳是个无为无不为的东西，以无为应万变，如有为则挂一漏万，顾此失彼矣。太极拳是玲珑透体，无所不知，轻轻妙妙地一粘，就可以觉察了对方的来意、方向、劲道和作用。所以能有玲珑透体的虚无感觉，就可以虚灵应万变，这种变，不只是十三手、十三势，是有千万手、千百势不止也。全看对方之来意、来劲之情形如何也。此种变化之多，如五味之不可尽尝，如五色之不可尽观，如五音之不可尽听，然它岂是只有一手之柔扭劲？提着压着，抢上手，争主动，两劲相抵就可以了事哉？"

又答门弟子问说："按太极之发劲有十几种之说，我以为不对。只有一个懂劲和不懂劲的问题。如不懂劲，会一百个发劲也等于零；如懂了劲，虽变一百个、一千个、一万个，也是一个道理。千变万化，想如何打就可以如何打，又岂止是十几个劲哉。这等于五味之不可尽尝，五音之不可尽听。读书多了，出口可以成章，下笔可以成文，虽千篇不同样，太极拳之十三势之变也然，不是十几种劲可以限制的。"

又说："太极高手发劲，如名医之用药，是以客观情形而定，不是以定法应之，否则不够全面也。"

又说："杨家拳之发劲，是因客观情形而定，多种多样的，不像他家的发劲，是把对方的胳膊臂手拿着、捉着、卡着，而后再鼓一股子沉劲将对手打出去。"

又说："某某、某某、某某等，已是在太极拳中较好点的人物，以我看来，不过是俗手也。盖他们之发劲，先蓄劲，后发劲，打出去虽是充实有力，但是形迹大，劲去迟缓，只可对付太极拳一般的人们用，如对高手，就一点用不上了。杨师之发劲，蓄劲人不知，发劲人不觉，在不知不觉之中把人打出，如这种功夫，我一生在拳术界只见杨师有，未见过别人。如他们这种俗手，无万分之一。"

总之，太极打手，是知人功夫，为了知人，必须舍己从人。此舍己从人，不是消极的舍己从人，任人摆布，而是积极的舍己从人，掌握规律，用以摆布别人。要想做到此点，一定先要有极深的知己功夫，也就是盘架子的功夫。故盘架子一事，特别重要。李师常说："盘架子就是基本功，是功夫进步的基础，不可淡然视之。无论功夫到什么程度，基本功是要时常努力的。如忽略了这一点，无论练出什么功夫来，也是不够可靠的。练功的味道要厚，要踏实，姿势要正确，要稳步前进，不要马虎潦草。"

至于推手的种类和具体做法，原书已详。另外要进入打散手，还有捎腿练步子的辅助功夫，当从师授，这里也就不再详述了。

（五）结论

综上四点，都是家师平日的教导言论，我们不过就原有资料及记忆所及，整理出来，作同门学人的研究揣摩用。总之，关于锻炼身体的方法很多，归纳起来，不外静功和动功二种。静功偏重在神经的涵养，动功偏重在肉体的锻炼。各种打坐、练气、养气等内功以及我国道佛两家所讲的功法，都属于静功的范畴。各种体操活动，如我国固有的八段锦、五禽图、易筋经，各种外家拳法，以及国外传来的种种体操，都属于动功的范畴。太极拳动中求静，是动静统一的功法。练太极拳时，一面身形的内外上下各得其位，各得其所，呼吸深长，贴脊流行，一面同时有神经清醒灵感，心地轻松愉快的感觉。所以李师常说："一练太极就感到舒服，人体常舒服，就会健康。"这与各种外家拳法以及球类、田径赛是不相同的。即此一功的创造发明，已可显示出我国古代的高度文化与劳动人民的惊人智慧。凡能坚持盘太极架子的人，身体一定会健康少病，如再能学会打手方法，那更会有高度的健康水平，培养提高卫身卫国、英勇耐劳的大无畏精神。所以就今天来说，虽然在技击方面的效用有所缩小，但是在为健康身体与医疗各种慢性疾病，如慢性肠胃病、神经衰弱、风湿关节等方面服务，更有必要。这是太极拳值得提倡发展的一面。另一方面，由于太极本身是比较高深的技术，若不是仔细揣摩研究它的理论，并且下苦功实践深入的人，不可能正确认识掌握，遂认为是什么神奇玄妙唯心的东西，这是应当合理批判，揭露本质，科学整理的一面。凡是有科学价值而能对人类有益的东西，尤其像太极拳这样高度的技巧，我们相信随着人类文化的发展进步，也一定会向前发展，并且受到应有的重视。同志们，我们应当把眼光放得长远些，大家共同努力，继承发扬此一祖国宝贵文化遗产，为人类有益的正确的事业的前途而奋勇前进吧！

张义尚　附记

二　杨式太极拳传真

传承：杨澄甫—李雅轩—张义尚—张宏

图 1　预备式　　　　　　　　　　图 2　出势 1

图 3　掤手上势

图 4　揽雀尾　掤

图 5　揽雀尾　捋

图 6　揽雀尾　挤

　　　　　　　　　　　　　　　　　　　武功薪传

图 7 揽雀尾 按

图 8 单鞭掌

图 9 提手上势

图 10 白鹤亮翅

图 11　右搂膝拗步掌　　　　　　图 12　手挥琵琶式

图 13　右搂膝拗步掌　　　　　　图 14　左搂膝拗步掌

图 15　右搂膝拗步掌

图 16　手挥琵琶式

图 17　右搂膝拗步掌

图 18　进步搬拦捶

二　杨式太极拳传真

图 19　如封似闭

图 20　十字手

图 21　豹虎归山

图 22　斜揽雀尾　掤

图 23 斜揽雀尾 捋

图 24 斜揽雀尾 挤

图 25 斜揽雀尾 按

图 26 斜单鞭掌

二 杨式太极拳传真

图 27　肘底捶

图 28　右倒撵猴

图 29　左倒撵猴

图 30　右倒撵猴

图 31　斜飞势

图 32　提手上势

图 33　白鹤亮翅

图 34　右搂膝拗步掌

二　杨式太极拳传真

图 35　海底针

图 36　扇通臂

图 37　翻身撇身捶

图 38　卸步搬拦捶

武功薪传

图 39 上势

图 41 揽雀尾 捋

图 40 揽雀尾 掤

图 42 揽雀尾 挤

二 杨式太极拳传真

图 43 揽雀尾 按

图 44 单鞭掌

图 45 右云手

图 46 左云手

图 47　右云手

图 48　单鞭掌

图 49　高探马

图 50　右分脚

二　杨式太极拳传真

图 51　左分脚

图 52　转身左蹬脚

图 53　右搂膝拗步掌

图 54　左搂膝拗步掌

图 55　搂膝栽捶

图 56　翻身撇身捶

图 57　卸步搬拦捶

图 58　右蹬脚

图 59　左打虎式

图 60　右打虎式

图 61　右蹬脚

图 62　双峰贯耳

图 63　披身左踢脚

图 64　转身右蹬脚

图 65　落步搬拦捶

图 66　如封似闭

二　杨式太极拳传真

图 67 十字手

图 68 豹虎归山

图 69 斜揽雀尾 掤

图 70 斜揽雀 捋

图 71 斜揽雀尾 挤

图 72 斜揽雀尾 按

图 73 斜单鞭掌

图 74 右野马分鬃

图 75　左野马分鬃　　　　　　　图 76　右野马分鬃

图 77　掤手上势　　　　　　　图 78　揽雀尾　掤

图 79　揽雀尾　捋

图 80　揽雀尾　挤

图 81　揽雀尾　按

图 82　单鞭掌

二　杨式太极拳传真

图 83 右玉女穿梭

图 84 左玉女穿梭

图 85 右玉女穿梭

图 86 左玉女穿梭

武功薪传

图 87　掤手上势

图 88　揽雀尾　掤

图 89　揽雀尾　捋

图 90　揽雀尾　挤

二　杨式太极拳传真

图 91　揽雀尾　按

图 92　单鞭掌

图 93　右云手

图 94　左云手

126　　　　　　　　　　　　　　　　　　　　　　　　　**武功薪传**

图 95　右云手

图 96　单鞭掌

图 97　抽身下势

图 98　右金鸡独立

二　杨式太极拳传真

图 99 左金鸡独立

图 100 右倒撵猴

图 101 左倒撵猴

图 102 右倒撵猴

图 103　斜飞势

图 104　提手上势

图 105　白鹤亮翅

图 106　右搂膝拗步掌

二　杨式太极拳传真

图 107　海底针

图 108　扇通臂

图 109　翻身撇身掌

图 110　卸步搬拦捶

图 111　上势

图 112　揽雀尾　掤

图 113　揽雀尾　捋

图 114　揽雀尾　挤

图 115　揽雀尾　按

图 116　单鞭掌

图 117　右云手

图 118　左云手

　　　　　　　　　　　　　　　　　　　　　　　　　　　武功薪传

图 119　右云手

图 120　单鞭掌

图 121　高探马

图 122　白蛇吐信

二　杨式太极拳传真

图123 转身右蹬脚

图124 左右搂膝指裆捶

图125 上势

图126 揽雀尾 掤

图 127 揽雀尾 捋

图 128 揽雀尾 挤

图 129 揽雀尾 按

图 130 单鞭掌

二 杨式太极拳传真

图 131　抽身下势

图 132　上步七星捶

图 133　退步跨虎

图 134　转身摆莲

武功薪传

图 135　弯弓射虎

图 136　卸步搬拦捶

图 137　如封似闭

图 138　十字手

二　杨式太极拳传真

图 139 收势（合太极）

武功薪传

三 与弟义敬谈拳

你来信提了关于重轻的三个问题，我是这样看的。

《太极拳谱》说，极柔软然后极坚刚，我认为更进一步也可以说，极沉重然后极轻灵。因为沉重与轻灵，都是自身松净过后的一种感觉。果能松净了，则全身都有沉重的感觉（是自然的重，不是用力）。自身微微转动与空气接触，犹如水中动作，逐处俱与水相争而感到不易然。能够如实知道自身的重量，说明心里有天平，自身之重量能知，外来增加之重则更能知。如自身之天然重量尚不能感觉，又怎么能知道外来之力量而走化呢？你说重了就麻木不灵，那就只能有意用力去压迫对方了，在真正的太极功夫推手找劲中，是不存在这个问题的。你说随着盘架子的功夫日久，内劲（松沉劲）自然会日渐增加，但推手则总是该求轻灵的。松沉劲何故能增长？我看只不过架子盘久，身愈松软，就愈是感到身手沉重，也愈是感到空气阻力增大，也就愈是增加了听劲力，也就愈是能够舍己从人，不顶复不丢。如自己一有做作，则感应不灵，不能把舍己从人做好，故只有以清醒的神经灵感相应走化，才能恰到好处。因此求轻灵是必然的，倒不是该不该的问题。但此轻灵则恰是由沉重中得来。由于功夫有浅深，轻灵程度有高低，那倒是必然的。总之，轻灵与沉重是自然的感觉，不是做作，并且相反相成，譬之天平衡物，一端愈重，则另一端愈轻，是成正比例的。此与柔软之于坚刚相同。太极拳由缓致速，也是一理。吾弟之于轻重不能调和者，乃是被字面的矛盾所限制，而未求其实质。若依我的看法，则可一以贯之矣。你本来提了三个问题，我看只此已可完全解决了吧！

以上皆是就个人的感觉而言的，也是就最后目的而说的。此外，重与轻的感觉，有敌我两面，一般都没有分开说，这也当是你含混不清的原因之一。例如雅轩老师早年推手与某某之现在推手，令对方感到沉重难受，这只是初步推手阶段。教者有意给对方以一定重量，可以锻炼筋骨肌肉之柔扭力的。雅轩老师认为这是必经的阶段。太极拳有形、气、神之三阶段，此是练形的初级，以后则向气与神转化了。噫！说时容易要做到则更难，除了有信心、有决心、有恒心而又有条件（有明师的指点、充分的时间、与多种性质的推手伴侣）外，空想是不成的。我之不能大成，主要就是条件把我限制了。你现在的条件比我好得多，望你加倍努力。至于某某之始终推重手，不知向气、神转化，这当然是和他的思想水平分不开的。话就说到这里吧。

（摘自 1977 年 7 月 28 日信）

（原载张义敬著《太极拳理传真》，原题为《家兄义尚谈拳》）

四　把杨式太极拳传到美国去的人

——我所知道的郑曼青先生

有报道说郑曼青在美国教太极拳，他们规定要选具有教授资格的人，才能听郑亲自讲授，前此国内也曾有报道。新中国成立前的 20 世纪 30 年代，我在上海大东书局就已买到了杨澄甫先生著的《太极拳体用全书》初版，新中国成立后 50 年代，人民体育出版社出版的《太极拳体用全书》摹图本和今年（1986）4 月上海书店出版的《太极拳体用全书》影印本都删去了郑的名字和序，其实这书就是由郑曼青主编的，后者才附入了原有的例言。我想谈一谈我所知道的郑曼青先生和他在太极拳方面的造诣。

抗战期间的 40 年代，我在当时重庆的蜀华实业公司供职，因为代银道源老师发送道书，遂得与郑曼青相识，言谈之下，一见如故，所以常相过从。郑是浙江永嘉人，名岳，曼青是他的号。他当时住重庆市中心亦即现在解放碑邻近之来龙巷十三号，以中医为业，由于他多才多艺，当时的国府主席林森曾为之题"郑氏五绝"四字赠之。所谓五绝，是文学、医学、棋艺、书画和太极拳。唐·郑虞有三绝，而他还比郑虞多两绝，可以看出其为人的本来面目。

郑白日应诊，入夜则常有太极拳爱好者到他那里学拳推手。在《太极拳体用全书》的序中，他对于太极拳的体会和学习的经过都有道及，如："老氏独言天下之至柔，驰骋天下之至坚。又曰柔弱胜刚强，有气则无力，无气则体刚。不用力固已柔矣，未闻有不用气也；若不用气，何复有力，而至于纯刚乎？"这是他初步对于太极拳的怀疑，也可说是一般人对太极拳的共同看法。"岳癸亥（1923）任北京美术专门学校教授，庚午（1930）春创办中国文艺学院，操劳过度，甚至咯血。"这是迫使他不得不精勤练拳图生存的缘故。又说："壬申（1932）正月，在濮公秋丞家得晤杨师澄甫，秋翁介岳执贽于门，承澄师口授内功，始知有不用气之意矣。"这里说明了事师学艺的经过。"不用气，则我处顺而人处逆，唯顺则柔。柔之所以克刚者渐也，刚之所以克柔者骤也；骤者易见故易败，渐者难觉故常胜。不用气者，柔之至也，唯至柔故能成至刚。"这是他对太极拳的深入体会。太极拳的主要特点是劲断意不断和舍己从人，这和人的自卫本能喜欢用力是相违反的，但学太极拳的人，首先就要丢掉这个本能，不和对方斗力，而是借对方之力以达到我顺人背的地步，必如此方能入太极之门。

郑先生曾经说过，他在太极拳的实践锻炼中有一个阶段，发生周身骨节、筋脉、肌肉全部痛如刀割，但他仍咬紧牙关坚持锻炼，冲过了这个关口，他自感百病消除，精力充沛，与友人登峨眉山，由清音阁步行，循山阴径、一线天、九老洞、洗象池，一气直上金顶，同行者筋疲力尽，而他则足不软、气不喘，一点不觉得劳累。推手方面，化发俱臻妙境，他说他的师兄弟们，大多是北方大汉，他和他们推手，气力相差悬殊，只好尽量走化，不与斗力，起初可以说吃尽了天下的大亏，但到头来却得到了天下的大便宜。他又说在南京时，陈绩甫和他推过几次手，他都是用这个化法，只走不发。陈出外对人说："和郑某推手，要圆就圆，要方就方，倒蛮好玩，可不知他练的是什么玩意儿？"意言之间，认为他有柔无刚，很瞧不起！郑说："后来再来与我推手时，我一连发了他几下，打得他晕头转向不知所措，后来再也不敢讲大话了。"

　　他对澄甫先生的走化发劲有深的体会，知道我是李师雅轩的门人，说："你的老师在我们师兄弟中功夫很不错，我是打他不过的，但我不佩服，因同杨师相比，还有不小的距离。"确实，李师也常说："我的功夫，最多也不过是杨师的十分之三四。和杨师推手，只要一搭上手，就感到全身都被他管着，犹如撒下天罗地网，一点没有办法。这味道过去只有杨师有，从未见到第二人。"郑曼青个子虽小，人很聪明，很能体会太极拳的巧妙深奥处，可惜他事师时间不长，对太极散手和器械方面要差一些，要和其他一切拳种尤其外家拳较技，胜负还不一定有把握。李师对他同门的师兄弟，除武汇川先生而外，很少赞许，但对郑仍有好评，是不容易的！

　　郑又说："太极拳的奥秘，知者甚少，我很想把它用文字写出来，但我又怕给外国人拿去了。"可见他的爱国之心，还是溢于言表的。还有同英国大使馆的卡尔比武一事值得一提。在抗战期间，大使馆俱在两路口到浮图关一带，当时英国大使馆的卡尔原是久住中国汉口的英侨，是一个"中国通"，不但华语流利，而且还学了多种中国拳术，同不少的中国中上层人有友谊往来。又当时大前方虽然战火纷飞、浴血奋战，而后方陪都比较闲散的友僚政客也还有不少歌舞升平的事情。卡尔因与华人武术界熟识，和许多中国人比武，都得到了胜利，就有点骄傲自大。当事的一批人，觉得有损中国武誉，为了挽回面子，共议找郑出战。又怕对郑先说明了他不去，还有郑的母亲还在，若知道这事一定会加阻拦，于是大家和卡尔约定了时间，临时由我的小同乡也是当时的四川省伤兵管理处处长何毅吾前辈出面。何也是好事者（当时四川武林高手兰柏溪一度要和杜心武较量武艺，后来万籁声出面在报上骂兰柏溪，弄得满城风雨，也就是由他们挑起的），一个星期天下午，他们开了一部小汽车到来龙巷口，由何到郑家请他出诊到英大使馆看病，郑母知道了还说："你去吧，连英大使也慕你的名呢！"及至到了路上，才由何把这事情说明，郑无可奈何，只得随去。到英大使馆内，馆里的英国人都排队相迎，同时也可说是严阵以待。茶话之后，到使馆内草场，卡尔先表演单手劈砖，把一叠高与心齐的砖，一掌从上到下，劈为两半。郑说："我愿以我的手臂接受你的劈掌如何？"郑伸出手臂，任卡尔连劈数掌，郑谈笑自如，一点也不受损伤。于是大家正式比武。卡尔身体高大，比郑整整高了一个头。卡尔首先出势猛攻，郑则始终不与力争。卡尔把郑逼到了草场的一角，后面即是院墙，已再无闪躲的余地，他乘势张开两个大臂直扑向郑，仿佛猛虎扑羊一般，在此千钧一发之际，只见郑身势微缩让过卡尔的来力，同时即借其来力打截劲，一下把卡尔打出一丈以外，直倒地下，中方胜利了。大家离开时，使馆人员仍排队送客，非常有礼貌地注目相送，但到大家走出视域之外的一刹那，有人偷偷回看，只见他们把原来的挺胸凸肚姿态立刻转换成了垂头丧气的神情，真有说不出的意味！可见国与国之间虽然只是一件小小的事例，但彼此双方的对立情绪，是多么显著认真啊！

据说郑在美国，传了不少爱好者。他把中国的杨式太极拳带到美国，实际上已经开花结果了。他本人虽已去世，我想他可能还有英文著作，我建议我们的武术部门，为了知己知彼，大可以把它翻译出来供参考！

1986 年 12 月 26 日

五 杨氏首徒武汇川及其门生

我读了《武魂》杂志 1985 年第 2 期孟正源同志《谈太极拳推重手》一文，内中讲到他在 25 年前曾从杨式太极拳传人澄甫先生弟子武汇川之侄武云卿老师习杨式太极拳，武老师颇重视推重手的练习。应不应当推重手？怎样推重手？如何掌握重的程度、时间和运动量等问题，这里姑且不谈；只是他提到了武汇川及其侄武云卿（即武贵卿），触动了我久已蓄积在心中的有关杨式太极拳重要传人武汇川先生及其弟子的一些轶事。这些轶事在各个武术杂志上还不见有人报道过，可以说是在太极拳传播史上的一个不小的漏洞，故特根据笔者的亲身经历报道如下。

1931～1937 年一段时间，我在上海江湾读复旦大学高中部（预科）和本科。1933 年，中央国术馆张之江带领他的学员来我们学校表演武术，随后我校由吴剑岚教授（他是武汇川的弟子）带头成立了国术研究会，并发帖请上海各武术社来校表演，共到五十余人，都是武林高手，武汇川先生和他的入室弟子张玉、吴云倬都在场。各门各派的精彩表演，当然胜过中央国术馆的一般学员。其他门派不说，在太极拳方面，张玉和吴云倬表演了武当对剑，武汇川先生则和吴云倬先生表演了太极拳活步推手、大捋和散手。他们二人的身体重量都在一百八十磅以上，看起来似乎不会怎样灵活，谁知二人一搭上手，四脚如蝴蝶穿花，落在体育馆的地板上，没有一点声音，而身手翻腾起伏，如神龙夭矫，尽管变化无穷，却似胶黏漆附，不即不离。每当武一发劲，吴则惊慌失措，辄被抛掷寻丈以外，其失重落地之势，犹如山崩地裂，地板下面的楼板子嚓嚓作响，如摧折一样，使观众大开眼界。所以事后学校即聘请武先生来校担任太极拳教授，作为体育的一课。我的太极拳就是从他入门的。

当时上海武术界一致公认杨式太极拳功夫，除了澄甫先生本人，就要推武汇川先生为第一。武在上海所办的拳社榜其名为"杨氏首徒武汇川太极拳社"。武先生原籍河北昌平，为澄甫先生早年入室弟子，身材伟岸，技艺精湛，教徒严肃认真。他的门生很多，主要的有张玉、吴云倬和武贵卿三人。张玉是上海的推手名家，过去曾有报道；吴云倬与武贵卿二先生，功夫也不在张玉之下。吴在上海办有"用中太极拳社"，可惜在新中国成立后的灾荒年月辞世了。现在张玉和武贵卿二先生还健在。我1983年到上海，还特别前去拜望了武贵卿先生。这三人都是得到了杨式太极拳真传的人，与一般徒有虚名的人不同。

至于武汇川先生本人，由于多种原因，只享年47岁，急病暴逝（大概属于急性肝坏死）。我当时曾参加吊唁，与陈微明先生同席。我还记得陈先生说："大师兄像金刚一样的身体，我们这些人谁也赶他不上，然而他竟这样早逝，真是武术界中不可补偿的损失，这也只能说是死生由命了。"1942 年，我在成都入杨式太极拳澄甫先生另一重要传人李雅轩先生的门墙。李师与我多次闲谈，于其师兄弟中都少所赞许，惟对于武汇川先生则谓其真有本领，功夫既深湛，又全面（指太极门中所有推手、散手、刀、剑、枪等无一不精）。当澄甫先生在世时，只有武可以同他对练。虽然也免不了要被挫败，但比起其他师兄弟在杨师面前就强得多了。李师又说武的徒弟张玉功夫也不错，曾在杭州国术馆与该馆推手很有水平的杨某较量，一出手杨即被打得腾空飞起，跌出一丈以外。可惜李师和吴云倬、武贵卿未接触过，尚不知他们二位的功夫与张玉是伯仲之间否。

（原载《武魂》1987 年第 2 期，署名忠义）

六　百岁诞辰忆恩师

　　我的太极拳恩师李公椿年讳雅轩，河北交河人。生于1894年农历六月十四日，卒于1976年4月11日，享年83岁。1994年是李师一百岁周年。我忝为老师早年门生之一，又与老师的关系至为密切，同门要我写写早年遗教及其事迹，义不容辞，缕陈如下。

　　李师早年喜好武术，从杨澄甫太老师习太极拳十余年，造诣甚深。后太老师南下，在上海、南京、杭州等地授拳，师亦随侍左右，并任助教。太老师逝世后，李师到中央军校任武术教官。抗日军兴，随校迁居四川成都。

　　李师初到成都，人们见其行拳缓慢软柔，皆以柔软体操视之。当时成都某武师不信李师之太极拳能搏人，遂往见李师交手较技，三战三败，还弄不清是怎样被打倒的，即向李师叩头，请收为徒。李师说："不是我不收你，因你我所学不同，拜师无益。你不可能放弃你的旧学，改学我这门功夫。"后来其人送他的儿子来跟李师学习，成为我辈师兄弟中的一员。

我髫年多病，几丧生命，14岁习武，所学颇杂。1942年得与雅轩老师相遇，蒙师不弃，依照北方拜师规矩，正式列入李师门墙。

我得到老师最大最多教诲的一段时间，是1945年至1947年。在成都九眼桥太平下街151号公大布厂和李师同住，朝夕受教，见闻不少。

李师见我练拳，总是双眉紧锁，遂说："你的拳架外貌是而内容不对。"如是者约三月，一天，我想老师总说我不对，盘架子时，就只跟着师兄弟们有意无意地动作，什么也不想，突然间自己感到别有风味，与往日不同。老师在旁边注视着我，大声击掌说："你今天对了，要牢牢记着！"

事后，老师叹惜地对我说："中国的拳种很多，各有各的风格。功夫有了根底，为了博学多闻，取长补短而研究其他功法，是可以的，但不能同时并练。若杂七杂八地混在一起练就弄成'四不像'了。人们说太极拳难练，十年不出门，说个迷信话，若自己福缘好，能够遇着好老师，专心致志地学习，有上三五年的锻炼，不知不觉地也就成功了。当然自身的接受力（本人的智慧）和环境条件（主要是不能离师过早过远，能够随时得到纠正和启发）也很重要。三者缺一不可，尤其老师的关系甚大。若遇不着好的老师，你就练二三十年，也是瞎捣鬼（徒劳无功）。他本人都糊里糊涂，哪里能教好别人呢?!"

老师又说："功夫一方面要练，一方面也要想。平时要多动脑筋，别的拳都要快，要有力，太极拳为什么恰巧相反呢？究竟怎样练法才是正确的呢？一定要深入细致地思考，做到心中有数。只练不想是不行的。但在练拳的时候，就只能默想着老师平时练拳的神情，自己就是老师，依样而动；切记不要再去东想西想，自作聪明了！"又说："太极拳要领虽多，但主要是抓大体。练拳时，只要做到虚领顶劲，气沉丹田，以腰腹为中轴带动四肢百骸，缓慢不断地运行就行了。要松（包括全身形质的松，尤其精神的松，没有一点儿拘谨滞碍），要静（心神内敛，两耳内听，两眼寂照凝定，若有意、若无意，像庙里菩萨塑像入定的眼神一样），要稳（包括全身动作的下沉、完整、缓徐、圆转、轻灵、均匀、连续不断，动如水流云行，做到沉、整、缓、圆、轻、匀、续七字）。若在盘架子时突快突慢形成断劲，以为是刚柔相济，则是大错特错了。"每逢我练拳时，老师总是在旁边不断提醒我。

按照老师以上的教导，我过去虽曾写一《观师诀》："顶头拔背塌腰身，松净沉气与定神；指趾甲梢通尾闾，五心相印合灵匀；别有自然任运诀，虚静无为养性真"，但到现在我才彻底明白这是太极拳的精髓：不用力（用力则笨），不用气（用气则滞），而用意的秘诀。这和现在的气功家所强调的"观师默相"作用是一样的。因为我们一心默想老师，就得到了老师的全息高能信息了。无怪乎老师平时总是把杨太老师的话写成座右铭，每天进进出出都要看它想它。这也正是太极拳最高层次练法的秘密，即所谓"忘了师父法不灵"和"全凭心意用功夫"。

一天晚上，老师对我说："练太极拳要慢，但也不能过分慢。练一趟拳要四十多分钟，太慢了，近于懒散迟滞，有碍于充实拳意。一般三十分钟左右为度可也。"

又一天，老师应师兄之请，将太极拳、剑、刀、枪、大捋、散手等，摄影300余帧。他对我说："上乘功夫，无象无形，若专在外貌上讲求，一着痕迹，已属亚次矣。"

讲到推手，师说："有人说有二十几种劲道，我认为不外'顺随'二字。顺是避免双重，要走化不顶；随是因势制人，要紧粘不丢。能做到不顶不丢，是谓阴阳相济，便算懂劲；能懂劲，则千变万化，无穷无尽，岂区区几十种劲之能尽哉！太极拳的制人，没有一点儿成见和矫揉造作，而是敌人自己送上门来挨打的。"一夜老师告诉我："今天下午，重庆某拳名手杨某前来看我，谈武术，尽讲手法招式，我只好漫应之，不置可否。若与人对手之时，心中还被一定的招式手法占据者，岂能应付根本无法预测的对方进攻方式于一刹那而无失?!盖有为有不为，无为无不为，惟虚能应物耳！但是这个道理唯有有文化的聪明人才相信，要给一般人讲，他还认为你故神其说或不说真实话呢！"

我曾问李师："杨太老师门下高足不少，您认为哪些人是得到衣钵真传的?"李师说："杨老师教人，从不隐秘保密，由于每人的资禀悟解程度不同，故每人成就也有差别。我们师兄弟中功夫最精深也很全面（指拳、剑、刀、枪无一不精）的，要数大师兄武汇川，可惜他47岁就死了！他的徒弟张玉也不错，杭州推手水平最高的杨炳如和他推手，刚一接触就被打飞出一丈以外去，是很有几下子的。"

李师精散手，有特殊训练法，要求临阵之际，脚似行云流水，来之不知、去之不觉，身如夭矫游龙，翻腾起伏、隐显莫测、神气冥合、奔雷逐电、不即不离、应变无方，故平生虽多次与人斗技，未尝败北。

师又说："推四手最重要，我和杨老师推手，总是轻轻一沾之后，就无法自主，用力不行，不用力也不行；快不行，慢也不行；进不行，退也不行；左不行，右也不行；如悬虚空，如陷大海。总的一句话，一切无法，只有挨打的份儿。然而最奇特的，老师并未用什么手法，什么绝招，始终只是稳稳静静地掤、捋、挤、按而已。若就我自己来和杨师比，我最多也不过有他的十分之三四而已。"李老师这段话虽未免自谦，却也说明太老师推手境界之高非同一般。1976年老师临终之前月余，在病榻上给我写了最后一封信，说："要是我还活下去，我还要更进一步地钻研太极拳中的奥秘，我觉得太极拳中还有无穷的奥秘值得挖掘呢！可惜我不行了！"可见老师为人的谦虚谨慎态度，治学求实的上进不已精神，是一般人所望尘莫及的。

李老师有文化，心思细致，谦虚求实，不断上进深化。他在1936年已有写作手稿，年届八旬以后，把太极拳、剑、刀、枪、推手、散手等功法重新整理成册，并附上全部照片，可惜被牟姓同门骗去，据为己有。师只得重新再写，并对拳的部分作了更进一步的校订删补工作。1973～1974年间，他要我在文字修辞方面作些适当润色，我遵嘱修润后，油印了一百本寄他。他很满意，只说可惜没有附上照片，未免美中不足。李师逝世后，由于种种原因该书未能出版，埋没了他老人家用心血写出来的《杨式太极拳详解》，不无遗憾耳！

（原载《武魂》1995 年第 4 期）

七　观师诀

观师诀，旧称"观师默相"。儿时一位老木工师傅告诉我，他学木工手艺，从师的那天起，老师就要他"观师默相"，要他随时都要想到老师的言行。这样所传的法子才会灵，手艺才做得好。当时我觉得太奇了，很有点神秘味儿。他说时正儿八经，不像随便说着玩的，我自然不敢反对，但心里实在很不以为然。

后来，听说巫师也用"观师诀"。再后来，学拳了，也用"观师诀"。说来也简单，练拳之时，跟在老师背后，依样画葫芦，他练"单鞭"，你也"单鞭"；他练"高探马"，你也"高探马"。他怎么练，你也怎么练。先学其形式，再求其神采，模仿其味道。还要如摄影机一般，将影像全摄进大脑里。这样跟师若干年，形式、神采、拳味都了然于心，牢固地储存在大脑中。

离开老师了，当你自己练拳之时，就要想到自己就是老师，借用一句俗话，就要"摆起老师的架子来"，将昔日摄进大脑的图像，依样演练出来。心中有老师，练拳就像老师，默想老师练拳的神态，一切规矩准绳，自会如影随形，不谋而自然合。观师诀，就是模仿与继承的关系，一点也不神秘。

有些看书本学习太极拳的人，吃亏在于书本上的图像是死的，又多是硬的，看不见运动时拳式的流变过程与神采，无师可观，观的仅是又死又硬的图像，结果误入歧途者很是不少。我就曾见过一位自称某大学讲师的，看书本自学太极拳，还自以为是地教了不少人推手，鼓着两手硬劲，将对方死死压住划平圆，连推磨也不如，从形式到内容都可以说完全不是太极拳，实际上连太极拳的门都还没有找到。我说："这里容易找老师，何不找一位老师，跟他从头学起呢？"他不以为然地说："我都是大学老师了！"这回答不禁使我倒抽了一口冷气，这就应了"人之患在为人师"的古话。他就是还没有懂得拳味和"观师诀"在太极拳中的重要性。①

---

① 张义尚先生诗云："最要惟是观师诀，一心密契造化同。"此文则选录自张义尚先生之弟张义敬先生所著之《太极拳理传真·续集》（台湾时中学社，1996）。——编者

第四编
武术杂谈

张义尚　著

一　论金家功夫

　　此家功夫，渊源于金一望先师传李少侯，李传刘子连、杜伯长、麻贵廷三人，麻传万玉成，万传周师之德而及于我。

　　原传有开合气功，头风，臀风，九家膀子（九家膀子有十二样做法，即熊出洞单膀子、六合膀子、清身膀子、分草膀子、搜山膀子、白鹤亮翅膀子、展手膀子、裹缠膀子、开劲膀子、合劲膀子、燕漂水膀子、翻身膀子），四肘（鹞子入林肘、清步肘、清身肘、倒杀肘，此其要者，另有分草肘、鸡心肘、伏肘，皆其变耳），四把（挑领把、盖十把、引把、眼把），四捶（六合捶、夺捶、阴捶、阳捶），十家拿法（鹰拿兔、蚌吸月、狼拿马、羊拿虎、虎拿羊、江猪拱船、美女晒羞〔滚手锁喉〕、老秦王拿道、扭羊头、白蛇绞棍），膝风（抛膝、猿猴入洞），步子（鸡形步、铲臁脚、分草步子、清身步子）等。拳架套路有四把捶、剪桩四把捶等。但世代相传，递传递变，如刘以拿法为主，杜以膀子为主，麻以头风为主，故其支流，于拳式之演变甚大。

万先师虽受教于麻，亦兼杜刘，故能集金家之大成，且去粕存华。如膀子做法虽有十二，然其主要者，亦仅出洞、六合、搜山、亮翅、展手、裹缠而已。拿法非有专门功夫不能用；如身躯渺小者，亦不堪练使。翻身膀子与剪桩四把捶，周师俱未传过，仅言须卧地练之，不甚方便，而用处亦不多不大云。

查金家源同形意（金家功夫原名姬家功夫，师云传自山东姬姓，而形意则传自山西姬隆丰，再传李洛能云），故与形意之身法步法，大体略同。在内家功夫中，如太极拳、游身八卦掌，俱旨在练功，而不注重手法着法，金家与形意，则有甚为讲究之一定手法姿势，丝毫不能错乱，换言之，乃内外并重，不似太极、八卦之重内而不甚重外也。

形意专主拳击，以五行为根，十二形为辅，虽有七拳之说及歌诀（头、肩、肘、手、臀、膝、足为七拳），然重点仍在拳上；金家则以开合劲为根（亦称开合气功，内含六合膀子，合劲膀子连开劲膀子共三种作法。言根者，谓为一切身手之总根，如木有本、水有源也，是以挑领把为开劲，鹞子入林为开劲，熊出洞为半开半合劲，头风为合劲一般为开劲，白鹤亮翅为合劲，清身肘为合劲，其他一切身法手法，总不出开合之运用也），摇山劲，鸡形步，清身步为辅。远攻手法，以挑领把，铲臁脚为主，眼把，引把，虎扑，抓阴，拿法等附之。远攻之后，即以肩、肘、头、膝、臀随宜继之。其肩肘练法，尤为特别，熊出洞，白鹤亮翅，搜山膀子，鹞子入林，清步肘，皆其精粹所在也。至于头风、臀风，则暗藏于气功、摇山与各步子之中。膝风亦然，另有抛膝、入洞之做法。足除铲臁，分草之外，盖十把中亦摄之。此金家功夫之概略也。

故习金家者，要以专攻为上，若以技击为主者，可先练挑领、铲臁、出洞、入林四手，辅以开合、六合、摇山、鸡形、亮翅、入洞、分草步、清步肘、六合捶之九手，或再加清身肘、展手、裹缠二膀子，已可应用无穷矣。另有四把捶为其拳架，清身步为其轻功，如是而已矣。

此家功夫，在手上只有挑领一式，似乎简陋，然不要轻忽，须知挑领一式，含藏无尽，初用寸步练之，次用垫步练之，又次寸步连环三手练之，又次寸步连垫步练之，又次寸步连环二手之后，前足再进，后足跟步起第三手练之（此中又有由顺步起及由拗步起之不同），又挑领带虎扑练之，又挑领接引把眼把练之，变化甚多，故即此一式，已可囊括长手之一切矣，何用多为！熊出洞与鹞子入林，亦同此例，故此三式，乃金家功夫之心中心要也。

又此家功夫之练法，以清脆之内劲与澈照之灵机为主，切忌使用拙力蛮劲与神志不清明自然。故每动三手四手一休息，最多五至七手必休息，千万不要把身手练疲了，以后发不出人去。此点与形意之初用明劲者不同，乃特别不共之殊胜做法也。

在外家拳法中，往往兼练气功以壮其体而扩其用，然大都支离繁琐，不似金家功夫之气功，只有开合、六合、合劲膀子连开劲膀子之三式，法简效宏，七拳之要，已全部含藏在内，其立法之高，无有伦比，非深通造化，把握阴阳者，绝不能有此奇迹。

他如挑领、铲臁、出洞、入林、搜山、鸡形，其妙亦鲜与伦比，洵可宝也。

就养生言，此家功夫尤为超绝，久练开合气功，加以搜山、鸡形、清身，自知其妙，非口笔文字之所能形容者。

至其详细做法，余已另有金家功夫述略及之矣，此不俱论。

辛亥　古冬月晦日

（公元 1971 年）

二 论太极拳与八卦掌

余前作太极拳与八卦掌合论，已指出八卦之究竟不如太极，然内中多谈八卦之胜，于太极之超妙处，未予突出，故复写此。

首先就外形看，八卦与太极皆是整劲，然八卦之走转，其变化多在两足，惟于换式之际，方有身手之变化，不似太极一举动，全身与手足俱不断流变，从下到上，由内而外，迈步如猫行，运劲如抽丝也。又八卦虽以步法之变化见长，然于转走之际，步法单调一律，所谓蹚泥步，剪子腿，不似太极之足，多种多样兼之虚实转换不停，非常细致而复杂也。且八卦之变化虽多，因纯由足步之走转，故形迹甚为显著，而太极之变化，则完全以腰为枢轴，听劲而动，不特外表上难以看出，功夫浅者，即于推手之时，到处捕风捉影，察觉亦几不可能也。

八卦初练缓慢，一步一趋，后则逐渐转快，如风驰电掣，故仍属以快胜人之拳种，太极则以缓为贵，唯缓，方能气神贯注，全身无时无处不呈蓄劲待发之势，外形虽缓，而内劲之发射极速，故与敌周旋之时，着人如电，能震动全身，显惊魂夺魄之威，八卦无此也。又太极两臂（身上亦然）软重棉柔，如棉里裹铁，分量极沉，此功效完全由松软与缓而致，所谓极柔软而后极坚刚也，八卦则无此味道矣，故八卦虽属内家拳，不能算内家之上乘，孙禄堂先生于学形意八卦之后，犹复师事郝为祯氏，岂无所见而如是哉！

从临敌致用而言，八卦虽纵横矫变，不可方物，然多系自动自变，不脱主观制敌之境，即功到极处，有舍己从人之粗略，亦不免舍近从远之失，因八卦不能听劲而于相粘之点走化，专赖足之走转以化以发也；太极则系完全舍己从人，舍远就近，以太极有推手听劲之功，纯系因人之势，借人之力，使敌不动则已，动则力为我用，则自身任何一点随化随发，不需足动，而足底之劲，又始终与身手相通，故能发劲分外清脆而沉实，如脱弹丸，八卦不能也。又内家功夫中，形意多是直劲，八卦多是横劲，皆有所执著；太极之劲，则能方能圆，可直可横，亦屈亦伸，纯因客观形势而定，克实言之，直是玲珑透体，妙用无穷，余故以混元劲名之也。

就养生作用言，八卦于转走之际，凝神聚气，确有健康强壮之效，然其道迂远，不如金家开合，鸡形与清身等之直捷，且八卦以快为能，不免导致气脉贲张，因而心神不能静定之弊，不似太极之始终松、软、稳、沉兼匀缓，能自然达到气沉神凝以至高度虚静之域，所以八卦名家如孙锡堃氏亦不能不谓八卦之柔不如太极，且谓太极造至极点，尚能永寿无极，其推尊可知矣。

我在有一段时间，以八卦太极两家之劲皆整，欲兼练以作调剂之用，反复研究之后，方知虽有劲整一点之同，然于软、缓二点，则是背道而驰，与太极之劲道迥别。且八卦拧旋走转，亦非易事，欲兼练而获其益，不可能也，何况二者相较，八卦粗而太极精，八卦浅而太极深，今舍精深而就粗浅，何异珍土石而弃珠宝乎，智士当不为也。又人生精力有限，时间有限，近道之技如太极，朝斯夕斯，汲汲孳孳，终身犹难攀登峰顶，二三其德，歧路彷徨，造极将待何年何月乎！且太极本身，如快慢大小，刚柔之互相配合，已变化无穷，奚用八卦之后有调剂之作用？若必欲以其他拳种作调剂者，余已配合金家开合劲矣，或再加挑领、入林、出洞、亮翅、铲臁、鸡形与清身，足之够也。金家亦禁用拙力，主张发挥灵机，步法较八卦开展而平易，不似八卦之拧旋费劲，用于太极拳之首尾作舒筋或余兴，亦未可厚非，不过功夫以精专为尚，况金家究竟与太极所走之劲道有别，不应有主奴颠倒之嫌，凛之慎之！

　　余自于上海致柔拳社观孙存周先生之八卦表演后，醉心直至于今，常以未能亲近八卦名家为遗憾，因被八卦之身势如龙行猴相虎坐鹰翻所吸引也，若非亲身实践，细心理会，入虎穴而获虎子，又焉能作如上之比较抉择耶！至今以往，理得心安，斩断葛藤，孤雁独出天外去，抱道自重，除却巫山不是云矣。

壬子古八月初九日

（公元 1972 年 9 月 16 日）

三　形意略论兼及八卦和太极拳

我国幅员广大，南北气候悬殊，风土迥别，因而在学术之发展上，亦有所不同，如禅有南北（北渐南顿，前仗苦行，后仰智慧），道有南北（南重阴阳，北主清修），而武术亦有南北之分（北以雄伟气魄胜，南以奇巧灵捷胜）。南指长江流域及其南，北指黄河流域及其北。形意原出山西姬隆丰，所以是北派产物，毫无疑义。溯其更早，有岳武穆传下之说，虽未可尽信，然与传世之岳氏连拳，确有相似之处，似亦未可尽非。总之是汇集原有武术之身手步各法，再根据实践经验，加以精密之改进与系统化而成者。

其手法以五行为主，十二行为辅，确是精简扼要，可称集一切外家工夫手法精粹之大成。尤其五行手法，如横拳属土，土能生金，故横一变而为金，即劈拳也；金能胜水，即由劈而变钻拳也；水又生木，即由钻变崩也；木生火即崩变炮；火生土即炮变横，此五行相生也。劈能破崩为金克木，崩能破横为木克土，横能破钻为土克水，钻能破炮为水克火，炮能破劈为火克金，此是五行相克也。若至功夫成熟，因势借力，随宜而用，则五手可以任意连贯变化，无所谓生克矣。是以果能将此五手练好，即可应用无穷，何况有十二形之变化乎，又何况郭云深以半个崩拳即打遍天下乎。

此拳之练法，初为明劲，即是刚劲也；次为暗劲，刚中已寓柔矣；后为化劲，已有粘连借力之巧矣。其步法有寸步、垫步、快步之别，俱异常灵活，与敌周旋之际，能因地制宜，随心所欲。故在一切有形之武术技巧中，形意确是巨擘，浅有浅之效用，深有深之境界，直截了当，开门见山，其立法之高于用意之巧，皆有远非其他一切外家功夫之所能及者，此孙禄堂先生所以将之列入内家功夫之范畴也。形意成套拳架，有五行连环拳、杂捶、八式拳、四把捶等，其对打套路，有五行炮、安身炮（兼用十二形）等，此外尚有七拳（头、肩、肘、手、臀、膝、足）歌诀，可知以前一定有其做法及用法，不过现在似乎专以拳击为主，鲜有能言之者，更无论其实践矣。

其手之动作方式，起为钻，落为翻，起似钢钩，落如钢错，两手一上一下，互为照应，此与金家功夫之双手常带锯子手，同一意趣也。尤其步法之变化，二家完全一致，金家亦有内五劲、外五劲，内五行、外五行，内六合、外六合，十二形之名目，其练法初为皮劲，次抖擞劲，次佳劲，次急劲，次灵急劲以至快利粘连随合劲，亦大体相同；且金家又称心意六合第一家，亦导源于山西之姬家。《形意拳谱》载：山西姬隆丰传李洛能，马学礼，戴邦龙三人，李再传郭云深，刘奇兰，郭传李魁元，李传孙禄堂，刘传李存义、张兆东，再下是黄柏年、尚云祥等。据家师周之德口授，金家功夫原为姬家功夫，乃金道人向山东姬家学得。《金家拳谱》有：艺在青山传三友，专在勇毒之语，谓金与马龙、马虎为同学，后以不睦，故遁而入蜀。金传李少候，李传麻贵廷、刘子连、杜伯长，麻传万玉成，万传周师之德而及于我。故就二家之历史时代及传述看，固不仅有蛛丝马迹之可寻，实可断定为同源而异流，乃千真万确而不移者也。

至其着法方面，形意拳以拳击为主，金家则长手仅有四把，但于头肩、肘、臀、膝、足之着法及运用，则有特别之研究，出神入化，与形意七拳歌诀之意趣完全符合，且又有开合气功，始终不尚拙力，故其巧妙与养生价值，较形意有过之。鄙意若专就技击作用看，与敌周旋之际，究以远攻为先，远能制敌，奚必让之至内，必也远已无效，转至身近，方可灵活随宜而用肘、肩、头、膝、臀等，乃于身之内圈逼近处而制敌也。且金家四把虽妙，专用上平，取遮盖出奇之巧，于中平手法，则专以肩肘任之；而形意五行手法，则纯由中平变化，连环应敌，大可补金家中平长手过少之不足。故凡练二家之功夫者，若能适宜斟酌并取，能收相得益彰之效，可断言也。

此二家功夫之锻炼，皆以单式为主，往往一式之成必以三年五载为功，故效用特著；不过功习既久，执著亦深。故至最后虽有粘连随合之巧，而主观制敌之念，则大多牢不可破，又无推手听劲之法，所以因势借力，终欠太极之灵，亦势所必至，理有固然也。夫太极功夫之所以超越一切者，入手即致力于舍己从人也。然舍己最为不易，而太极非达到真能舍己从人，又不能从容应敌，所以此功不易成，成则高妙精通，无与伦比。世间一切万汇，皆利弊互见，瑕瑜杂出，有其优，即有其劣，此殆一定不易之规律而莫能逃避者欤。

至于临敌之际，两家皆始终以目神摄对方之目神，头顶背拔，两足运用如穿梭，紧跟对方，不使脱离。金家于放人之时，进足更要猛满，务取对方之地位而代之，所谓逢人须夺位也，两手直取敌心或其面，俱是诱着不停，随起二手以乘之，三手以制之；更或用遮盖法，指上打下（如十字铲膁）指上取中（如鹞子入林、清身膀子）指左打右，指右打左（如白鹤亮翅、分草膀子），总之，一经作势，敌动固打，不动亦打，或手或足或肩肘，接二连三以冲之，交互参差以乘之，敌进我退，敌退我进，或以进为退，或以退为进，左右亦复如是。进是打，退亦打，左之右之无非打，不让对方有喘息之余地也。

现在必须加以考虑者，开合气功为金家功夫之心中心要，金家以有此气功，加以运用灵机，不使拙力，故能练出奇妙之技巧，功至极境，且能悬空飞行，出神入定。二家既然同出一源，何以形意于此心中心要，竟未得闻，岂此功原非姬家所有，而是金先师于道中得之，用以融合于拳中而作其心中心要耶？颇有可能也。形意纯是北拳，具浑厚雄健之气势，金家因融合玄要，酝酿升华，转为清奇不测之神姿，由形意在北方虽盛，代有名人，然从未闻有能如金先师之空行神话者，可以证之，此亦我所以谓如就养身而言，金家有远胜于形意者之根据也。亦可谓形意纯是技击，金家则是技也近乎道矣，且与道合真矣。

若就劲道上看，形意之劲多沉实，故凡虚华飘浮之手法，当之者无不披靡；金家之劲多巧脆，往往胜人于无形，跌人于不觉，然以缺推手之功，于粘连走化，尚未达恰到好处之境；惟太极功夫，以听劲为胜，以轻灵为能，毫不执著，因物成化，当巧脆则巧脆，如发劲之时，当沉实则沉实，如我顺敌背之时，不使敌有转化之机。故能使敌人如临深渊，如捕风捉影，无所措手足，至矣尽矣，叹观止矣。

至于运用气脉，保健养生，金家因有开合气功，调理任督，专通周天，故见验甚速；形意是天然气功，由顶头拔背，气沉丹田，运用既久，自有气通之境，不过学形意者，往往偏重技击，略于养生，所谓以道殉技，此当责之导师之水平矣；太极亦是天然气功，与形意略同，但以其强调松软中，圆、缓、续、稳、整、沉、匀于静里以意行气之域，且以轻灵为归，虚无为极，故不特通理任督，亦且兼理带脉、侧脉、中脉以至全身所有之气脉而无流弊，此太极功夫之所以超胜也。

余此篇未及八卦，在北方，形意八卦，几为一家，实际上八卦之养生技击作用，较形意尚高出一头，而与金家相伯仲，不过又不如太极耳。以八卦为转掌，皆是横劲，致用较形意为难，不似形意之吹糠见米，故学者不如形意之盛，此亦曲高和寡之一例欤。

家师李公雅轩，于形意八卦，颇有微词，因以太极眼光观之，当然不够味，然二家亦是高上武术之列，未可厚非，余既知一斑，故谨抒管见如上，以备一格云尔。

（张宏 1976 年 8 月 16 日于忠县

九亭堑口山顶张家祖屋谨录）

整录后记

　　《金家功夫述略》和《武术杂谈》是先伯父张公义尚先生己酉年（公元 1969 年）和辛亥年（公元 1971 年）原稿。此次承中国社会科学院胡孚琛教授推荐得以出版，使金家功夫这一武术瑰宝终于面世。作为先伯父后人，家族中习练此功的唯一在世传人，有下面一些话要向读者说明。

　　先伯父生于 1910 年农历三月二十七日，卒于 2000 年冬月初十，享年 91 岁。生前任四川省忠县政协第五届、六届副主席，忠县中医院副院长、主任医师。1940 年毕业于上海复旦大学，1927 年拜入金家功夫五代祖师周之德先生门下，"至 1953 年方尽得之"。历时 26 年，这其中的艰辛，远非今日学艺之人所能想象，我幼时随伯父受教，曾多有所闻。"述略"文中伯父有"甚矣守道之密，闻道之难也"的感叹。

　　此功夫历代祖师均秘密传授，择徒极严，真正代不数人。习练者须于僻静处练习，不能于大庭广众处招摇张扬。因各种招术着法实在太险太狠，练成者不用则已，用则出手伤人。笔者幼时体弱，家道衰败，家父张公义敬担心我不能健康成长，秉"易子而教"古训，将我托于其兄长，我七岁即习练李公雅轩先生所传杨式太极拳，时值"文化大革命"动乱，为免受人欺辱，伯父始让堂兄张力和我习练金家功夫，至今练习四十余年，获益匪浅。先伯父辞世近十年，想起与堂兄张力同堂受教，伯父带我们推手打斗、习枪练剑，夜晚在烛光下教我读《论语》、《道德经》，我因年幼在张氏祖屋不敢独眠，伯父让我夜晚睡大床里侧、他护我于外的情形，先人恩泽无以为报，今得将伯父遗著整理出版，让更多有志于武学的读者受益，衷心感谢中国社会科学院胡孚琛先生的慧眼和推荐。

伯父是老一代学人，遣词行文与当今有很大距离，作为整理者，我严格遵守的宗旨，是仅就其文字明显错讹重复处，给以订正删削，此外则尽量保持行文风格，不敢妄事增减，这是要对读者特别说明的。伯父原著未附照片，为让读者窥其万一，并利于学习，胡孚琛先生建议我将自己练功照片附上。先生的厚爱，对学术的认真和一丝不苟让我感动，在利字当头物欲横流之今日，像先生这样尊师重道，对前辈（先伯父张公义尚）一诺千金的学者不多，实为后学楷模。

金家功夫的学习，不重套路，入手就追求松软，要求全身完整，重视内劲质量，最终以充实浑厚的内劲取胜。内劲的掌握，首要有明师的口传心授，还需要长期跟师学习，由老师持续地指正。这是习练金家功夫的正途，望习练者重视这一点，先伯父曾于1982年参加北京国家体委有关方面主办的全国民间老武术师观摩交流大会，并在大会中当众演练介绍了金家功夫，与会者惊叹称奇，赞为瑰宝面世，现场有多人录像。其后在成都由四川省有关方面主持召开的会议上也进行了演练和介绍，引起极大反响。当时主办方也详细录像。世间事真假互存，学者择师不可不慎！

笔者手里有一张某音像出版社出版的"峨嵋金家功"（对武学有良知严谨的学者，当知道金家功夫属于北方武术门派分支，无论过去现在均和峨嵋武术没有丝毫关系）光盘，演练者为某武术协会科研委员会副主任吴先生，演练中谬误百出，例如，将金家功夫最重要的"摇山劲"解为"轻身膀子"，"轻步肘"解为莫须有的"合金膀子"（金家功夫只有内劲的开合，没有金属中的"合金"），"鸡形步"误成了"十字铲臁"，"清身步"误成了"鸡形步"，"鹞子入林肘"又误成了莫须有的"抛肘膀子"（金家功里膀子是肩的意思，既言"抛肘"又与肩何干），"熊出洞膀子"与"六合膀子"不分，指鹿为马、张冠李戴。演练者吴先生面对观众说"这套功法传人张义尚老先生"，作为张家后人，笔者在此郑重声明：先伯父张公义尚先生，从未传授金家功夫给峨嵋金家功演练者吴先生。光盘中介绍吴先生的字幕是这样介绍的："曾拜师胡某某、张某某、赵某某，肖某某、林某某"，这五位都是武术中其他门派的专家，在吴先生自认的业师中，也没有先伯父张公义尚，于此可证吴先生的峨嵋金家功，与"功法传人张义尚老先生"无关，对于吴先生的金家功从何而来，在正式出版的光盘中，言及

"功法传人"的行为，此处不予置评。

任何一门技艺的学习，都须在老师（明师）的指导下，仔细揣摩研究理论，并下苦功长期实践，才能掌握继承，在前人肩上攀登方能上到新的高峰。像金家功夫这样精细深奥的武术瑰宝，学习者切莫忽略前贤"入门引路须口授"的金玉良言。书籍资料等只能是师传的印证参考，"既说破还须跳过"，望读者三思。

张　宏

2010 年 4 月 28 日

第五编
真传易筋经

《真传易筋经》介绍

——兼论修道从何下手

　　修道因层次高低，功法深浅而有千差万别。道家的人元金丹，是命功的极致；佛家的明心见性，是性功之高标。笔者此前曾发表多篇略述道家金丹真传同类阴阳的真相，乃从高处着眼而谈修持的内涵和理论的。但高级功法非一般人所能践履，则有志修身者是否就此知难而退呢？我以为做学问应当从高处着眼，同时也应从低处着手！即所谓"低处修时高处到"。所以锻炼形气的功法也应重视。

　　同一炼形之道，内容有高低精粗之分。低层次者，大都偏重在外形之动作变化，如《道藏》所载古传各种导引法、外家拳术及学校中一般体育运动锻炼皆是。其次较高者，大都已注重形气结合，内外并炼，如内家功夫中之太极、形意、八卦、大成等拳术，蜀中《真传易筋经》、五禽戏等亦属之。又如蜀东金家真传之开合功，动作只有两个，以统摄阴阳、开合、吞吐、浮沉、进退、起落，既是养生益智之高功，又为武术技击之神功。尽管目前大气功师层出不穷，功法也五花八门，但论炼形功夫，实无有精简高妙能过之于开合功者。不过此功非经明师口传亲授而又勤学苦练者不能登堂入室。又有所谓自发动功者，乃神入杳冥、静极而动之产物。道家南宫派有此方法，但古代祖师对此褒贬不一。笔者以为此法出于自然，用之得当也可补炼形之不足；若认为奇特，唯此独尊者则过矣。若以佛家密宗各派之金刚拳法相证，则可以正确对待。

我现在所要介绍的是蜀中《真传易筋经》。世传《易筋经》，一般都认为是佛家入门修身，为日后修习明心见性奠定基础之功夫，乃出自印度高僧、东土禅宗第一代达摩祖师。不特武术界习之，即使文人也有练之以资健身者。但内容却非一致，或则繁杂而寡要，或则简略而失真，盖以师授虽一，悟解有别，目的不同，取舍自异，也犹书法临摹，母帖虽一，所习成品绝无完全相肖，故不足为奇。蜀中《真传易筋经》，是我在 1938～1940 年读书于北碚复旦大学（抗日西迁于北碚）时蜀东涪陵人黄克刚老师所传授。由当时经济系主任卫挺生教授支持，我利用整整一个寒假，在卫教授的北碚天生桥的家中，和黄师两人，把全部功法整理记录下来。黄师所传为其家世传舆公山人之遗意，比传世《古本易筋经》（清末著名道家济一子傅金铨交由重庆善成堂木刻印行，后来上海千顷堂铅字重印）精简扼要得多，傅金铨有渊博学识和相当证德，曾为《易筋经》题词："舆公秘传易筋经，仙佛妙谛道难名。择人而授光圣德，世守勿替衣钵存。"

《真传易筋经》功法，有外壮、内壮、动功、静功、炼形、炼气、炼意等不同。若就浅深层次而论，大抵初功多是外壮炼形之动功，次则是内壮外静内动之呼吸吐纳等练法，最后方是锻炼意念，此中又有识神、元神、先天、后天及先天之先天等层次，到了最后，则外形是静，但已是静中有动、动仍是静、动静无分、归于自然之大道矣。

自来道家对传授命功最为慎重，故多出以隐语，使人惝恍迷离，无从下手。北派强调性命双修，不外乎本身阴阳之调炼，见效缓慢。佛家尽管不重气功，也无所谓命功，然于小乘禅定、天台止观和密宗修身等法却讲得踏踏实实、次第井然。《真传易筋经》就黄师所授的内容中有吐浊纳清、九转呼吸、外壮内壮、存神洗髓和藏文字母观想等而论，明显与藏密中九节风、宝瓶气、拙火定等有一定联系。

道家南宗重身外阴阳，陈泥丸翁云："莫言已是显现成，试问幻身何处得？"故不修幻身则已，若欲兼修此五蕴幻身，即此血肉之躯而入无余涅槃、证金刚不坏之虹霓身者，非善巧利用身外阴阳尤其同类阴阳不可。此所以藏密无上瑜伽重二、三灌顶之修法，而道家金丹真传中更有特别不共之绝密功法！

《真传易筋经》中《内壮玄功歌》："黄庭中有真主人，玉关紧锁无漏遗；无自无他无分别，青娥经术御无敌"，明显透露了无上瑜伽双运道。不过其实际操作，书中未予发挥，仍须师授。并且此等功夫乃是已达般若绝顶、转毒成智、火里栽莲的欲乐大定。若非自身通灵，能如鸠摩罗什吞针出针者，切忌轻易妄为。否则狮子跳处驴亦跃，未有不丧身失命者，慎之慎之！

从上可知，本法出处很明确是道佛两家相融后产物，与傅金铨大有攸关！

真传易筋经

黄克刚　传授　张义尚　整理

一　外壮神勇歌释

若练外壮，约有九步。歌曰：一曰立鼎除内伤

鼎，是庄严安定的象征，故本功第一步的站式以之命名。此步站式有二：一是并足式，两足两膝并紧站立，提肛、收臀、塌腰、拔背、顶头、微收下颌。两手握拳，一拳拳背压于尾闾之处，拳心向后；另一拳以拳背向前，以拳心按于脐轮之上。全身骨节对准，肌肉有收紧内敛之势，但精神却呈完全放松之态。口唇微合，舌顶上腭，面带微笑，两足如入地九尺，安稳肃穆而立。此为一般青壮年的站式。若中年以上或有病之人，则应取平肩式站法，即两足宽与肩平或略宽于肩，身形肌肉与心态均应同时放松，其他对两手头面等要求同并足式不变。

这一步功夫的主旨在除内伤，对于身内脏器的锻炼，是以上焦心肺为主。以肺在五脏最高处，故名"华盖"，总司体内外气息的采摄交换与调整。天人一气相通，自能改善增强整个呼吸系统对于全身之影响。肺心相连，心为血液循环之主宰。一气一血，同是上焦脏器之所主宰，也同是人体生命活动之主要标志。气充血足，百疾不侵，故为养生健身之关键性步骤。明白了上面道理，再依次地行九转呼吸法，详见后面第三节。至于第一步功夫的正常合格标准，当随学人具体情况而定。从时间上讲，大概最少要120天（4个月左右），多一点时间更好，以基础所在，不可玩忽视之也。

第二 安炉探阴阳

炼丹之法，鼎安于上，炉位于下。炉在人身正相应于下焦肝肾之部位。功法取乾坤相对、坎离互藏、上下交泰之意，方能成其变化；尤其肾为先天之主，乃安身立命之所，精气归根之地，故此步与第三步，均当着眼于斯。根据中医《内经》学说，阴阳即天地之道，乃"万物之纲纪，变化之父母，生杀之本始，神明之府也"。天地是大阴阳，人身是小阴阳，大小虽殊，一气全通，我们只要能以一定的呼吸，激发出全身各系统、各脏器之元始本能，自能三才一贯，阴平阳秘，完成太极之本体。曰"探"者试探义，即包括许许多多践履印证微妙变化之过程在。其具体做法，即基于平肩桩站法，两膝微屈而立，两手结太极印，即左手拇指尖掐左手中指尖之午位，右手拇指插入左手大中二指之内，掐于左手无名指根节之子位，其余四指包握于左手四指之外，此手印亦称"子午连环诀"，然后置脐腹之前二三分许；亦可以虎口相对，大指向后或向前，叉于两软腰之处，依之而运用九转呼吸之法。又当借助于降魔杵为道具（杵为倒人字形），以之抵于丹田以下之两胯内侧精囊之处而行呼吸。

三炼睾丸造精厂

"睾丸"包括玉茎，二者皆属肾系，乃人身主要生殖器官。《易筋经》功法对它特别重视，这是因为它处任督交界之所，对大小周天之运转而言有引渡作用，对日后同类阴阳之行持而言，更是阶梯法程。这本来是人体正常生理必须知道的知识，不过在封建社会旧礼教束缚时代，认为言这些器官不雅驯，故气功家多语焉不详，或避而不谈。

练习之法：先须吐浊纳清，努气至于睾丸，以双手由轻至重，自松至紧，由勉强至自然，周而复始，行攒、挣、搓、揉、拍等诀；又再努气至玉茎之顶，行咽、洗、养等诀。[1] 详须师授。

女子行持，当以两乳及两乳当中之膻中穴代之，当从师授。

附 洗药方

即以食盐、地骨皮等量，或蛇床子、地骨皮、甘草等量，水煎至沸，乘热烫洗下阴，日行二三次或一两次，习以为常，以使气血融和、皮肤舒畅。若于烫洗时加行吞吐呼吸之法，则是"泥

---

[1] 可参考本编附录《古本易筋经》之"下部行功"。——编者

水探珠"最上乘之方法。

尚按：这一步功夫，与中国古代性知识有关，当参考中国古代房中诸书，若论修持，尤当参考藏密双身法，然此与中年以后之行者已无缘，因格于生理条件之限制，勉强行之，徒劳无功也。

四镇心原不惊惶

此心原即胃腑与绛宫之位，须用护心剑之道具行功。护心剑即二尺几寸之木棍，上端作圆形馒头状，其功法系用低马步式，以心窝抵于木馒头上而行呼吸，可以收镇心神之效。

心窝绛宫即膻中，何以又有心原之名？盖膻中即是气海，胃腑即是中焦水谷之海，胃神经与脑之关系最为密切。凡胃有病，每致头晕，我国人每每心脑不分，以心代脑，故此心又是指脑神经，心原即心之本源意。且膻中地位，正处于脐以上之躯干中心，故以心原名之。

五锁玉关真精长

武术界以腰背两肾中间之脊柱为玉关，中医称之为命门，故锁玉关有强固命门之意。命门强固，即能使真精不断增长，而真精、真气与真神，又为人身上药之三品，故其地位非常重要。《易筋经》外壮行功到第五步，即需用玉关锁之法器（如图1形）抵在背后软腰之处以练呼吸，自能使真精源源发生。肾为先天之本，久病必及于肾，故此五步功法兼有培补先天之义，不可不下扎实功夫坚持长期锻炼之！

图1

六透三田气自刚

上中下三田充实，乃是气满任脉之验。通过上面五个步骤，身内脏腑之重要脏器，俱已得到了良好的锻炼，在此基础之上继续加深九转呼吸之修习，三田真气不断充盈，"黄中既通理，润泽达肌肤"，都是自然而然的征验。

七贯任督河车路

气满则任督自开，运行自有径路，其气由丹田而下，穿尾闾，沿脊背，上泥丸，经上田、中田而返下田为一周，是为通小周天，也叫运河车。河车有气河车、精河车、金水河车之不同。初功通关，一般都是气河车，也叫子午河车，只觉一股暖气周流而已。通关之法，九转中有导气，见后。若兼用动功，则蜀东金家功夫中开合一法，最简最神，可以借用。

八藏马阴龙虎降

阴茎收缩不露，即所谓"马阴藏相"，乃康强无病之征。男子没有精液漏泄曰"降白虎"，女子月经断绝曰"斩赤龙"。这就是比喻身体已经复返青壮的一种征候。此步没有特殊做法，但是否达到这个境界，则是是否已可转入第九步之标准，不可马虎！

九易筋骨成神勇

功至八步，已是五脏真气充盈，须由内达外，使全身筋骨皮肉皆受到严格锻炼，由骨中生出神力来。骈指可贯牛腹，侧掌可断牛颈，是谓神勇。此步行功，有条件者，当备童男童女，进行推揉拍打之法，又当备办木槌、木杵、石子袋等作为道具，初由脐腹下丹田周围始，以手推揉拍打，由内至外，从轻到重，周而复始，又从胸肋等处从上向下推揉拍打，再从背部由上而下逐一推揉拍打。道具初用木槌、木杵以至石子袋等，由轻至重拍打之。总要从上至下，从内到外，不可倒打。最后再练四肢，亦各分上下内外，依次拍打，直至指尖末梢。[1] 若无条件者，亦可以意导气锻炼，或改用太极拳、八卦掌、心意拳等内家拳法以代之，不过此需自力，较为多劳耳。

调摄补益不老方

"调"是和合、整理、均平、混融义，人身内阴阳与外阴阳，人与宇宙间、同类间、有生物、无生物、有象、无象，在在均有阴阳互交互换往来不竭之机。"摄"即采取，凡有不足，当采来为用，如是有余，又当释放求平。曰"调"曰"摄"，皆是意到而已，自然而然，不劳作为，能调摄即自有补益之验。此外壮神勇法之练功模式，与中医《内经》阴阳、脏象、气化、养生学说完全相符，能为人体生命之延续不断添油，身心自能健康，胜于常人，学者识之。

---

① 推柔拍打之法，可参考本编附录《古本易筋经》之"十二月行功"等内容。——编者

二 内壮玄功歌释

此偏于内脏精气神之锻炼法，可以不假体外之法器道具。

内外动静在筑基

此言入门初步，不论你是练内壮还是外壮，是练动功还是静功，其主要目的在于筑基。盖外壮内壮，途径虽然不同，功夫浅深有别，但第一步总要筑固基础，以后才能逐步前进。若基础功夫不巩固，犹如沙上建屋，必不能成。

莫把玄关须臾离

谚曰："修炼不知玄关，如入暗室一般。"外壮功夫的玄关，一般俱指脐下丹田，把那个地方练充实了，再逐步外扩，遍及腰腹两胁胸背以至四肢。比较高深一点的内壮功夫，则玄关有死有活。死的玄关，或在脐内，或在脐下，或在体内，或在体外，也并不是只有一个死点。不过在体内者，一般都在由顶门至会阴之一线，故曰"黄庭一路皆玄关"；其在体外者，或高或低，或远或近，各有所宜，并随传授而不同，不过总有一个所在，故曰"死"。至于真正玄关，则是在神气相交、虚极静笃之后，静极生动，六阴之下，一阳来复，才是真正玄关。这个玄关，莫能形容，无可仿佛，功到则现，功寂则隐，故曰"活"。凡练气功，尤其内壮功夫，首需弄清这玄关，把握不放，功夫才能进进不已。故曰"莫把玄关须臾离"。

首除七情不治病， 始终一生无虚疾。

真能做好筑基功夫的人，身体必定强健，精神必定壮旺，喜、怒、忧、思、悲、恐、惊这七情，必定不能侵扰牵缠，而由五脏阴阳亏虚而来之虚损，自然也就不会发生了。

炼气功夫精益精， 气归元海无喘息。

炼气功夫，呼吸九转，由初转服气到九转伏气，从浅入深，由粗及精，一旦达到极境，自然气归元海，无出无入，哪里还有鼻孔喘息的感觉呢？

百节通透元阳旺， 寒暑饥饱不相逼。

气足即血足，气血俱足，则元阳壮旺，全身百节通透，活力充沛，表现出与一般人不能相提并论的境界：可以赤身睡卧雪地而不感寒，曝晒烈日之下而不觉热；一食数餐不饱，百日不食不饥。

黄庭中有真主人， 玉关紧锁无漏遗； 无自无他无分别， 青娥经术御无敌。

"黄庭"有种种解释，《道藏》中有《黄庭内景》、《黄庭外景》之经文，此间是指心室，专言心不动念、志为气帅之妙。"真主人"即是正念，正念在前，则邪念不存。"玉关"即两肾间之命门，练外壮功夫时，且有玉关锁之法器；练内壮功夫，不一定用法器，只要正念常存，则自然玉关紧锁而无滑泄梦遗之失。当然，如能外内同练，则功验更是不凡，此亦须知。《青娥经》与《素女经》为同类，只是一为女修之术，一是男修之法。功夫真能达到玉关紧锁而又对森罗万象寂照一如，无有差别念生，则人我相灭，动静不二，纵有擅长青娥经术之异性，亦可以从容驾驭而无虞。其所以能如是者，细体歌意，玉关之所以能锁，固是气脉作用，而黄庭中之真主人坐镇不动，则更是气脉作用之核心。此节与佛法密宗三灌"转毒成智"之修法有相通处，但这里只是从本法的功验方面讲，并不是说非如是行持不可。

功成九转须洗髓， 三际顿断空色一； 大道平直法自然， 寒空万里连天碧。

此言洗髓之功，专在三际顿断、空色两融，则"寒空万里连天碧"而入法性矣。"三际顿断空色一"一句，即是洗髓功法。此言"功成九转须洗髓"，是言九转呼吸俱已练成，即须接修此洗髓之功。实则九转伏气之中，已有三际不住之任运修习，此言顿断，是功夫更见得力。至空色两融，包括受、想、行、识共五蕴，皆能与空双融无碍，此是佛法大乘般若宗之观习，随缘不变，不变随缘，应深究《金刚》、《般若心经》，尤其禅宗顿悟、密宗解脱道——心地法门，皆宜细参。众生分别心炽燃，逐途成滞，惟菩萨识心泯尽，四智圆明，玄冥自然，与道合真，如寒空万里，不染纤尘，与碧空合一而无际矣。犹忆 1989 年 11 月中浣瞻礼南海普陀道场，至法雨寺观音圆通宝殿，门外右首一联："五蕴皆空，即众生而观自在"；左联上首二字先为布幕遮掩，亟欲知之，随有微风徐来，恰恰揭开布幕，露出全联云："六度齐备，惟菩萨亲见如来"。这是我亲身的经历，俗话说"心到神知"，历验不爽，此不过略示一例于千万耳！

三 九转呼吸法

实践锻炼《易筋经》的外壮或内壮功夫，最中心秘密的口诀，唯是九转呼吸法。此法因为过去非常秘密，故在《古本易筋经》中没有透露，黄师传功时，对一般人只说呼吸有九转，也没有发挥。我既得师秘传，今特将师授口诀，结合个人经验，扼要叙述如后。

1. 预备功法

《易筋经》的呼吸锻炼，若练外壮神勇，一般系从立鼎安炉的站功姿势下手；若以内壮为主的，则以坐法为先，双趺最好，单趺或自然盘次之，天王坐法也可以。

其次，除浊气。以鼻吸体外清新空气入内，直入下腹，吸气已，随以口默念"哼"字，以吐胸膈以上之浊气。次又如上吸气，默念"哈"字，以吐中焦之浊气。三又吸气一口，默念"嗨"字，以吐下焦之浊气。如是连做三遍，共吐九口浊气。此为早课必行之功。余时炼气，则以鼻吸口呼一至三遍已足，无须念字。

再次，定神。口唇闭合，眉心舒展，面带微笑，舌尖轻抵上腭齿间，两目向前平视，凝光不动。俟凝定，渐渐内收，由两眼当中的鼻梁处（山根穴）入内，再向下行，直注于脐后腰前而微下之丹田中，两耳也随之入内，倾听丹田所在之处。

2. 九转正功

此为炼气正行。炼气，有刚气、柔气、中和气之别。刚气，呼吸有力，气入充满全身；柔气，多用自然体呼吸，气之出入，当以意念相主宰，只在丹田有感应；中和气则介于刚柔之间。本法属中和气，且更偏近于柔。又有顺呼吸和逆呼吸的不同，顺呼吸是吸降腹膨，呼升腹缩的自然呼吸；逆呼吸则是吸升腹缩，呼降腹膨的反自然呼吸。本法一般是顺呼吸，个别特殊体质，感到逆呼吸较舒适，也可用逆呼吸。若呼之与吸，俱全身肌肉向内收缩，逼气入骨的，则为内壮呼吸，但初学是不能随便采用的。

此下分别介绍九转功夫。

第一转　服气

除浊、定神已，即以两鼻孔徐徐细、匀、深、长吸气，直入脐后腰前而微下之丹田，同时舌尖微向上舐，整个腰腹下部即自然四向膨胀为度；吸后就呼，中间不可停顿，仍要细、匀、深、长，直趋两鼻孔而出，舌尖同时微微下移，腰腹全部也就自然四面向中心收缩，以帮助压气外出。出入的气，细如一线，往来到底。出完即吸，吸后即呼，如胶似漆，绵绵不辍。这样一往一来，不断地吸气呼气，舌尖随着不断地轻轻上下动摇，腰腹部也随着不断地四向外张内缩，并且口鼻不可见呼吸之形，自己不得闻呼吸之声，外相要好似无呼无吸一般。如口中津液充满，即分小口微微仰头吞下，以意送到下丹田。初时鼻孔里还感觉有气出入，后来功夫深了，就只觉腰腹外膨，气即摄入，腰腹内缩，气即挤出，鼻孔如同虚设一样了。

此功夫专修，早上一次，上午二次，下午一次，晚上一次，共五次。若业余修习，早午晚各一次。初学每座三十分钟左右，以后渐加至一小时以上，量力而行，总以不感疲劳勉强为原则。若计数修习，一呼一吸为一度，初学四十九度，渐加至一百余度，最多不超过三百六十度为准。

第二转　换气

炼气功夫，很难一帆风顺，初学服气，往往不能完全如法，此须集中精力，克服困难。经过一段时间，自能走上合法的正轨。但已上正轨之后，又经若干时日，可能又出现呼吸不匀，心气不能一致，甚至气喘如牛，心乱如麻。这是脏腑受炼而起急剧变化之故，名之为"换气"，是好现象，不要惊疑害怕。当将全身放松，心神放自在，照样锻炼下去。所以换气的口诀，只有"坚韧"二字。

换气，是炼气中的一个过程，大抵初学炼气的人，多数要经过这个阶段；还有炼不如法，身体或精神上有勉强不自然时，也能出现这个现象。说它是好，因已有明显变化之故，但终究要超越它，故有放松、自然之诀。若是在先已练过气功，或者资质特别相应，也有可能不出现这一过程，总要任其自然，有了不惊疑，没有也不着急，才能顺利前进，不入歧途。

第三转　调气

经过换气阶段，渐渐又可达到呼吸合法的境界，名为"调气"。调气的意义有二：一是有为功夫，就是使不调者仍归于调；二是功夫的阶段，则是指气已调顺的境界。什么是调气的有为功夫呢？服气时的呼吸要求，是呼吸细匀深长，此调气的呼吸要求，则专在"自然从容"四字上留意。应当能调到几许细即几许细，几许匀即几许匀，几许深即几许深，几许长即几许长，做到自在悠闲、缓急中度，一点没有勉强为准则。呼吸已调的境界又怎样呢？气息往来自然、匀整而有力、舒适，即已是达到了"调气"的境界。

功到"调气"阶段，大脑宁静程度一天比一天加深，就有种种证验感觉发生，或身轻如毛，或体重如山，或四体动荡，或觅身不得，或有寒热骤生，或有见闻异境，其他尚多，难以尽举。此当不惊不喜，不见不闻，专心行持，他非所知，是为至要。

第四转　凝气

于空气清新所在，以两鼻从容细匀深长吸气，纳入丹田。于吸气的终了，即心气相合，凝住于丹田而不动，用以增益气神，填补虚损，约经三五秒钟，稍觉不耐，即将气缓缓放出，同时存想清新之气并未随出。每次停住的时间，随功力进展，逐步增加，由数秒渐增至十秒、二十秒、三十秒，以至一分、二分、三分等，缓缓而进，总以呼气时仍然从容自在为度。

此凝气功夫，只限于凝住丹田，若于丹田以外有任何肉体或精神上的紧张不自然，都是错误。前此一至三转，忌饱腹行功，此功则正宜饱腹从事。于每座功完，最后一口气呼出时，更应神入丹田，觉气亦安住丹田，并未随呼而出，并且一直存住下去。斯后行、住、坐、卧、语、默、动、静，皆当常保此意态而勿失，切要勿忽。天气晴朗之时，每早宜于朝阳初出之际，增加对日行功，最少四十九度，能增长胆力，亦是要着。

按：前此流传的内养功，即是本法的利用。不过内养功的停气法，以字句作限制，最多不超过九字（即入气出气各占一字，中间停气七字）。本法最初停气的时间，亦只一字、二字，后则可以尽量延长。

又，高级层次至此，当修体呼吸。体呼吸法亦有浅深层次，当根据学人之资禀量级而有多种变化，须量体裁衣，勉强不得。此赖明师之指点，非纸笔文字之所能为力矣。

第五转　闭气

此是大停气功夫，前转凝气，至不耐即出，此则须尽力多住，是为不同之处。《抱朴子》曰："鼻中引炁而闭之，阴以心数，至一百二十，乃以口微吐之。吐之及引之，皆不欲令己耳闻其炁出入之声，常令入多出少，以鸿毛著鼻口之上，吐炁而鸿毛不动为候也。渐习转增其心数，久久可以至千。至千，则老者更少，日还一日矣。"即是此法。此须有前面四转为基础，若无基础，是不能修习的。若勉强为之，无益有损。

按：此转即是修刚气，不过是由渐而至，与下手即直接修习为有别。此种修法，在佛法密宗及印度瑜伽中特别强调，但对修习者的年龄限制很严，一般都要在三十五岁以前，并且还要体质强壮的才能胜任。

第六转　导气

导气是在闭气功夫已稳固之后的做法，功至此步，须练幻身。先存想身如水晶，透亮光明而空彻，心中有白亮字𐍃上升出顶门，摄集宇宙间所有精英，化为白色金刚；再由顶门下入心中，自身即化为金刚，坚固至极，无物能坏。

再入正修，此有两个阶段。

第一阶段，是密语通关。诀曰："𐍃字导气起丹田"，即闭气之后，存想心气凝结于丹田，现一白色𐍃字。"𐍃字导气至命门"，𐍃字下行而穿尾闾至命门，转成白色𐍃字。"𐍃字导气在夹脊"，𐍃字沿脊上行至夹脊，变成白色𐍃字。"𐍃字导气至顶门"，由𐍃上行过玉枕，入泥丸，变成白色𐍃字。"𐍃字导气至喉间"，泥丸之𐍃下行至喉，变成白色𐍃字。"𐍃字导气至心原"。𐍃字下行入心间，变成白色𐍃字。此𐍃字又下行至丹田，化为白𐍃字，轮流一周。至此方让气出，又再闭气行之，周而复始，每座最少修一百零八转。

第二阶段，是导气四末。即闭气以后，存想气透手指足趾之末梢，更或从四末而出，至一尺二尺，以至十步百步外等。目前所讲的发放外气，即是此类。此是气的利用，作用很多，治病亦是其中之一。

按：导气至于身外之法，黄师戒谓不宜多练，多练恐于身无利。但佛法密宗息、增、怀、诛四法，除诛法不宜乱用，怀法、增法宜慎用，息法常可多用。盖高级功法，自别有善巧，此须学人道德高尚者方可用之。

第七转　火气

火气的修习，是增加健康、延长寿命、揭开人体生命奥秘的钥匙，须于闭气、导气已得自在之后修之。其法：观想丹田所在，有一红日，色红、光明、透亮、火热、炽燃，任何物体遇着，都会立刻变成火焰，其火焰温暖舒适，能使人产生无限安乐。次观鼻前径寸之地，乃宇宙大气之精华，能使丹田之火，不断增长。于是，从容细匀吸气，纳入丹田，前后二阴之气，同时微向上提，与外入之气，会于丹田，尽融入于红日之内，光热因之愈益增长炽盛。至气不能耐，缓缓放出，但红日的观想不要放松，每次最少应修一百零八次呼吸。至丹田火生稳固之后，应观光热外侵，凡火热触处，立刻转为红热之火体。初由丹田而满腰腹，又由腰腹而满两肋，而满胸背，以至四肢爪甲毛发，整个身体成为一轮红日。凡火热到处，皆有温暖、舒适、安乐之感觉，尽力安住。

炼此火气之时，应多食乳酪、脂肪等增热之品；或更以壮阳益气之药物，如上桂、附片、沉香、小茴、韭子、北味、枸杞、苁蓉、仙茅、鹿茸、红铅等药适当配丸长服之。

又，此火气修法即是佛家密宗拙火定。依准密法，火焰之增长不宜超过顶轮，此点值得注意。

第八转　水气

火满全身，应修水气。先将全身放松，意想自身玲珑光洁而白亮，如水晶然。次观顶上高约一尺，悬一月轮，清凉皎洁，寂照光明，与秋夜碧空的月轮一样。次想皎月流出清凉甘露像乳一样润泽，冰一样凉爽，功能润枯泽朽，起死回生。斯后调整呼吸，用小停气法，于吸气之时，想甘露随气灌入顶门，直趋丹田，停息时，想润泽全身，安适异常。停后不需久住，吸、停、呼约各占一字即可。随呼气时，清凉安适观想勿忘。如是甘露愈积愈多，充满全身，全身即变成一个月轮。以后专住此观，呼吸任其自然，时间愈久愈佳。

修此水气之时，可多食蜂蜜和梨子、支元、荔枝等水果，或以滋阴补血之药如二地、二冬、阿胶、龟胶、女真、玉竹、北沙、圆肉等品适当配丸长服。

此上火水二气，一贯相承，乃是升降水火，调理阴阳的妙法。道家有、佛家有、印度瑜伽也有，不过观想不同。此处观法，与佛法密宗接近，不过不观脉轮。古哲云："性在天边，命沉海底"，故此水火的观修，也是性命双修的一法，不要轻视。

第九转　伏气

伏气亦称胎息，是呼吸气微，仿佛鼻中无出无入的境界。前此都是有为功夫，到此方入无为正定。其法：先须停止头脑中的一切妄念，也不再去运用呼吸出入，一切不管，只存一"一无所着"之正念。不思过去，不想未来，不辨析现在，安安稳稳，舒舒适适，自在寂照而住，时间愈久愈佳。但初修每不能长住，需随时提起此念，不断熏习，不断缓缓增加住的时间，日积月累，自然可以达到长住久住的境界。功夫到了这里，境界体验甚多，唯一的要诀，是见若不见，闻若不闻，既不跟着内外缘境转变牵缠，也不要去制止压服它，只是自自在在地住在那难以住止的境界里，这就叫"转不住为住"，却成大住长住。

此上九转功夫，每一转修习时间的长短随修习者的体格、年龄、悟解、掌握等程度的不同而有别。一般的情况是：一至三转，最少需修一百二十天；四至六转，大约需修习一百二十至一百五十天；七八两转，最少修习一百天。至九转伏气，则是终生（身）行持功夫了。

3. 善后尾功

此中分二。

（1）还虚功

实修九转功夫，每座功之后，皆当接修此功。其法：初，将心神凝照丹田，不再管呼吸的长短大小，任其自然出入，时间久暂不拘，能久一点更好；然后，遍身完全松开，呼吸任其自然，将凝照丹田的心神也随之放开，照注全身，存想自身安住白云絮中，遍体空松通透，一呼一吸，无处不相通连，恍如身体与外界俱不存在，只是一片疏松空透的云霞一样。如此五至十五分钟为准，可免走漏滑遗之险。

（2）解座法

凝气宁神，两手掌互相搓擦，至觉火热，一手在内，一手在外相叠，按于小腹之上，顺转三十六，逆转二十四，觉外摩内应，腹气随之盘旋，愈旋愈宽，广无边际，感觉舒适清泰为则。又再搓热，摩两腰，不计其数，火热为度。再两手浴面，开口吐气，令火外散。再摆腰腹，扭肩胛，旋颈项，舒手足，起身，活动手足，散步片刻而终。

如身热有汗，应以干毛巾拭干，不可当风贪凉。若欲沐浴，需休息至少半小时后，始可行之。

此《真传易筋经》功法的优点，是见效迅速，一步有一步的做法，可以循级而登，引人入胜。凡年龄不大、身体较好的人，修此最为相宜。

若年老体弱，最好按柔气功修习法行功（可参考拙著《胎息经注释》①），较为适合而无弊。若必欲修此，则须尽量做到自然舒适，不可勉强图效。且闭气一转须略去，导气亦当审慎从事为要。

尾　跋

练《易筋经》能生出神力，是武术界有名的功法，当我学习此功时，也是抱着这个目的而去的。犹忆黄师传功设仪（在涪陵蔺市天平寨黄师家中），摆十二支香、十二支烛、十二副杯筷、十二盘供品，礼神后说："此表示功夫十二年而大成，此功是大道，不只是健身增力的小法。"我当时还以为黄师是故神其说，但后来广学各派武功道功，尤其藏密无上瑜伽二、三灌顶修法中的脉轮观、宝瓶气、拙火定、欲乐定，与黄师所传闭气、导气、火气、水气，虽观想不尽相同，而内容实大同而小异，并且黄师传有服气、换气、调气、凝气，以为闭气（即宝瓶气）之前行，功法更

---

① 《胎息经注释》，见本书姊妹篇《丹道薪传》第一编《养生蠡测篇》，及第三编《气功溯源集》之《胎息经笺注》。——编者

为稳妥，最后伏气洗髓，直入般若之堂，与密法第四灌顶之修光明，也是相通的，方知师言之不谬，而武道相通，也是有它确切的根据了。

本功以呼吸炼气为中心，借之以炼精养神，对于道佛两家的隐语喻言，完全扬弃，依法进修，功验可靠。笔者30年代曾实践获益，不欲辜负师传之大德，故不辞辞费，聊充识途之老马耳。

近来各种气功功法纷出，争艳斗奇，但在社会上一般人的认识中，也出现了误解：第一是一说气功，就联想到江湖卖艺之流，如睡卧钉床、金枪刺喉、纸上悬人、手握赤铁等杂耍表演，以为不过如是；第二是过分夸大意念作用，不问功能量级大小，仿佛气功万能，结果不免失望；第三是被气功师出山之类的宣传所惑，不明气功理论内容和实际，轻易盲从，劳而无功，遂走上不信气功甚至反对气功之路；第四是虽然确信气功是人体生命科学的尖端科学，但不肯下苦功锻炼，浅尝图效，纵遇明师真传，到头仍是枉然。这些都是对气功认识不正确所致，需加以纠正。

目前气功功法虽多，但真正效果好的、高级的功法也并不是那样普遍。核以理论和实践，我深信本功不失为探讨生命科学有价值的途径之一，但若知而不信，信而不行，行而不笃，以为学气功只要交了费，功夫就会自动上身，这是一种抱侥幸心理的、不现实的懒汉贪馋思想，我劝他最好不要妄想，以免徒劳！

1994 年 7 月 22 日晨于忠州蜗居

（原载《气功》1995 年第 6 ~ 9 期）

《真传易筋经》补编

笔者前辑《真传易筋经》，乃将黄克刚老师当年所授舆公山人世代秘传之《易筋经》加以整理，发表于《气功》杂志 1995 年 6～9 期，旨在为有志于修习道家功法者指出一条简捷而效速之途。此后函询者纷纷，实难一一遍答，为进而阐释该法，使读者更为明了，故今作此补编。

道家养生功法之第一步就是筑基。筑基有先后天之分，古哲多未明示。唯孙汝忠《金丹真传》有明白指示，此外道家获大成就者张三丰有"后天筑基"歌，歌曰："气败血衰宜补接，明师亲授口中诀。华池玉液随时吞，桃坞琼浆逐日吸。绝虑亡思赤子心，归根复命仙人业。丹田漫暖返童颜，笑煞顽空头似雪。"盖后天为先天之根本，物质为精神之根基；修好后天，先天自见。故佛家密法有心气不二、脉解心通之论；在道家学说，以人身不外阴阳，阴阳即是性命，故千言万语，隐喻百端，无非是讲如何掌握阴阳，实修性命而已。阴阳之理是一，阴阳之事则迥异。道家重事不重理。事分内外，外事指地元炉火、天元神丹，目前已成绝响。内事指人元金丹、同类阴阳，目下亦已成鲁殿灵光，真知者稀，且修此者关及福德因缘，亦非一般人所可问津。故今补编所谈，皆就人身整个后天形（包括精）、气、神三者锻炼而言。

这一功法，在道家称"炼精化气"。但此精非淫欲之精，故此处所说之形，就整个人体物质精华而言，即外而皮毛、肌肤、经络、骨髓，内而五脏六腑、气血、津液，皆在其中。养生方法无量，但总不出此形气神之三调。又调虽分三，但总是一体，即形调则气调，气调则心调；反之，心调则气调，气调则形调。炼精化气即是调形之功，炼气化神即是气化还原之法，炼神还虚、炼虚合道即是炼心养神之妙。精气属命，虚寂灵感属性，形气并炼，即性命双修也。又须知精气有形，心性无相，而气为形神调和之中介和枢纽，故道家功法特别重视气化、调息，古之养生家有"炼气士"之别名。

形、气、神三者固然不可分割，然在具体运用上却不无有轻重之偏向。是以炼精化气即筑基，内容包括导引、武功、炼气服食、行善积德等。道家南宗之极功，同类阴阳之筑基、得药、结丹亦属此部。此皆偏重于炼形。形固则气神无有不随之而含宏光大者也。及至炼气化神，即进入忘形养气之境，此时自当以炼气为重。这与三元大法中之炼己、还丹与温养，正相当也。最后还虚合道，纯以炼神养神为主。此时通天彻地，无形无相，与宇宙法界合而为一矣。至此，如司马承祯曰："浅者唯及其心，深者兼

202

被于形。"所谓化形而仙，与佛氏之涅槃虹化相当也。

简易万全功法

我在前编《真传易筋经》中，有些地方未予详述，乃是让传统文化哲学思想研究有素者可据本人情况量体裁衣，自做活计，而有些人就难领会；又动功方面没有示范，这些都是遗憾。如《外壮神勇歌释·九易筋骨成神勇》的一步功夫，原来传授需童男（女）推揉拍打，这行之较难；而导引动作达三百余式又嫌太繁，虽经黄师紧缩成"五行动功"①，但有动作机械断劲之感，不似太极拳之连绵自然。今据我个人六十余年研习之所得，整理出简易万全功，该法简便易学，而内涵深邃，习之有利无弊。本法分内外二部，今分述如下。

一 动功修炼法

1. 预备法

首先是立志修身，认识真我。《孟子》说："万物皆备于我，返身而诚，乐莫大焉！"释迦牟尼夜睹明星而悟道说："奇哉！一切众生皆具如来智慧德相，只因妄想执著，不能证得。"南宗初祖张伯端说："人人本有长生药，自是迷徒枉摆抛。"儒家强调："舜何人也？余何人也？彼丈夫也，我丈夫也！吾何畏彼哉。有为者亦如是。"凡练习本法者应具此信心，认识自己和前辈一样，无欠

---

① 五行动功，见本篇之附录《五行动功次第》。——编者

无缺，根据本有而不甘居下流。这是思想上要做到的第一步。

其次是纳清吐浊，转换形骸。即用《真传易筋经》前编"九转呼吸法"中预备功法，以"哼、哈、嗨"三字九出浊气，此为早起时必行之功。若在平时，则于认识真我之后，以鼻吸口呼，静、缓、匀吐出浊气3次，意想全身转换为光明无瑕之清净幻身。因心气本来无二，心转则自然身转，故可全身皎洁如秋月，光明似水晶而住。此依藏密无上瑜伽直观自身为本尊之理趣而建立者。

2. 正修法

人身气化赖五脏六腑以进行，脏腑互有联系，互相制约，又与身外大自然相通。欲平衡阴阳，促进气化，当从治理脏腑着手，尤其治脏更为重要，脏治则腑亦治矣。

（一）修补五脏法

第一势　清金——开天引气，内炼所宗。

肺脏位于体腔中至高之域，为"五脏之天"，专司吸清吐浊，内外二气之转换。洁身始于此，如开天门，乃一切修身养生之所宗奉。具体做法是：心神宁静后，全身放松，两目向前平视，舌抵上腭齿间，两足先正立（足尖分开或并拢俱可），随后左脚向左方平开一步，使两脚距离比肩略宽，顶头拔背，沉肩坠肘，两手下垂，展指鼓掌，下身塌腰坐胯，气沉丹田，使两足有下沉感，如入地九尺，再意想全身舒适、自然、愉快，放银白色光亮，空明晃耀，安稳不动（如图1）。此是无极桩式，最少站三五分钟，多多益善。随后两手轻柔匀缓地向前上举，直至头之两侧，手心向前，举手时与吸气相配合（图2）；再由吸转呼，两掌心翻向左右外方而下落，至与肩平（图3）。

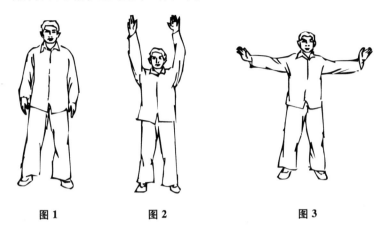

图1　　　　　　　图2　　　　　　　　　图3

第二势　安神——气能益神，金火交融。

肺属金，主司呼吸；心属火，主司血液循环。两者相辅相成。若以气化论，金由火炼而益坚，火由风鼓而更炽，金火交融，红白两光所结，阳焰弥天，气血并茂，生命之力旺盛。具体做法是：承上式，于呼气将尽转为吸气时，意想身放红光，与白光融和。动作上两手亦不停，随之转腕向下、向内、向两肋下腋窝穿去，身胸仍稳住不动（图4）。接着吸满转呼，身仍不动，两手转至与乳平，掌心向上，直向前面平伸而去（图5）。

第三势　益肾——火入水中，本固枝荣。

如上风火交融，若无肾水相济，亢则成害，故必须引离火下入坎水之中，则水火既济，地天成泰。肾为先天之本而益固；肾又为肝母，母壮能益子，肝木亦能受荫，故曰"本固枝荣"。具体做法是：承上式，由呼转吸，身向下俯，两手翻掌，掌心向下，观想红白火焰迅速下流，直入于蓝黑色肾海涌泉，和融而成紫色之光（图6）。吸后即转为呼，两手随之沿腿上移，恢复身体正立，两手约抚于髋骨小腹两侧。意想全身上下内外显现白红蓝黑和融所成之紫色光明（图7）。

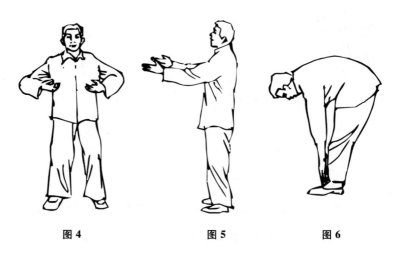

图4   图5   图6

第四势 疏肝——木金交并，四象和合。

肝属木，木得水荫后木气自能上升，以益心主；又肝司人身两胁，木气畅旺，脏气无有不壮旺者。至此金木水火，互为制约，互为生扶，所谓金火相拘，水火既济，木金交并，为四象和合归根。具体做法是：承上式，由呼转吸，身随之后仰（尽量翻仰，会使气充两胁），两手从髋骨再向左右分开至后背，使掌心紧贴两软腰部，两眼遥望天空，意想宇宙间充满白红蓝黑紫青绿之光明（图8）。气吸足后即转为呼，两手离开软腰，向后、向左右划圆弧

武功薪传

而上，至与肩平，略成"一"字，而两手心相对应，若将起抱状（图9）。

图7　　　　图8　　　　　　图9

第五势　厚土——土资万汇，其德唯容。

脾属土，内应胃腑。土载万物，为后天之本，肺心肾肝四脏皆赖后天脾胃水谷之气以资给养与运化，就如上节所言四象和合，亦赖中土调和，所谓"五行全要入中央"。中央意土色黄，无物不包藏，故曰"其德唯容"。具体做法是：承上式，由呼转吸，以腰为轴，向后收缩，而同时臀部却反向前送，使成缩尾状。并且两手由左右外方再尽力向左右、向前划大圆弧，仿佛囊括宇宙间真气无遗，然后又向内、向后收至胃腑，内外上下金光灿烂，两手同时收至胁下（图10、11）。随即由吸转呼，两手转腕，向后、向左右横撑，直至前下方两膝之外（图12）。

注意：以上五势，第二与第五两势均有两手收腕至胁下之势。但第二势系由左右向下向内收来，收至胁下时随之手心向上，两

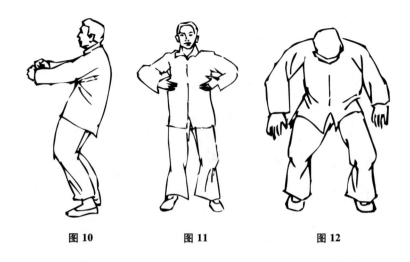

图 10　　　　　　图 11　　　　　　图 12

手向前平伸而出。第五势由前向内上来，收至胁下随即转腕，两手心向左右膝外方，即两手向下、向左右撑出。两者转腕动作恰恰相反，宜知之。

（二）通调经脉法

此为本法动功的第二段。人身十二正经、十五大络，以及奇经八脉，另有孙络、浮络，乃是脏腑与各器官、各系统之联系通道，一如电器、电话系统之通路然。五脏既修补，经络当通调，方能显示出整个人体生命之巨大能量和活泼灵机。

经络系统中，冲、任、督、带四者最要。此系根据《内经》学说而言，若就更深的人体生命科学而论，则人身既是统一体，并且是开放性的巨系统，身之与心是二是一，心即是身，身即是心，心身气脉，不可分割。大周沙界，细入微尘，弹指完成八万劫，一毛孔转大法轮，此近人"全身无处不气路、无处不丹田"

　　　　　　　　　　　　　　　　武功薪传

之说所由出。此种经脉系统之调整，能使形质由粗化精，由钝转妙，能量由浅入深，由小变大。道家之导引功，佛密之金刚拳（不死运动），皆是本此理论而建立者。以下分述之。

第一势　通任督——理任通督，接连四末。

任为阴脉之海，督为阳脉之海，接连四末，包括手三阴、足三阴、手三阳、足三阳，即是道家之小周天和大周天的经脉通路，此节功夫，乃是人体的纵向采气纳气法。

至此当观全身空明如水晶，前有红明之任脉，后有微带蓝紫色之督脉，或者直观全身空明通透如虹霓。承前由呼转吸，手足阴脉与任脉相通无碍。随头身向下俯，目视尾间骨尖，如欲以口咬尾间者（图13）。随之头向上仰，身向前上钻，腰脊下偃，臀部后上翘，全身阴脉贯通，有充实畅通而无碍感（图14）。此时由全身阴脉收摄整个宇宙之真气、灵力、声、电、光、能等合为一体。不停，由吸转呼，两足随之蹬劲，缓缓使全身上起，恢复到入手立正之站式。同时收摄整个宇宙之真气、灵力、声、电、光、能等，充实于我之足三阳、督脉、手三阳等处。

第二势　通侧带——横通八极，活侧固带。

此为横向理气采气之法。凡身之侧脉宜活，带脉宜固。承上不停，由呼转吸，顶头拔背，沉肩坠肘，紧缩带脉，气沉丹田，全身松开，外与整个宇宙之真气、灵力、声、电、光、能等浑为一体，随由前向左、向后平转，上身尽量左旋，下身自腰以下保持不动，右手抚于左胯外侧，左手掌抚于右臀之外侧（图15）。吸后转呼，身手随之向右平转，回复到正立之式。再不停，吸气，

图 13 图 14

上身尽量向右平转，下身自腰以下保持不动，左手抚于右胯外侧，右手掌抚于左臀之左外侧（图 16）。吸满随呼，上身向左平旋，恢复如前正立之站式。

第三势 通全身——彻地通天，无物能碍。

前之直通、横通，尚有定位、定点、定向，至此转入无方所，无时限，宇宙即我，我即宇宙，与法界合而为一，虚空亦复粉碎之境。随将两手仰掌上提，约至脐上膻中之位，不管呼吸（图 17）。不停，以腰腹为轴，引右手仰掌，向右向前上方穿出，约与目齐，左手同时变俯掌，紧沿右小臂之外，由膻中经左肋，向下向后抽拂，亦可以肘倒杀（图 18）。不停，随转左手仰掌，向左向前上方穿出，高与目齐，同时右手变俯掌，紧沿左小臂之外，向右向下后抽抵（图 19）。如是左右手上下前后交叉相反穿刺倒抽，其动作路线皆呈螺旋形，同时以短吸短呼应之。如一吸而右穿左抽，一呼而即左穿右抽，如斯任意而行。最少连做 12 遍为准。

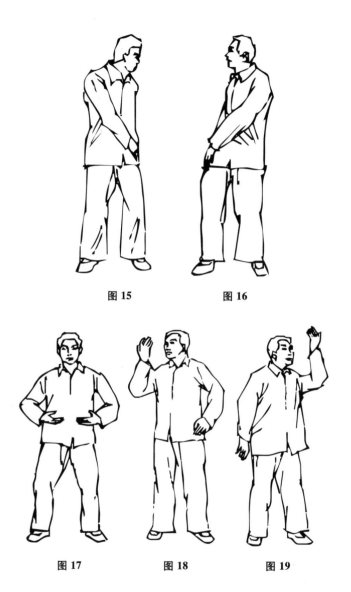

图 15　　　　　　　图 16

图 17　　　　　　图 18　　　　　　图 19

　　前此两段动功，连行若干次（量力而行，不宜勉强）。至不欲

再行时，以意念收摄整个宇宙、整个法界，归于神阙，想我即宇

宙法界，宇宙法界即我，内外凝固，合而为一。如是至少三五分钟。一趟功圆。

　　按：此为老年体弱者每趟功毕后之尾功。若年壮体实之士，还宜依前编善后尾功，修还虚解座法，宜知之。必须注意的是，实际锻炼时，学者必须灵活自裁，因应变化，尤其在动作与呼吸的配合上，篇中只是示例，如"清金"中"开天引气"的一式里，两手上举吸气，向左右分开下落至与肩平呼气，是一个呼吸，其实还要与动作的快慢、刚柔相配合，若上举缓慢而柔和，呼吸也很短促时，也可在上举时即有两个三个呼吸，甚至完全不管呼吸，如练太极拳一样。两手左右分开下落时也一样。但在上举之初必是吸气，上举完成之时，必是吸气之终。至于两手分左右下落之初，必是呼气，落至平肩之时，必是呼气之终。余可仿知。

　　又按：道家的导引、佛密的金刚拳，都是着眼于形气的锻炼，在一个高级功法的整个进程中，动静各有其宜，是依功法本身的需要而决定的。故动功不比静功，一般都是依师而修，何时当修？要怎样修？都要靠师傅指示。不当修而修或修而不得法，都易出故障。若当修而不修，则功夫难以进步。需知动的重要性，根据密宗经典和上师传授，以及历代祖师传记，有专修金刚拳而即于座上解脱、肉身虹化而入涅槃的。在内家武术中，也有"技近乎道"的说法，也有由武入道以至成道的传说（如金道人）。不过静功是无为心法，多赖自悟；动功是有为法门，专赖师传。若不遇明师，怎么办呢？个人的看法：除本功外，太极拳（以杨、吴两式为优）可当首选，若图精简扼要，金家功夫的开合功法，是大可值得利用的。但也都离不了得有明师的言传身教。故紫阳真人曰："始于有作无人见（看似简单平常，多不注意），及至无为众始知（功能出现，方感神奇）；但见'无为'为要妙，孰知'有作'是根基。"

3. 善后除障法

不拘练动功或练静功，每一趟功毕之后，须更明了忆念自己不是庸俗渺小之躯，明确认识真我，并明确真我的价值和责任，精进以赴。

收功，不是叫你休息、散乱、放荡和胡思乱想。而是要你明明白白做人，清清楚楚过活，努力实行你所应当去做的一切。也就是把行功与生活打成一片。儒家说："吾日三省吾身"，也是这个意思，但还不够！这是本法与其他一切小术、小法、小道不同的分界线所在。

若见时间不断推移，空间不断显现诸法，遂忘失真我，随缘妄行，皆是障碍，必须除之！方能善后。

除障之法如下。

第一，是常观自在，不昧真我，如上已说；

第二，是明我本体无欠无余，一切含灵、非灵（包括所有动、植、矿）也无欠无余，和我一样，平等平等；

第三，是随时体察身内身外所有一切信息，善则守之行之，恶则去之忘之；

第四，是彻底明了真空不碍妙有，妙有不碍真空，平常平常，如是如是；

第五，是要随时存心光明磊落，不为己私，宽以待人，严以责己，谦虚谨慎，助人为乐。人之有善，若己有之；人有恶念恶行，当怜悯之，多方潜移默化之。

二　静功修炼法

动功与静功，一阳一阴，犹如太极之两仪，阳之与阴，各有妙用，各有所宜，可以专修动功或静功，也可以二者合修，以一功为主，另一功为辅或二者平衡。大抵动静合修者，早起宜先静后动，夜功宜先动后静，都是直接相连，在前者先修前行预备法，动、静都是正行，正行修毕，方接修"善后除障法"殿后，这是一般的配合次序。但也有例外，当因应取舍之。

《易筋经》静功正行，是以本身阴阳为主，凝神调息，性命双修，以启迪先天之法。入手须明后天的幻身来自母体，而在母体与母相连之处，唯是脐带，乃先后天阴阳二气交会之所，故古仙云："前对脐轮后对肾，中间有个真金鼎。"是乃修道者探求玄关、建立法基比较适宜之所在。故收心入静之后，即当凝神于斯。亦即两目寂照于是，两耳返听于是，全神内守于是也。

静功是入定之前行，由静入定。功深者，行住坐卧，皆是修持，甚至亦无入出之可言。但初学静功入门，一般都用坐式，尤多强调七支坐（双跏趺坐法）。但由于生理、年龄、习惯之不同，亦不应过分勉强，故单跏坐、仙人坐、天王坐等，亦可随宜。《易筋经》静功入门，除坐式外，尤重站桩式，其法与动功第一段"清金"中之"无极桩"无别。

随以手结太极印（亦称子午连环诀），即男子右手在外握左手，左手大指掐左手中指指尖，右手大指掐左手无名指根节（女子相反），覆于脐轮之上。或以右掌重叠左掌之上抱脐轮亦可。如跏趺坐，手结三昧印亦可。

随即默察脐轮内动气之根蒂，氤氤氲氲，杳杳冥冥。用逆呼吸法，内气升则外与鼻吸相应，而觉宇宙之真气从全身八万四千毛孔而摄入脐轮，使全身皎洁晶莹；内气降则外与鼻呼相应，而感全身内外、脏腑、经络、筋骨、皮肉浑为一气，变为光蕴之身，与身外宇宙之净光真气合为一体，天地人三才一贯，我即宇宙，宇宙即我。如斯久之，则"内外相感，天人合发"，自可亲见"玄关一窍"矣。

此以静修气神为主之功法，可以激发人体之潜能，打通天人合发之秘键。功浅以气为主者，每座最少应修百零八息；若功深以养神为主者，或年老体弱不堪修习动功外壮者，则每次至少应修 1～2 小时以上或尽力而为之，总以多多益善。功能启迪先天，打破后天阴阳时空之限制，而与三维、四维以上之宇宙相应，并可与高级生命之灵体相通。

关于"凝神调息，调息凝神"之法，可参阅拙著《胎息经注释》（《气功》1982 年第 1 期）和《就〈胎息经注释〉答读者问》（1993 年第 10 期）两稿①，至于以炼神为主之修习法，即是见性明心之事，佛氏言之至详，当于《金刚》、《圆觉》、《楞严》、《法

---

① 《胎息经注释》与《就〈胎息经注释〉答读者问》，见本书姊妹篇《丹道薪传》。——编者

华》、《维摩》、《华严》及禅宗语录中求之；其在道家，则又当读《周易》、《内经》、《老子》、《庄子》、《关尹子》等古籍矣。为了聊示一斑，姑辑古哲训示数则如后，以资启悟：

《圆觉经》句："居一切时，不起妄念。于诸妄心，亦不息灭。住妄想境，不加了知。于无了知，不辨真实。"

宋张拙秀才《悟道偈》："光明寂照遍河沙，凡圣原来（一作"含灵"）共一家。一念不生全体现，六根才动被云遮。断除妄想重增病，趋向真如亦是邪。随顺世缘无挂碍，涅槃生死等空华。"

诸那上师《大圆满观》："无修无证无证者，无取无舍任运住，真实体性真实观，所见一切皆法身，法性自性互含摄，明体之上无生佛，瑜伽者于此认得，即是本来大觉王。"

证验举隅

为了能对学习《真传易筋经》有启发借鉴引申的作用，本处只选取了具有这方面代表性的安徽安庆石化职工大学教授余兆祖同志的来函，又因余君信几乎涉及了整个的佛家、道家、中医学说的探索和实践，为了精简内容，我这里只摘录了他对于《易筋经》方面的实践和认识。余君浙江绍兴人，出生于 1945 年，1968年毕业于北京清华大学精密仪器系，分配到青海工作，1973 年患肝炎，体质大为下降，遍服中西药而罔效，因而研究中医和道、佛学说，并坚持实践，才打开了他的困境，还得到了法乐。现节录余君来函如下：

老师于近年来见诸刊端的大作，如《道家养生内炼诸家举要》、《再谈修道》及 1995 年连载的《真传易筋经》等，弟子均悉心研究数过。晚学于近年来，游心于道藏释典，就粗览所得，皆未出老师《举要》一文所举之脉络，师以六十年所得凝于一文，可谓荟萃精华，纲举目张，而谆谆提挈后学之情亦溢于言表，读之感人肺腑，可谓晓之以道，动之以情。

我 1973 年因患肝炎，体质大为下降，为寻求康复的方法，开始研究中医药，学习中医基础理论，如阴阳五行、脏腑经络等。然遍服中西药物而未效。1980 年在身体濒于崩溃、山穷水尽的情况下，接触到修道方面的书而开始步入修道之门，练至 10 天，即有一股清凉之气沿督脉升顶。又 7 日，丹田中有如大气泡翻滚，沿任脉冲至面部，整个面部抽搐，全身跳动，精神即为之一振，从原来一顿饭只能吃几口，一下就增加到一顿能吃一大碗，遂感到练功的确是太妙了。故从 1980 年至今已历 16 个年头，除每日练功不辍外，继续系统地研究各种中医、道家、佛家经典，为了能对道家的修炼术有个全面认识，还自费购买了全套《正统道藏》和《藏外道书》及坊间所传各种版本的道书，藏书已达数万册。为使资料的整理工作更为有效完善，我三年前还自费购买了电脑，并组织了一个"炎黄文化读书会"，有十个志同道合修炼多年的道友，定期地在一起研究佛道经典和道家丹法。

我是从 1980 年开始研炼道家内丹，由于未能得明师指点，故只能从研读丹经慢慢摸索，所依口诀，只是三丰祖师《道言浅近说》："凝神调息，调息凝神，八个字就是下手功夫。……心止于脐下曰凝神，气归于脐下曰调息。神息相依……勿忘勿助。"故至今还不甚清楚内丹修炼的全过程。只记得练到 1985 年时，全身如火烧，鼻息似喷火，后来就在丹田渐渐地聚成一个如同乒乓球大的灼热气球，每天练功时热，不练功时，甚至晚上睡觉后也灼热难忍。如此持续了将近两年。后来渐渐觉得全身毛孔开启，中脉贯通，可以接收到种种信息。呼吸也时时进入"绵绵若存，用之不勤"的状态。此后从功法来说，就只用无为沐浴，温养还虚。丹经曰："沐浴成空，则成仙机，不成空就落左道旁门。"如此义温养了近十年。不料到近几年，常感有阴虚阳元的景象出现：不能吃造火的饮食，不能穿太阳晒干的衣服，有大量浊气从双脚排出，还有出现了种种觉受，等等。

目前，晚学除了按一般的练功原则，在四正时正式地打坐外，在行住坐卧之中，每有片暇便凝神调息，都可进入良好的功态。此外，针对自己体质的特殊情况，辨证练功，每晚到户外采星月之阴气以平秘自身之阴阳，并避免吃一切可能动火的调料与食物，用专门的干净锅来煮食物吃，经常服用滋阴降火的药物如"知柏地黄丸"等。尽管已采取了严格的防范措施，有时还是会因误吃食物而引起上火。若辟谷时，就感到身上最为舒服干净。

晚学于 11 月初又系统地将老师诸文细细揣摩一遍，感到我初入门时所自悟的方法，竟完全与"九转呼吸"的"第一转服气"相同。初练时，由于未得明师指点，我只能自己探索。初从太极拳"气沉丹田"而悟，尝自问自答曰："何为气沉丹田？"答："气要达至肚脐以下。"问："如何得知气已到脐下？"答："则必以意随气而下。"亦步亦趋，同归于丹田。出则意气相随，亦步亦趋，同从鼻送出。如此日日不忘，时时相续，渐调息至细长匀深，或3分钟1息，或5分钟1息。练至10日，丹田跃然间出现一热气团。又于日常行住坐卧之中，甚至吃饭、读书或将睡着之际，均惺惺昧昧，若有若无地操练之，发现确是"一日中，十二时，意所到，皆可为"。最妙莫过于午睡中之炼，息调匀后睡去，及至醒来，呼吸仍在不调自调之中，丹田乃至全身都荡漾在一片浩然温煦的真气之中，真觉得虽未成仙，但神仙的境界已心领神会矣！故与此法特别相应。第二转未曾出现，第三转无意中也过去了，第四转也自然而然地出现了。第五转的大停气功夫，当时是否出现，已记不清了。第六转导气未练。但到1985～1986年，出现了丹田炽热全身火烧之象，似乎与第八转火气相应，当时虽未如师文所示之法来练，也未吃壮阳之药物食物，但特别喜欢吃花生米。1988年后，功夫似径入第九转伏气，鼻息似有若无，自在寂照，境界体验颇多不提。但总是丹田温度过于炽热。对照师文，发觉我往日之弊端，均出自略去第八转水气功夫。故从今年（即1996年）11月4日起，每日2～3座，均补习水气功夫。每随观想月轮，及至清凉之菩提月液从顶灌下，润泽全身，则凉爽舒泰之感难以言状。及至11月11日，往日之一派火感景象已纠正95%以上，可谓桴鼓相应、立竿见影。另善后尾功也很重要，吾往日每座中还虚功虽作，但远不及此完善。"解座法"中之顺逆转也极有特色，一般的收功法均是收入丹田，而此处是"愈转愈宽，广无边际，感觉舒适清泰为则"。

转毕，果如其文。每初上座，以"哼、哈、嗨"三字吐上、中、下三焦之浊气也很重要。按文操习之，只觉得终日唾液源源而来，全身格外地感到轻松舒泰。我素不喜坊间丹经动辄任督周天运转，而崇尚老子"清静自正、无为而成"之道。老子曰："圣人不行而知，不见而名，无为而成。……取天下，常以无事，及其有事，不足以取天下。"而《真传易筋经》与老子之旨颇合，可谓是修道书中之珍本无疑。

从上可见，余君是一个性格内向、学识渊博、夙根深厚、愿力广大的真诚修道者。其次，余君的科学眼光、求实精神、革新理论、坚定毅力，都是值得我们学习的。在余君修持整个16年的过程中，值得我们特别注意的，第一是由于他已有相当的定力，故他对外界的影响特别敏感，证明了人体这个小天地与身外宇宙这个大系统确是息息相通的。故《参同契》说："阳燧以取火，非日不生光。方诸非星月，安能得水浆？二气玄且远，感化尚相通。何况近存身，切在于心胸。"第二是对于调理气血，升降水火，全凭临机应变，转换阴阳，故《易经》说："一阴一阳之谓道"，吕祖说："玄篇种种说阴阳，二字名为万法王"。余君对外界的影响刺激既敏感，而对于升降水火又能灵活掌握，量体裁衣，自做活计，所以虽无明师指点，也能练出不凡的功能来。这与他平日读书之渊博是分不开的。不过对于同类阴阳问题，则仍是未能超越"饶君智慧过颜闵，不遇真师莫强猜"耳。

（原载《气功》1998年第1～3期）

附　五行动功次第

五行动功，系择取简明易行的姿势，去粗存华，扼要归纳而成。姿势虽简，而含蓄甚丰。如步法方面，立正式、并足式、内八字、外八字、高马步、低马步、介字马步、弓箭步等咸在；身法方面，伸、缩、俯、仰、横、直、转、旋，皆有；手法方面，提、托、推、挽、开合、扭翻等毕具。有人怀疑动功式少，是否运用不周？我郑重地告诉同志们，愈是上乘的功夫，愈是简易圆融。运用气脉，全在意气周遍，无使偏胜，外形的难易繁简，没有多大关系。若不求内容口诀，姿势再多也无用。本法运用要领，专在松、柔、绵、连，用意力，不用拙力，一动无有不动，一静无有不静，务使气息调匀，从容自在为要。

第一势　喜鹊登枝

此式属木，于时为春，内应肝脏，具生长发育之性，有据地冲天之能，故功始于此。

预备式：两足跟相并，足尖张开约六十度而立，两手自然下垂，全身松开，头微上顶，劲落足底涌泉，气沉脐下丹田，凝神定志，稳住不动。

次即两足尖并拢相合，再身势渐渐下蹲，两膝随之微向下曲，但臀不可后突，身不可前俯，宜直线形向下收缩，同时肩沉肘坠，两手随之由下挨身向上移，渐渐曲腕成钩吊手，会于胸前绛宫之位，同时缓缓吸气，直入丹田。

承上，身势缓缓直向上起，两膝亦渐伸直，但勿过挺，再足踵渐渐悬起，足尖渐渐下蹈，两手同时由绛宫挨身分向左右下落，至软腰，再贴盆骨胯旁，缓缓下沉，到极点，再指向上挑，掌根下抵，十指上翘，全身随之一力上伸，而以肩沉肘坠，掌按指翘，足尖下蹈等势与之平衡，同时缓缓呼气外出。

此后复蹲身、曲腿、悬手、缓缓吸气、反复行之。一缩一伸为一度，初学只练六度，以后缓缓增加（每五日一增，每增六度，以后仿此），到三十六度为止。

此式主旨，在通理上下，使全身下至涌泉足趾，上至头脑泥丸，所有的筋骨气血，皆能贯通流行而没丝毫的阻碍。

第二势　黑熊托天

此式属火，于时为夏，内应心脏，正万物繁荣之候，有烟焰弥漫之形，故列二式。

上式作毕，再两足趋平，成立正预备式。

次即将足踵外分，成内八字步，再身势慢慢下蹲，至上腿相并靠紧，两手同时渐渐握拳上提，至仰靠脐旁。同时缓缓吸气。

再两足缓缓蹬劲，身势随之上起，腿膝渐渐伸直，但勿过挺，两拳同时挨身上移，至心上之胸部，慢慢变掌翻向上托，闭目用意随之上视，掌心朝天，十指相对，同时缓缓呼气。

此后复蹲身、并上腿、两手由上向下抓握成拳，至仰靠脐旁，缓缓吸气，反复行之。一缩一伸为一度，初练六度，渐增至三十六度为止。

此乃一式的扩充，全身伸缩，上托下抓。前式重在躯干，此式兼及手足。

第三势　大鹏拂云

此式属土，土旺四季之末，内应脾脏，为万物归根之所，有滋生万汇之功，包罗万象，退藏于密，乘载万物，不以为功，其形有之。

由上式上托后，足尖外摆，使两足距一尺五六，成高马步站立，两手由上向左右下落，至与肩平，掌心向下。

承上，身势缓缓下蹲，以丹田为中心，使腰腹胸背牵动两手，由左右外方，向内收合，同时渐渐仰掌握拳，其劲渐沉于肘之内侧，齐向心下收缩，如包卷万汇，收缩于心然，至两臂交叉于胸前，左手在内，右手在外（二度即变右内左外，交换行之），同时缓缓吸气。

再身势缓缓上起，足伸，两拳跟着变掌，由丹田发劲，使胸、肩、肘、腕、指，节节外透，向左右平伸，掌心向左右外方，十指尖朝天竖立，当两掌分推至极时，两足亦已伸直，但俱忌挺硬，同时呼气。

一缩一伸为一度，初练六度，后增至三十六度。

此乃左右横扩的锻炼法，收放卷舒，云流风行，有似大鹏挥翼，九霄翱翔一般，故名。

第四势　白虎推山

此式属金，于时为秋，内应肺脏，其锻炼之气，有劈切之能，故以白虎名之。

承上，分推势两踵外扭，使两足相距约二尺，成 11 字步而立，同时两手下落，收至脐旁成拳，拳心向上，仰靠脐旁，同时缓缓吸气。

再身势缓缓下落，成 11 字蹲马式，两拳由脐挨身上提，至胸乳之部，由拳变掌缓缓向前推出，掌心向前，约与心齐，头顶身竖，同时缓缓呼气，使气沉丹田。

此后复伸身，两掌内收抓握成拳，仰靠脐旁，同时缓缓吸气，再蹲身前推，呼气，反复为之。一收一推为一度，初练六度，后增至三十六度为止。

此式初用实马步起落，至功深，则用悬踵马步起落，乃是内练腰肾，外达四肢，作前后扩张的功夫，与大鹏拂云的式子，恰是一横一直。当两手内收时，宜注意由足腿腰腹为主动，以牵动两手内缩抓回至脐间。当两手推出时，宜注意其劲起于足底或足趾，由两腿而上会尾闾，沿脊骨达于肩臂，直透十指之甲稍，是为至要。

第五势　凤凰展翅

此式属水，于时为冬，内应肾脏，具善水之性，有波涌之形，左右转扭，练亦如之。

承上，推出后，身仍下蹲成低马步，再两手收回成拳，仰靠脐下一寸五分之丹田，同时缓缓吸气。

次即身势缓缓左旋，渐成左弓右箭步，左拳随之成掌，向左上侧方扭伸，至掌心遥与目对，右拳亦因之成掌，向右后下方翻抵，至掌心向后上方。注意转动时，心胸开展，肩沉肘坠而为之，同时缓缓呼气。

再转身成低马步，两手缓缓渐握成拳收至丹田，吸气。

又身势缓缓右转，成右弓左箭步，右拳渐渐变掌，向右上侧方扭伸，左拳亦同时渐变掌，向左后下方翻抵，与左旋势相反行之，同时呼气。

总四动为一度，初学六度，后增至三十六度为止。

此式初用实弓步扭翻，至功深，则以悬踵弓箭步扭翻，左旋右转，如扭绳转索，旋转身躯，使气血无处不贯，又如凤凰展翅飞腾，左右徘徊，较前此四式的锻炼上下横直，是又更深一层的做法。

此动功有按时行功法。例春季木旺，每练喜鹊登枝加倍；夏季火旺，黑熊托天加倍；四季之末土旺，大鹏拂云加倍；秋季金旺，白虎推山加倍；冬季水旺，凤凰展翅加倍。

又如脏腑有病，练法亦异。如心有病，托天加倍，登枝加半；肺有病，推山加倍，拂云加半；脾胃有病，拂云加倍，托天加半；肝有病，登枝加倍，展翅加半；肾有病，展翅加倍，推山加半。

又如病为有余，当扶所不胜以制之。如肺有余，当倍托天以制之；心有余，当倍展翅以制之；脾胃有余，当倍登枝以制之；肝有余，当倍推山以制之；肾有余，当倍托天以济之（肾不宜制）。

此五行功法，最简最易，至深至密，较之易筋、八段等功，迥然不同。若能于清静处所，绝缘少事，专诚修习，妙用无穷。

蜀东舆公山人《真传易筋经》

——呼吸吐纳法

《真传易筋经》有静功，有动功，是内壮，也是外壮。原传功人是涪陵黄克刚，字楚湘，别号炳南先生，黄舆公山人为其远世祖。在中国道家中有渊博学识并著《道书十七种》的济一子，曾以其功法由重庆善成堂木刊《古本易筋经》问世，并为之题词曰："舆公秘传易筋经，仙佛妙谛道难名。择人而授光圣德，世守勿替衣钵存。"黄师本人及其弟子过去曾经多次在重庆表演铁棒击头、汽车压腹等技术。1937 ~1938 年间，黄师应复旦大学之聘，本人得以从之问学，并辑著《易筋经真传导引三十二式》，由学校油印一百本，可惜在"文革"期间，已荡然无存。为了给病家和有志锻炼体魄者作参考，并不负古哲传功苦心，今特先将其呼吸吐纳法公布出来。

本功法特点，是呼吸与吐纳并行。黄师说："呼吸与吐纳，一般人多混为一谈，实际上，呼吸是呼吸，吐纳是吐纳，呼吸是用鼻，吐纳则是用口，二者俱属静功范畴。"其呼吸法由浅入深，有九转层次；吐纳法是取体外清气或日精月华，中有秘密。为了容易明白，此后分预备、调身、调心、调息、还虚五个部分，一一分别加以阐述。

一　预备

预备是练内功的先决条件。预备事项中，第一是地点选择，一定要是空气清新、寂静无哗的所在，室内室外都可以。第二是时间安排，每天最少要早晚二次，能增加中午一次更好。早上最好是五点钟左右起床，盥洗漱口之后，即开始行功。晚上以入睡之前十点钟左右为宜。中午即在午餐之后一点钟左右。凡过饱过饥、身体过分疲劳，以及心神意志不平静的时候，都不能勉强行功。

二　调身

佛法密宗修大手印有名言："身调则脉调，脉调则气调，气调则心调。"身形调整，直接影响气脉，故修习内功（也就是气功），第一步就必须从调身着眼，一切方有所依据。

凡是健康人为了加强体魄、增长灵慧而锻炼，当从立式入手，再进入坐式，一般不用卧式。凡是多病体弱，不能任受立式坐式，为了却除疾病、填补虚损而练功，则当由卧式下手，练到坐式，再由坐式练到立式，但以后长时行功，则仍以坐式为主。

此后分三节说明。

（一） 立式

本功立式有三：一立鼎式，二平肩式，三安炉式。

立鼎式是两足并立，两手轻松握拳，以一拳拳心向内，置于肚脐之上，另一拳拳心向后，以拳背压于腰下尾闾之部，两肩松开下沉，头微上顶，颏微内收，脊柱伸直，两腰当中之脊骨向后凸而臀尾向前收（即所谓塌腰敛臀），全身肌肉筋骨俱有微微向内收敛之意，两唇自然闭合，舌尖轻抵上龈齿之间，两目先向前平视一刻，再目神内敛，眼帘半垂，使神光凝注于脐后腰前而微下之处，其处在左右前后之正中，不偏不倚，两耳亦随之向内收敛而听于斯处。此青壮年健康无病，专为增强体质而练逆式内壮功必用之姿势。若是中年以下或年虽轻而体不壮者，则以用平肩式行功为好。

平肩式是立与本人两肩等宽或比两肩之距稍小之平行桩法（注意两足不能超过两肩之宽，过宽则气散漫不收），两膝微微下屈，两手结太极图印覆于脐腹之上。其他要领，与立鼎式相同，惟全身肌肉筋骨不向内敛而应完全松开，听其自然，此为以气神锻炼为主者之桩步。

安炉式是用骑马桩，身向下蹲，以两手腕背或虎口抵于两软腰间，大腿与地成平行。仍要顶头、沉肩、竖脊、敛臀，舌抵上龈齿间、目内视、耳内听等与前相同。此为青壮年想在武功方面深造的基本功夫之一，专以养生为主的无须采取此式。

（二） 坐式

坐式是练习内功的主要姿势，不拘什么门派都没有异议。坐的姿势一般有四。

一是全跏趺，就是以一足内屈置于另一足之胯根上，足心上仰朝天，再以另一足内屈置于先盘之足的胯根上，足心亦上仰朝天，然后再以两手手心上仰相叠，靠近小腹，置于两足之上，一般是左手在上，功深可以右手在上。此种坐法，应臀微后突，臀尾之下应以软物微微垫高，或采用后高前低微带坡形之特别禅床或禅凳。坐式之其他要领，如头、腭、肩、脊，收视返听，合口抵舌等，与立式相同。

二是半跏趺，即以一足内屈置于另一足之胯根下，使足跟靠近睾丸会阴，另一足亦即内屈置于先盘之足股上，其他要领与全跏趺完全相同。

三是自然坐，也叫仙人坐，一般叫下盘式。即以一足内屈置于对应之足股下，另一足亦内屈置于先屈之足股下，两小腿成交叉状，两足外缘着垫，两膝空起，此式臀部应垫得比跏趺坐更高一点，其他要领和前面一样，惟手之方式不同。此有二法：一以两手手心向内，以右手食中无小四指在外松握左手之食中无小四指，右大指尖掐左无名指之子纹，左大指则掐左无名指内中节之中部，覆于小腹之上；另一法是两手各以大拇指掐子纹，以其余四指包握大拇指外（是名握固），两拳心向下，覆于两膝之上。

四是平坐式，也叫天王坐。即如平常坐凳一样，但凳之高低，应以两足踏平，两胯与地面成平行为准，两膝相距约与肩宽相等，两手掌心向下舒松抚按于两膝之上，其余要领与前相同。

究竟采用什么坐式为好？当以学者的能力和习惯为转移，总要坐起舒服，不妨碍心神入静为标的。一般都说跏趺最好，但是假定你筋骨僵硬或者下肢生成短曲，不特全跏做不到，即使勉强做到，也反会使你发生痛苦感觉，哪里能平心入静呢?!

（三）卧式

卧式，一般都是用向右侧曲而卧，右足伸而左足屈，都要自然，右手曲置头下，使右耳落于虎口之间，或右手松放靠近头部之枕上亦可。左手微曲置左腰，手心自然扣脐为则。此式为有名的吉祥卧，也叫狮子王卧，也有叫蟠龙卧的。

此外还有仰卧、俯卧的练功法，不过除非治疗某些特殊疾病、锻炼某种特殊功夫或者虚衰过度的人，一般都不采用卧式。

三　调心

调心，即是心神意志的调整。人类是最具灵感的动物，心神意志无时或静，古人比之心猿意马，就是说明心意是最不容易控制的。调心的方法很多，随着练功的目的和功种的差别而不同。

我们的练功方法是在姿势摆好之后，首先，不思过去种种，不想未来一切，把心收到现前的境域里来；其次，又从现前的外境向内收到自己的身躯上来，体察它是否已经完全放松自然，如有未放松、不自然处，立刻纠正它；最后，这体察松与自然的意念也要丢开，使心神意志如明镜无尘，能反映万物而不去分别万物，又如暗室明灯，光照四壁，也是自然而然。

如上调身与调心相结合，身稳不动，心住自然，一直住下去，就是专修静功的秘密之门。

四　调息

息心修静，本是内功的上乘，然而这种外忘宇宙，内遗形骸，如寒潭止水，一念不生的境界，每每不能长时维持。因形体外表虽然不动，而内里的呼吸往来却牵引着心意狂奔乱驰，为了即病为药，系马有椿，同时也可使身体健康的进程加深加快，则调息的研究是不可不特别留意的。

所谓调息，就是调整体外大气（大气即是体外虚空的自然之气，因其中含有多种元素粒子，故名大气）与体内真气巧妙结合的办法。其具体做法如下。

（一）　除浊

调身息念之后，先以鼻引清气入体令满，即默念"哼"字（不可出声），以口吐上焦之浊气；吐毕即又以鼻引息入体使满，即以口默念"哈"字，以吐中焦之浊气；吐毕又再鼻吸清气使满，随以口默念"嗨"字，以吐下焦之浊气。如是连做三次，共吐九口浊气，此为早上第一次行功必用之法，余时则仅以鼻吸口吐一至三口浊气即可，不必念字。

（二）　呼吸

除浊之后，将心与气合，感觉体外清新之气的吸入，直趋下丹田，同时舌微向上抵于齿龈之间，吸毕即呼，觉气由下而上，直趋两鼻而出，同时舌微下落向前抵于上齿际。呼毕即吸，吸毕即呼，气之往来，宜深匀细长，但要任其自然，切忌故意造作。一吸一呼为一息，应息息暗数计清，初学一般四十九息，逐渐增加至一百零八息，三百六十五息为极限。是为初步呼吸法的第一转服气功夫。应耐心久修，打好基础，不要急于求进，而水到自有渠成之一日。

如呼吸服气已上轨道之后，经历若干时日，可能出现身不能安、心不能静、息不能调的现象（此现象不一定每人都有），则是学人脏腑受到锻炼而起气脉急剧变化的过渡阶段，是为二转换气。不要惊疑，照前坚持行功，则又可归于正轨而功更深，是为三转调气。由调气而发现多入少出，吸长呼短，则是四转凝气。凝气功夫日深，仿佛气无出入，是已达到五转闭气功力。斯后发生气脉流动，或循任脉督脉，或循带脉侧脉，或循十四经、十五络全身所有各经脉，是属六转导气。功久丹田生暖，是七转火气。顶降甘露，是八转水气。动极终归于静，脉住气停，则已达到九转伏气。呼吸至此，成就胎息，已可谓登峰造极矣。

（三）　吐纳

在服气呼吸当中，遇有津液满口，即以口念"坡"字吐气，吐毕随即撮口发"虎"音纳气，使新鲜大气储满口腔，闭口，使与津液融合，此"坡"、"虎"两音，俱须出声。再头微上仰，咽津入喉，以意送下丹田，微停，即以鼻呼气，此一呼气，须短而劲，由两鼻喷射而出，如枪弹出口，强弩离弦。随又继续呼吸，以俟口津储满，再行吐纳，至做完一次行功应作之呼吸度数为止。

此吐纳做法，必在空气清新之处方可行。如能兼采日精月华，则更为理想。

呼吸以肺肾为主，锻炼五脏，调补先天；吐纳以胃肠为主，洗涤六腑，推陈出新。二者作用不同，宜知之。

五　还虚

此为善后解座之法。呼吸吐纳之后，即将心神凝照丹田，不再管呼吸的长短大小，任其自然出入，三五分钟。再遍身完全松开，心神照注全身，存想全身空松通透，安住白云絮中，与之打成一片，一呼一吸，无处不相通透，恍如身体与外界俱不存在，只是一片疏松空透的云霞，如此五至十五分钟。有遗精病的，更当酌量多修，则全身精气之聚于丹田者自然散于四体，可免走漏滑泄的危险，这是善后功法的一个大秘密。

随以两手掌互相搓擦，至觉火热，两掌心向内相叠，绕丹田顺逆揉擦各七十二次；更两掌搓热，揉擦两腰，同时目视顶门，不计其数；再搓热浴面、印目；摇动腰腹，扭摆两肩，旋运颈项，舒放手足，任意活动，散步片刻而终。

本编功法，是《易筋经》呼吸吐纳的具体详细做法，也是不分老幼强弱皆可修习的稳妥无弊法门。至于功法的理论依据，权变手段，以及导引精华的"五行动功"、外壮、内壮等，本人另有《气功保健的研究和实践》① 与《气功七论》，当参彼品，此未俱及。

张义尚　整理

1985 年元月 14 日夜

于忠县中医院

---

① 《气功保健的研究和实践》，见本书姊妹篇《丹道薪传》。——编者

附录：古本易筋经[*]

傅金铨序

顺施则凡，逆施则道，亘古及今，万仙万佛不能外此而别有造化。顺逆者，阴阳也。阴阳交而万物生，阴阳隔而天地否。《易》曰：一阴一阳之谓道。此理之在天下，荐绅先生或有能言之者，概自释迦把断要津，金钵盂遂沉海底。释部谈空，真机罕露。彼人只知权顿渐三法，不知精气神三宝；人皆知三教一源，又孰知三教一法乎？祖祖相传，同是这个，惟此圣神功用，运之于内则成道，运之于外则成力；运之以求嗣则中的，运之于御女则无敌。祖师慈悲，但愿举世尽成仙佛，读者其知所轻重矣。吾闻有道之士，神威慑人，揭地掀天，排山倒海，叱逐风雷，斡旋造化，

---

* 坊间《易筋经》版本众多，此处所附录之《古本易筋经》非单纯傅金铨刊印之《古本易筋经》，系校勘多种《易筋经》版本而成，故与傅金铨本《古本易筋经》不完全相同。——编者

意之所至无不披靡，力云乎哉小矣。是书无刻本，传写甚讹，兹得黄舆山人秘本，用校鲁鱼，付梓公世。

大清道光三年岁次癸未花朝日，济一道人傅金铨题于合阳丹室

易筋经序

后魏孝明帝太和年间，达摩祖师自梁适魏，面壁于少林寺，一日谓其徒众曰：盍各言所知，将以占尔乃诣，众因各陈其进修。师曰：某得吾皮，某得吾肉，某得吾骨，某得吾毛肤。惟于慧可曰：尔得吾髓云云。后人漫解之，以为入道之浅深耳。盖不知其实有所指，非谩语也。迨九年功毕，示化葬熊耳山，却乃遗只履而去。去后面壁处，碑砌坏于风雨，少林僧修葺之，得一铁函，无封锁，有际会，百计不能开，一僧曰：此必胶之固也，宜以火启之，乃熔蜡满注四著，得所藏经二帙：一曰《洗髓经》，一曰《易筋经》。《洗髓经》者，谓人之生感于爱欲，一落有形，悉皆滓秽，欲修佛谛，动障真如，五脏六腑、四肢百骸，必先一一洗涤净尽，纯见清虚，方可进修入佛智地，不由此经，进修无基，无有是处。读至此然后知向者，所谓得髓者，非譬喻也。《易筋经》者，谓骨髓之外，皮肉之内，莫非筋膜联络周身，通行血气。凡属后天，皆其提挈，假借修真，非所襄赞，立见颓靡，视做泛常，曷臻极至，舍是不为，进修不力，无有是处。读至此，然后知所谓皮肉骨者，非譬喻，亦非谩语也。《洗髓经》帙归于慧可，附之衣钵，共作秘传，后世罕见。惟《易筋经》留镇少林，以永师德。第其经字，皆天竺文，少林诸僧不能遍译，间有译之则十之二三。复无至人，口传密秘，遂各逞

己意演而习之，竟趋旁径，落于技艺，遂失作佛真正法门。至今少林僧众，仅以角艺擅长，是得此经之一斑也。众中一僧，具超绝识，念惟达摩祖师既留圣经，宁惟小技，今不能译，当有解者，乃怀经远访，遍历川岳。一日抵蜀，登峨眉山，得晤西竺圣僧般剌密谛，言及此经，并陈来意。圣僧曰：佛祖心传，基先于此，然而经文不译，佛语渊奥也；经义可译，通凡达圣也。乃一一指陈，详译其义，且止僧住于山，提挈进修。百日而凝固，再百日而充足，再百日而畅达，得所谓金刚坚固地，驯此入佛智慧地，洵为有基助也。僧志坚精，不落世务，乃随圣僧化行海岳，不知所之。徐鸿客遇之海外，得其秘谛，既授于虬髯客，虬髯客复授于予。尝试之，辄奇验，始信语真不虚。惜乎未得《洗髓》之秘，不能观游佛境。又惜立志不坚，不能如僧有不落世务，乃仅借六花小技，以勋伐终，中怀愧歉也。而此经妙义，世所未闻，仅序其由，俾知颠末，企望学者，务期作佛，勿效区区，作人间事业也。若各能作佛，乃不负达摩祖师留经至意。若曰勇足以名世，则古之以力闻者多矣，奚足录哉。

唐贞观二年春三月三日李靖药师甫序

《易筋经内外神勇》序

予武人也，目不识一字，好弄长枪大剑，盘马弯弓以为乐。值中原沦丧，二帝北狩，泥马渡河，江南多事。予因应我少保岳元帅之募，署为裨将，屡上战功，遂为大将。忆昔年奉少保将令出征，后旋师还鄂，归途忽见一游僧，状貌奇古，类阿罗汉相，手持一函入营，嘱予致少保，叩其故。僧曰：将军知少保有神力乎？予曰：不知也，但见我少保能挽百石强弓耳。僧曰：少保神力天赋之欤？予曰：然。僧曰：非也，余授之耳。少保少尝从学于余，神力成功，余嘱其相随入道，不之信去，而作人间勋业，事名虽成，志难竟，天也，运也，命也，奈若何？今将及矣，致此函或能返省获免。予闻言不胜惊异，叩姓氏，不答，叩所之曰：西访达师。予惧其神威，不敢挽留，竟飘然去。少保得函，读未竟，泣数行下，曰：吾师神僧也，不吾待吾其休矣。因从襟袋中出一册付予，嘱曰：好掌此册，择人而授，勿使进道法门，斩焉中绝，负神僧也。不数月，果为奸相所构。予心伤少保冤愤莫伸，视功勋若尘土，固无复人间之想矣。念少保之嘱，不忍负恨。武人无巨眼，不知斯世谁具作佛之志堪传此册者。择人既难，妄传无益。今将此册藏于嵩山石壁之中，听有道缘者自得之，以衍进道之法门，庶免予妄传之咎，可酬对少保于天上矣。

宋绍兴十二年鄂镇大元帅少保岳麾下

弘毅将军汤阴牛皋鹤九甫序

海岱游人叙记

余少时为诗书误矣，及暮年好与方外人友，暇辄游行海岱之间。一日至长白山，偕友人挈盒提壶，步于海滨，席草而坐，忽一西羌人，自西而东，经此暂憩。予见其修雅可观，乃止之饮。问所之，曰：胶崂访师之师也。又问何能，曰：神勇。问何神勇，曰：并指可贯牛腹，侧掌可断牛项，拿拳可擘虎胸，不信请试吾腹。乃以木石铁椎，令壮汉击之，若罔知焉。又以长绳系睾丸，缀以牛车之轮，曳轮而走，若驰也。又系其两足跟，令五六壮者曳之，屹立不移。众愕然曰：有是哉！天赋之欤？抑人功欤？曰：人也，非天也。叩其用，曰：却病一，永不生病二，终身壮健三，饥寒不怕四，多男灵秀五，房战百胜六，泥水采珠七，御侮不惴八，功成不退九，此其小用者也。基之成佛了道，乃其至也。问其所传，曰：吾师僧，僧师神，递有传授。因出书一册，阅之，乃知神勇之由筋可易，而积力由于积气也。酒已，羌人欲去，挽之不可。曰：观尔神形异于众，愿以此赠，迢缘会耳。吾访神僧，期游佛境，不暇长留也。遂别去，留此书。书为李药师序，药师岂妄语哉？经云：基之成佛，此则西竺古先生之超越，实非中原人之所可藐视也。噫！安得起卫公武穆于九泉，与之共访神僧于天外哉！

海岱游人题

易筋总论

般刺密谛译曰：佛祖大意，谓登正果者，其初基有二：一曰清虚，一曰脱换。能清虚则无障，能脱换则无碍。无障无碍，始可入定出定矣。知乎此，则进道有基矣。所云清虚者，洗髓是也；脱换者，易筋是也。其洗髓之说，谓人之生感于情欲，一落有形之身，而脏腑肢骸，悉为滓秽所染，必先洗涤净尽，无一毫瑕疵之障，方可步超凡入圣之门，不由此则进道无基。所言洗髓者，欲清其内；易筋者，欲坚其外。果能内清虚而外坚固，登圣域在反掌之间耳，何患无成。且云：易筋者，谓人身之筋骨，由胎禀而受之，有筋弛者、筋挛者、筋靡者、筋弱者、筋缩者、筋壮者、筋舒者、筋劲者、筋和者，种种不一，悉由胎享。如筋弛则病，筋挛则瘦，筋靡则痿，筋弱则懈，筋缩则亡，筋壮则强，筋舒则长，筋劲则刚，筋和则康。若其人内无清虚而有障，外无坚固而有碍，岂许入道哉？故入道莫先于易筋，以坚其体，壮内以助其外，否则道亦难期。其所言易筋者，易之为言大矣哉。易者，乃阴阳之道也。易，即变化之易也。易之变化，虽存乎阴阳，而阴阳之变化，实有存乎人。弄壶中之日月，搏掌上之阴阳，故二竖系之在人，无不可易。所以为虚为实者易之，为寒为暑者易之，为刚为柔者易之，为静为动者易之。高下者易其升降，先后者易其缓急，顺逆者易其往来。危者易之安，乱者易之治。祸者易之福，亡者易之存。气数者，可以易之挽回；天地者，可以易之反复，何莫非易之功也。至若人身之筋骨，岂不可以易之哉？然筋人身之经络也，骨节之外，肌肉之内，四肢百骸，无处非筋，无处非络，联络周身，通行血脉，而为精神之外辅。如人肩之能负，手之能摄，足之能履，通身之活泼灵动者，皆筋使之然者也，岂可容其弛挛靡弱哉？而病瘦痿懈者，又宁许其入道乎？佛祖以挽间斡旋之法，俾筋挛者易之以舒，筋弱者易之以强，筋弛者易之以和，筋缩者易之以长，筋靡者易之以壮。即绵弱之身，可以立成铁石，何莫非易之功也，身之利也，圣之基也。我命在我，此其一端耳。故阴阳为人握也，而阴阳不得自为阴阳，人各成其人也。而人勿为阴阳所罹，以血肉之躯而易为金石之体，内无障，外无碍，始可入得定去，出得定来。此着功夫，亦非细故也。而功有渐次，法有内外，气有运用，行有起止。至若药物器制，节候岁年，饮食起居，始终各有征验。其入斯门者，务宜先办信心，次立虔心，奋勇坚往精进，如法行持而不懈，无不立跻于圣域者矣。

膜　论

夫人之一身，内而五脏六腑，外而四肢百骸；内而精气与神，外而筋骨与肉，共成其一身者也。如脏腑之外，筋骨主之；筋骨之外，肌肉主之；肌肉之内，血脉主之。周身上下，动摇活泼者，此又主之于气也。是故修炼之功，全在培养气血者为大要也。即如天之生物，莫不随阴阳之所至，而百物生焉。况于人生乎！又况于修炼乎！且夫精气神，无形之物也；筋骨肉，有形之身也。法必先炼有形者为无形之佐，培无形者为有形之辅，是一而二、二而一者也。若专培无形，而弃有形，则不可。专练有形，而弃无形，则更不可。所以有形之身，必得无形之气，相倚而不相违，乃成不坏之体。设相违而不相倚，则有形者，亦化而无形矣。是故易筋必须炼膜，炼膜必须炼气。然而炼筋易而炼膜难，炼膜难而炼气更难也。先从极难极乱处立定脚跟后，向不动不摇处，认斯真法，培其元气，守其中气，保其正气，护其肾气，养其肝气，调其肺气，理其脾气，升其清气，降其浊气，避其邪恶不正之气。勿伤于气，勿逆于气，勿忧思悲怒以颓其气。使气清而平，平而和，和而畅达，能行于筋，串于膜，以至通身灵动，无处不行，无处不到。气至则膜起，气行则膜张，能起能张，则膜与筋齐坚齐固矣。若炼筋不炼膜，而筋无所生；炼膜不炼筋，而膜无所依。炼筋炼膜而不炼气，则筋膜泥而不起；炼气而不炼筋膜，则气痿而不能宣达流串于经络，气不能流串，则筋不能坚固，此所谓参互其用，错综其道也。俟炼至筋起之后，必宜倍加功力，务使周身之膜，皆能腾起，与筋齐坚，始为了当，否则筋坚无助。譬如植木无土培养，岂曰全功也哉！

此篇言易筋以炼膜为先，炼膜以炼气为主，然此膜人多不识，不可为脂膜之膜，乃筋膜之膜也。脂膜，腔中物也；筋膜，骨外物也。筋则联络肢骸，膜则包贴骸骨。筋与膜较，膜软于筋；肉与膜较，膜劲于肉。膜居肉之内、骨之外，乃包骨衬肉之物也，其状若此。行此功者，必使气串于膜间，护其骨，壮其筋，合为一体，乃曰全功。

内壮论

内与外对，壮与衰对。壮与衰较，壮可久也；内与外较，外勿略也。内壮言坚，外壮言勇。坚而能勇，是真勇也；勇而能坚，是真坚也。坚坚勇勇，勇勇坚坚，乃成万劫不化之身，方是金刚之体矣。凡炼内壮，其则有三：一曰守其中道。守中者，专于积气也。积气者，专于眼、耳、鼻、舌、身、意也。其下手之要，妙于用揉，其法详后。凡揉之时，宜解襟仰卧，手掌着处，其一掌下胸腹之间，即名曰中。惟此中，乃存气之地，须固守之。守之之法，在乎含其眼光，凝其耳韵，匀其鼻息，缄其口气，逸其身劳，锁其意驰，四肢不动，一念冥心，先存想其中道，后绝其诸妄念，渐至如一不动，是名曰守，斯为合式。盖揉在于是，而守在于是，则一身之精气与神，俱注于是，久久积之，自成其庾方一片矣。设如杂念纷纭，驰想世务，神气随之而不凝，则虚其揉矣，何益之有？二曰勿他驰想，人身之中，精神气血，不能自主，悉听于意，意行则行，意止则止。守中之时，意随掌下，是为合式。若或驰意于各肢，其所凝积精气与神，随即走散于各肢，即成外壮，而非内壮矣。揉而不积，又虚其揉矣，有何益哉？三曰持其充周，凡揉与守，所以积气，气既积矣，精神血脉，悉皆附之，守之不驰，揉之且久，气惟中蕴而不旁溢，气积而力自积，气充而力自周。此气即孟子所谓：至大至刚，塞乎天地之间者，是吾浩然之气也。设未及充周，驰意外走，散于四肢，不惟外壮不全，而内壮亦属不坚，则两无是处矣。

人之初生，本来原善，若为情欲杂念分去，则本来面目，一切抹倒，又为眼、耳、鼻、舌、身、意分损，灵台蔽其慧性，以致不能悟道。所以达摩祖师，面壁少林九载者，是不纵耳目之欲也。耳目不为欲纵，猿马自被其锁缚矣。故达摩得斯真法，始能只履西归，而登正果也。此篇乃达摩佛祖，心印先基，真法在守中一句，其用在含其眼光七句。若能如法行之，则虽愚必明，虽柔必强，极乐世界，可立而登矣。

揉　法

夫揉之为用，意在磨砺其筋骨也。磨砺者，即揉之谓也。其法有三段，每段百日。一曰揉有节候，如春月起功，初行之时，恐有春寒，难以裸体，只可解襟；次行于二月中旬，取天气渐和，方能现身用功，渐暖乃为通便，任意可行也。二曰揉有定式，人之一身，右气左血。凡揉之法，宜从身右推向于左，是取推气入于血分，令其通和。又取胃居于右，揉令胃宽，能多纳气。又取揉者，右掌有力，用而不劳。三曰揉宜轻浅，凡揉之法，虽曰人功，宜法天地，天地生物，渐次不骤，气至自生，候至物成。揉当法之，但取推荡，徐徐来往，勿重勿深，久久自得，是为合式。设令太重，必伤皮肤，恐生癥痱；深则伤于肌骨筋膜，恐生热肿，不可不慎。

采精华法

太阳之精，太阴之华，二气交融，化生万物。古人善采咽者，久久皆仙。其法秘密，世人莫知，即有知者，苦无坚志，且无恒心，是为虚负居诸，而成之者少也。凡行内炼者，自初功始，至于成功，以至终身，勿论闲忙，不可间断。若采咽之功，苟无间断，则仙道不难于成。其所以采咽者，盖取阴阳精华，益我神智，俾凝滞渐消，清灵日长，万病灭生，良有大益。其法日取于朔，谓于月初之交，其气方新，堪取日精；月取于望，谓金水盈满，其气正旺，堪取月华。设朔望日遇有阴雨，或值不暇，则取初二初三、十六十七，犹可凝神补取。若过此六日，则日昃月亏，虚而不足取也。朔取日精，宜寅卯初出时，高处默对，调匀鼻息，细吸光华，令满一口，闭息凝神，细细咽下，以意送之，至于中宫，是为一咽。如此七咽，静守片时，然后起行，任从酬应，毫无妨碍。望取月华，亦准前法，于戌亥时，采吞七咽。此乃天地自然之利，惟有恒心者，乃能享用之，亦惟有信心，乃能取用之。此为法中之一部大功，切勿忽误也。

服药法

炼壮之功，外资于揉，内资于药。行功之际，先服药一丸，约药入胃将化之时，即行揉功；揉与药力，两相迎凑，乃为得法，过犹不及，皆无益也。行功三日，服药一次，照此为常。

内壮丸药方

野蒺藜（炒，去刺）、白茯苓（去皮）、白芍药（火煨，酒炒）、熟地黄（酒制）、炙甘草（蜜炙）、朱砂（水飞），以上各十两。人参、白术（土炒）、全当归（酒制）、川芎，以上各二两。

以上共六十八两，共为细末，炼蜜为丸，重二钱，每服一丸，汤酒送下。

一云：多品合丸，其力不专，另立三方，只取一品任用可也。

一方：野蒺藜，炒，去刺，研为末，炼蜜为丸，每服一钱或二钱。

二方：朱砂，水飞过，每服三分，蜜水调下。

三方：白茯苓，去皮为末，蜜丸，或蜜水调下，或作块浸蜜中，久浸愈佳，每服一钱。

汤洗药水方

行功之时，频宜汤洗。盖取其咸能软坚，功力易入筋骨。凉能散火，不致聚热。一日一洗，或二日一洗，以此为常，功成则止。其法用地骨皮、食盐各等量，入水煎沸，乘热汤洗，则血气融和，皮肤舒畅矣。

初月行功法

初揉之时，拣择少年童子，更迭揉之，一取力小，揉推不重，一取其少年血气壮盛。未揉之先，服药一丸，约药将化时，即行揉法，揉与药力，一齐运行，乃得其妙。揉时，当解襟仰卧，心下脐上，适当其中，按以一掌；自右向左揉之，徐徐往来，宜均匀，勿轻而离皮，勿重而着骨，勿乱动游击，斯为合式。当揉之时，冥心内观，着意守中，勿忘勿助，意不外驰，则精神气皆附注一掌之下，是为如法火候。若守中纯熟，揉推匀净，正揉之际，竟能睡熟，更为得法，胜于醒守也。如此行持，约略一时，时不能定，则以大香二炷为则。早午晚，共行三次，日以为常。如少年火盛，只宜早晚二次，恐其太骤，致生他虞。行功即毕，静睡片时，清醒而起，应酬无碍。

二月行功法

初功一月，气已凝聚，胃觉宽大，其腹两旁，筋皆腾起，各宽寸余，用气擎之，硬如木石，是其验也。两筋之间，自心至脐，软而有陷，此则是膜，较胜于筋，掌揉不到，不能腾起也。此时应于前所揉一掌之旁，各揉开一掌，仍如前法，徐徐揉之。其中软处，须用木杵，深深捣之，久则膜皆腾起，浮至于皮，与筋齐坚，全无软陷，始为全功。此揉捣之功，亦准二香，日行三次，以为常则，可无火盛之虞矣。

武功薪传

三月行功法

功满两月，其间陷处，至此略起，乃用木槌轻轻打之。两旁所揉，各宽一掌处，都用木槌如法捣之。又于其旁，至两肋梢，各开一掌，如法揉之，准以二香为则，日行三次。

四月行功法

功满三月，其中三掌，皆用槌打，其外二掌，先捣后打，日行三次，俱准二香，功逾百日，则气满筋坚，膜亦腾起，是为有验。

行功轻重法

初行功时，以轻为主，必须童子，其力平也。一月之后，其气渐盛，须有力者，渐渐加重，乃为合宜，切勿太重，以致动火，切勿游移，或致伤皮。慎之慎之。

用功浅深法

初功用揉，取其浅也；渐次加力，是因气坚，稍为增重，仍是浅也；次功用捣，方取其深；再次用打，打外虽尚属浅，而震入于内则属深。俾内外皆坚，方为有得。

两肋分内外功夫

功逾百日，气已盈满。譬之洄水，平岸浮堤，稍有决导，则奔放他之，无藏不到，无复在洄矣。当此之时，切勿用意引入四肢，所揉之处，切勿轻用槌打杵捣，略有引导，则入四肢，即成外勇，不复来归，行于骨内，不成内壮矣。其入内之法，以小石盛于袋中，为一石袋，自从心口至两肋梢，骨肉之间，密密捣之，兼用揉法，更用打法；如是久久，则所积盈满之气，循之入骨，有路则不外溢，始成内壮矣。内外两歧，于此分界，极当辨审。倘其中稍有夹杂，若轻用引弓拿拳棒扑等势，则气趋行于外，永不能复入内矣。慎之慎之！

木杵木槌式

木杵、木槌，皆用坚木为之，降真香为最佳，文楠、紫檀次之，花梨、白檀、铁梨又次。杵长六寸，中径五分，头圆尾尖，即为合式。槌长一尺，围圆四寸，把细顶粗，其粗之中处略高少许，取其高处着肉，而两头尚有间空，是为合式。

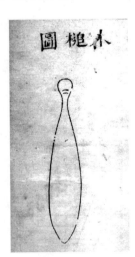

石袋式

木杵木槌，用于肉处，其骨缝之间，悉宜石袋打之。取石子要圆净，全无棱角，大如葡萄，小如榴子，生于水中者，乃堪入选。山中者燥，燥则火易动。土中者郁，郁则气不畅，皆不选也。若棱角尖坚硬，恐伤筋骨，虽产诸水，亦不可选。袋用细布缝作圆筒，如木杵形样，其大者长约八寸，其次六寸，再次五寸。大者石用一斤，其次千二两，小者半斤，分置袋中，以指握之，挨次扑打。久久行之，骨缝之间，膜皆坚壮也。

五六七八月行功法

功逾百日，心下两旁至胁两肋之梢，已用石袋打而且揉，此处乃骨肉之交，内壮、外壮于此分界。不于此处导引向外，则其积气向骨中行矣。气循打处，逐路而行，宜自心口打至于颈，又自肋梢打至于肩，周而复始，切不可逆打。日行三次，共准六香，勿得间断。如此百日，则气满前怀，任脉充盈，功将半矣。

九十十一十二月行功法

功至二百日，前怀气满，任脉充盈，则宜运入脊后，以充督脉。从前之气，已至肩颈，今则自肩至颈，照前打法，兼用揉法。上循玉枕，中至夹脊，下至尾闾，处处打之，周而复始，不可倒行。脊旁软处，以掌揉之，或用槌杵，随便捣打。日准六香，共行三次，或上或下，或左或右，揉打周遍。如此百日，气满脊后，能无百病，督脉充盈。凡打一次，用手遍搓，令其匀润。

配合阴阳法

天地，一大阴阳也。阴阳相交，而后万物生。人身，一小阴阳也。阴阳相交，而后百病无。阴阳互用，气血交融，自然无病。无病则壮，其理分明。然行此功，亦借阴阳交互之义，是亦外助盗天地万物之元机也。凡行此功，始自却病。凡人之身中，其阳衰者，多患痿弱虚惫等症，宜用童女或少妇，依法揉之。盖以女子外阴而内阳，借取其阳以助我之衰，自然之理也。若阳盛阴衰者，多患火症，宜用童男子或少男揉之。盖以男子外阳而内阴，借取其阴以制我之阳盛，亦是玄机。至于无病之人，行此功者，则从其便。若用童男、童女相间揉之，令其阴阳各畅，行之更妙。

下部行功法

积气至三百余日前后，任督二脉悉皆充满，乃行此下部功夫，令其通贯。盖任督二脉，在母胎时原自相通，出胎以后，饮食出入，隔其前后通行之道。督脉自上龈循顶行脊间，下至尾闾；任脉自承浆循胸行腹，下至会阴，两不相贯。今行此下部之功，则气至可以通接而交旋矣。行此功夫，其法在两处，其目有十一段。二两处者，一在睾丸，一在玉茎。在睾丸者，曰攒、曰挣、曰搓、曰拍；在玉茎者，曰咽、曰摔、曰握、曰搓、曰洗、曰束、曰养。以上十一字，除咽、洗、束、养之外，余七字用手行功，皆自轻至重，自松至紧，自勉至安，周而复始，不计遍数。日以六香，

武功薪传

分行三次，百日成功，则其气充满，超越万物矣。凡攒、挣、搓、拍、摔、握六字，皆手行之，渐轻至重。若咽字者，初行功之时，先吸清气一口，以意咽下，默送至胸，再吸气一口送至脐间，又咽一口送至下部行功处，然后乃行攒、挣等功。握字功，皆用努气至顶乃为得力，日以为常。洗者，以药水逐日烫洗二次。一取通和血气，一取苍老皮肤。束字者，功毕洗毕，用软帛作绳束其茎根，松紧适宜，取其常伸不屈之义。养者，功成物壮，鏖战胜人是其本分，犹恐其嫩或致他虞，先用旧鼎时或养之。养者，谓安闲温养，切勿驰骤，务令惯战，然后能无失也。此功行满百日，久久益佳，弱者强，柔者刚，缩者长，病者康，居然烈丈夫矣。虽木石铁槌，吾何惴哉！以此鏖战，世间应更无勍将也。以之采取，即得玄珠。以之延嗣，则百斯男。吾不知天地间，更有何药孰大于是。

行功禁忌

自上部初功起，至此凡三百余日，勿多近内，盖此功以积气为主，而精神随之。初功百日，全宜禁忌。百日功毕，乃可近内一次，以疏通其流滞，多或二次，切不可三也。向后皆同。此意至行下部功时，五十日疏放一次，以去其旧，令生其新。以后慎加保守，此精乃作壮之本，慎勿浪用，秘之秘之！此后功成气坚，收放在我，顺施则人，逆运则仙，固非凡宝所可论价值也。

下部洗药方

行此下部功，常宜药水日日烫洗，不可间断。盖取药力通和气血，苍老皮肤。又且解热退火，不致他变也。

法用：蛇床子、地骨皮、甘草，各量，煎汤，先温后热，缓缓汤之，日洗二三次，以为常则。

用　战

精气与神，炼至坚固之期，用立根基，希仙作佛，能勇猛精进也。设人缘未了，用之临敌，当对垒时，其切要处在于意有所寄，气不外驰，则精自不狂，守而不走。设欲延嗣，则按时审候，应机而射，一发中的，无不孕者。设欲鏖战，则闭气存神，按队行兵，自能无敌。若于下炼之时，加吞咽吹吸等，相兼行熟，则为泥水采补，最上神锋也。

内壮神勇

壮有内外，前虽言分两段，尚未究竟，此再明之，自行胁肋打揉之功，气入骨分，至令任督二脉，一气充满，前后交接矣。尚未见力，何以言勇？盖以气未到手也。法用石袋，照前打之。先从右肩，以次打下，至于右手中指之背。又从肩前打至大指、食指之背。又从肩后打至无名指之背。又从肩里打至掌内大指、食指之梢。又从肩外，打至掌内大指、小指之梢。打毕，用手处处搓揉，令其匀和，日限六香，分行三次，时常烫洗，以疏气血。功满百日，其气始透，乃行于左手，仍准前法，功亦百日。至此，则骨中生出神力，久久加功，其臂、腕、指、掌迥异寻常，以意努之，硬如铁石，并其指可贯牛腹，侧其掌可断牛头，努拳可碎虎脑，然此皆小用之末技也。

练手余功

行功之后，余力炼手，其法常以热水频频汤洗。初温次热，最后大热，自掌至腕，皆令周遍，汤毕，不用拭干，即乘热摆撒其掌，以至自干。摆撒之际，以意努气，至于指尖，是生力之法。又以黑绿二豆，拌置斗中，以手插豆，不计其数。一取汤洗，和其气血；一取二豆，能去火毒；一取磨砺，坚其皮肤。如此功久，则从前所积之气，行至于手，而力充矣。其皮肤筋膜，两坚着骨，不软不硬，如不用之时，与常人无异，用时注意一努，坚如铁石，以之御物，莫能当此。盖此力自骨中生出，与世俗所谓外壮，迥不相同。内外之分，看筋可辨。内壮者，其筋调畅，其皮细腻，而其力极重；若外壮者，其皮粗老，其掌与腕，处处之筋，尽皆盘结，状如蚯蚓，浮露皮外，而其力虽多，终无基本。此内外之辨也。

外壮神力八段锦

内壮既得，骨力坚凝，然后可以引达于外。盖以其内有根基，由中达外，方为有本之学。炼外之功，概有八法：曰提、曰举、曰推、曰拉、曰揪、曰按、曰抓、曰拧。依此八法，努力行之，各行一遍，周而复始，不计其数。亦准六香，日行三次，久久成功，力充周身。用时照法取力，无不响应，骇人听闻。古所谓手托城闸，力能举鼎，俱非异事。其八法若逐字单行，以次相习，欲为精专，任从其便。

神勇余功

内外两全，方称神勇。其功既成，以后常宜演炼，勿轻故逸。一择圆木诸树，大而且茂者，是得木土相旺之气，与众殊也。有暇之时，即至树下，任意行功，或提或举，或推拉揪按抓拧，诸般作势，任意为之。盖取得其生气以生我力，而又取暇以成功也。一择山野挺立光润大石，秀润完好殊众者，时就其旁，亦行提按八法，时常演之。益木石得天地之钟英，我能取之，良有大用。稽古大舜，与木石居，在得天地之神气也。

《易筋经》后跋

紫凝道人曰：予读《易筋经义》，因悟世之缁黄两家，学道者多若牛毛，而成道者稀如麟角，非道之难得，实因缺此一段功夫，内无基本耳。既无承受之基，又无勇往之力，或作或辍，或中道而返，或既得而失，或优柔不断，皆职此故也。如禅定则有入魔之患，宗门有迷而不悟之虞，金丹有得而复失之虞，清净有几成而败之虞，泥水则有迸鼎之虞，导引则有倦废之虞，服食则有燥渴之虑，是皆无此功夫，非受道之器也。若得而行之，引而伸之，大则可以立功业，小则可以保身家；农则可以易耨深耕，商则可以任重致远；病者可安，弱者可强；无子可以广嗣，垂老可以返童；易人而成佛，移凡以为仙。小炼小成，大炼大成。是《易筋经》一书，诚天地间之至宝，无有复加于此者也。在信而好者，以求至乎其极，斯不负历代祖师传留援引之意云耳。

胡孚琛按：《古本易筋经》附于此者，盖因真正精研武学者须融会贯通，相互比对，方能心领神会，得其精要。尚师既传出黄克刚之《真传易筋经》，不知此《古本易筋经》，不便入奥也。《古本易筋经》有唐李靖、宋牛皋之序，此经之来源，吾所撰《丹道法诀十二讲》之第十一讲第三章"丹道筑基功"中第二节"填髓法和抗寒功"有专门考据，此不赘述。

第六编
气功七论

前　言

　　《气功七论》把本人六十年来对于研习气功的一些经验、体会和看法，扼要地叙述出来。由于个人的水平有限，只能算是一家之言，但自信不是人云亦云、拾他人牙慧当自己家珍者之可比。

　　气功这个学问，深者见深，浅者见浅。若从浅处说，任便学得一种功法，只要弄得清楚，并精勤不懈地锻炼，都可以收到却病延年、强健身心的相当效益；若就深处说，则属对于人体内部秘奥的开发及其与外界相影响的认识。而人类的眼睛，从来只是向外的，所谓"不能自见其面"，更不要说整个躯壳内外的种种结构、变化及影响。所以说，尽管近年来有了一些文章，出了一些刊物，也只不过如植物之刚刚破土见苗，可说根本还没有达到古人的水平。

　　中国毕竟不愧为东方古国，对于气功方面的资料，保存在医书、《道藏》和佛经里的确也不少。宗教里面的记载，虽然不尽可信，但有些资料如天台止观，尤其丹经中的《参同契》、《悟真篇》，确实内有宝藏伏藏，值得我们加以挖掘、研究、实验、总结。尽管说科学是不断创新，要是旧有的秘密都还不能识透，又哪里能够无中生有地翻新呢？

高深气功的钻探，虽然对于揭露人身秘密有诱惑力，但须要有一定的条件，一定的人力物力，绝不是一般人可能问津的。从目前研究气功的大方向说，我认为应当是在治疗一些医药疗效不好甚至无效的某些慢性顽固疾病的应用，还有能够简而易行，增强人民体质，比一般体育更好的功法的普及。因为有了健康的身体，才能有充沛的精力，有了充沛的精力，才能够吃苦耐劳，增加工作效率，延长工作寿命，这是关系到一个民族体质的健康与国家四化建设的具体措施。

凡是一门学问，像气功这样可以实践检验的东西，一方面要弄清它的详细做法，另一方面也一定要知道它为什么这样做，也就是有关它的整个理论问题。如果说区区七论有不同于一般气功资料的话，它的作者最低限度是向这个方面努了力的。不过这个目的，限于自己学验不足，远远没有达到，但我诚恳地希望起到抛砖引玉的目的。

张义尚　识

1984 年 1 月 31 日

于忠县汝溪区卫生院

第一论　什么是气功

——气功释名及其定义的初探

气功这一名词，自从刘贵珍大夫在唐山为人治病提出"气功疗法"以后，即为广大社会群众所注意并沿用，形成了一个普通的概念。但究竟什么是气功呢？

绝大多数人一提到气功，就会与睡卧钉床、指掌碎石、金枪刺喉、腹托千斤等硬气功联系起来，或者与治疗某一些慢性疾病的功法联系起来。当然，这也是对的。但是气功的作用和价值，是不是就止于如此呢？要知在过去的气功界里，根本还是把这一类气功看作旁门小术，不屑去留意深究呢！所以要知气功的真正作用、价值和内涵，有必要做如下的研究。

什么是气功？气功作为一门科学，它研究的对象和范围是什么？换句话说，也就是要得出气功比较明确的定义来。

要知什么是气功，首先必须明确"气"是什么，"气"是一种流动的细小物质。古人讲《易经》，说"主宰者理，流行者气"。

"理"是指认识事物的规范或准则，"气"则是指小的、目不能见的但在宇宙间流行不息而能为一切物质的基本东西。举凡宇宙间一切动物、植物和矿物以至有形无形，皆是一气之所变化，故有"三才一气，万物一源"的说法。

具体讲到人身的气，当首推《内经》。《内经》分气为四种，一是元气或真气，乃禀于父母、源于先天，为人体生命活动的原动力。这是最主要的。二是水谷精微所化之清而内行脉中者，曰营气。三是水谷精微所化之浊而悍猛循行脉外者，曰卫气。此二、三种虽是后天，但元气的滋养和补充全赖于它。当然，饮食精微的所以能化生营卫二气，也全赖元气的激发鼓荡，乃相互为用的。四是宗气，则是由肺吸入的清气与脾胃运化而来的水谷之气相结合而聚积于胸中，用以运行呼吸，促进血液循环者。

尤要知《内经》言气，乃与精、神与血为不可分割之物，血归入肾，则化为精，积精可以全神，全神可以养气，故曰"血气者人之神"、"神者水谷之精气也"等等。

综上可知人体之一切活动，莫非气化作用，扩而论之，与体外之整个自然界亦皆息息相通，互为影响。什么是气？于此可识其梗概。

"气"义既知，气功当明。气功即内功，乃是以人体生理现象的元气、宗气、营卫气、精、血与神，并连同体外虚空之大自然清气在内的客观物质为依据而建立的锻炼身体的特殊方法。换句话说，就是用一定的姿势，配合大脑的宁静为基础，依之而练习合法的呼吸，以运用掌握身体内外两种微细气体，以使身体健康逾恒的法门。以其能增加人身的壮实，延长寿命，故可名为"气功保健法"；因其又有治疗疾病的功能，故其专用于治疗的部分功法，则为"气功疗法"。严格说来，与其叫气功，不如叫内功，还比较切合一些。因为气功是形、气、神三者统一的功法，而精神方面的因素和作用，较气尤为重要，所以高明的《太极拳谱》说"用力则笨，用气则滞"，而强调"用意"。

一说气功，人们以为就是呼吸吐纳，诚然不错。但所谓呼吸吐纳，皆只是身体上一定器官的协同动作，气出为呼与吐，气入为吸与纳，呼吸吐纳不能无气，而气乃是其中的内容，可以离开呼吸吐纳而独存。若只含混地谈呼吸吐纳而不能如上了解气的种种内涵，是不够的。气的本身是极微细多变的，古人名为真气、元气、先天一气等，显然与后天大自然的粗气有区别。若仅知玩弄粗气，则只能算是一种深呼吸法，虽也对身体健康有一定好处，但距真正上乘的气功，还遥远得很。

但此气虽细，终是物质。物质原有固体、液体和气体三种形态，故气为具体的物质的表现，没有疑义。练气功的人，以身体的各种内脏器官尤其丹田经络为工具，犹如锅炉、管道、反应堆一样，并以神经为主宰，呼吸为火候运用，将体内体外气体的内在潜伏力完完全全发挥出来，用以调整和补益机体的各种组织，在道理上说得过去，在效果上也是历经证实了的。

此上是气功的释名。至于气功研究的对象，简单地说，就是研究人体生命活动与气的关系的。其中如何能达到却病延年？当然是主要问题之一。但是练了气功，是不是一定会长寿？那还不能肯定。只能说练气功是能使人长寿的条件之一。并且若不注意调摄，以为有了气功，可以胡作非为，随便把身体的本钱——精神、气血浪费掉，也许还会是短命的因素。所以古人不肯轻易传授。

因为人体的健康程度，是根据一个人的内脏强弱来决定，所以古人为了表示它与锻炼外体的功夫相区别，又称它为"内功"。从中医学术角度看，内功、外功，都是为以医疗尤其是保健为主的养生（古称摄生）服务的。所以气功实际是养生学方面的一个重要组成部分。

讲到气功研究的范围，首先要弄清它的功种及其分类。

一　广义的气功和狭义的气功

我们知道，气功总是离不开以身形为基础，气息（呼吸）为运用，神经为主宰的统一体。也就是说，形不离气，气不离神。譬如各种体操，虽然偏重在外形的运动，然形动即有气动吗?! 又如精神意志的状况，无有不影响到气的变化，中医《内经》所谓"怒则气上，喜则气缓，悲则气消，恐则气下"。孟子也说："夫志，气之帅也；气，体之充也，志一则动气。"从这样看来，所有一切有形的动功及无形的静功，都可说是气功。——这是广义的说法。一般所指的气功，则是以内练五脏六腑，气血精神为主的内练功夫。明显与练形躯动作为主的一般体育相区别。——这是狭义的也是比较通俗的概念。

二　动的气功、静的气功与动静兼具的气功

通俗的气功，从外形上分，不外乎动功、静功与动静兼具气功三类。动功即是导引，如五禽图、通俗易筋经、罗汉功、童子功等。此外还有所谓自动功，也是其类。静功即外形不动而专练神气的功夫。静功，或立、或卧、或坐，也有一定的身形姿势，尤以坐练的为多，故又有"坐功"之称。

什么叫动静兼具功呢？此中又分二。

1. 有阶段性。如《真传易筋经》，初功立鼎安炉是静功，次用导引、推揉、拍打是动功，三练伏气九转，渐渐由动入静，最后洗髓还虚，则是纯粹的静功以至动静无分了。又如南宫派的功夫，初从自动外功入手，打通全身气脉的壅滞及不协调处，最后方入静功。这都是有阶段性的功夫。

2. 无阶段性。如廿四段锦，内中有静有动。又如重庆王礼庭所遗留下来的《五禽功》，本是《真传易筋经》的导引、推揉以至拍打阶段的衍化，他很巧妙地把吐纳入静配合起来锻炼。又如李师雅轩嫡传杨派太极拳，特别强调稳静，此是以炼神为主（神即精神心意），得其要妙，则呼吸抽添，自合法度，升降阖辟，秩然有序。这都是形气神不分阶段混合锻炼，而尤偏重在神意调整的功夫。

假如有人问：动功与静功，究竟谁为高深？我说古人已经明白讲了：炼精（包括炼形）化气，炼气化神，炼神还虚（还虚就是无动无静，亦动亦静的境界），炼虚合道。佛法禅宗讲明心

见性，实际上就是从神上着手。心调则气调，气调则脉调（脉即指整个形体的所有机能构造而言），所以是最高的气功修炼法。不过我这里要提醒大家一句，古人说"法无高下，当机为高"。这就是说我们应当根据自身的客观条件、认识程度、掌握状况来选择决定，总之要以自身练起来感到最适合、最舒服为准则。若不根据客观法则，一味好高骛远，欲速则不达，欲高反不契，肯定是要出纰漏的。这就要看传功人的理论实践水平了。

三　内壮气功、外壮气功与不内不外壮气功

这是从气息对于人体的作用来分的。什么是内壮气功呢？就是在练功的时候，全身气血与筋骨肌肉俱向内收缩，务使炼气入骨。这种功夫，比较少见，《真传易筋经》就是这样的。功成之后，外表瘦削如柴，仿佛不任风飘者，然精神内充，寒暑不侵，数日不食不饥，一食数升不饱，无病无恼，神力惊人，并且别有一种温文静雅的姿态。外壮气功，与内壮相反，练气时，全身气血与筋骨肌肉，均向外膨，务使气充肤表。功成之后，能睡卧钉床，刀剑不伤，然外表多显臃肿粗犷，使人一见而知为练功者。此为硬气功，过去走江湖卖艺为生者，多是此种。以上两种功夫，都特别注重身体外形的锻炼，成功比较快速，但一般都要青壮年学习，大概超过三十五岁以后，就不易收效，且有很多禁忌和流弊。故有"儿童练气功，一直向上冲；成年练气功，老是不见功"的说法。至于不内不外壮，则是直接以气

神为主，不管外体的收缩或外膨，这种功夫弊病较少，对于年龄也没有限制，所以适应范围很广，不过收效的时间要比较长一些。

四　刚气功、中和气功和柔气功

上面所说的内壮、外壮，都是修刚气的。刚气功的修法，都是采取深长吸气，并且更加闭气久住的。这种练气方法，在中国医学的《内经》及道家的《抱朴子》就提出了。但非有师传面授，流弊甚多，不易修习。惟佛法密宗及印度瑜伽教中，特别强调此法，但他们对体质年龄都限制得很严格，不是一般人可以问津的。中和气功，是用比较自然的呼吸，气的出入或停住，俱不使过度。目前流行的内养功、强壮功等都属此类。此功有点与不内不外壮相似，但不内不外，是就气之及于身形而言，而此则专就气的本身说的。至于柔气功，则是极端自然，也可以说是以炼神为主的一种修气法。目前流行的"真气运行法"，有点近似。所谓"心静则气调，不调之调为上"。这是中国的道家，尤其北派、西派特别强调的方法。这种功夫，与刚气恰恰相反，故北派斥修刚气者，有"岂在闭门学行气，正如头上又安头"的说法。

五　医疗气功、保健气功、武术与
特异功能的气功

医疗气功，是以治病为主的气功，如《道藏》、医书都讲到的六字气，佛法天台宗的十二息，都是比较著名的。保健气功，是以增进身体健康为主；武术的气功，则是以增加技击功效为主。如易筋经、八段锦、五禽图、罗汉功等，既是保健功，也可是武术的辅助功。至于纯粹的武术气功，如太极拳、八卦掌、形意拳等内家拳法，是将气功含藏在武术动作之中的，所以又称天然气功。特异功能的气功，则是以能获得超人能力为主的功法，如视不以目，听不以耳，能知别人心中秘密，以至身体可以轻浮飞空、履水不沉等。这是就修习的功夫效应而分的。但这里要注意，三者不是截然有别的，医疗的气功可以保健，保健的气功也能治病以至出现特异功能。

不过一般地说，特异功能的气功有二。

一、是指气功修习达到高深的境界而言，不一定是功法本身有什么区别。如本欲治病，结果病好了，身体转弱为强；初意不过为求身体健康，然竟因之练出超人神力、超人智慧、超人技巧，都是大有可能的。但这个不算真正的特异功能气功。

二、真正的特异功能气功，是指特殊不共的功法，如佛法的二灌、三灌修法，道家南派的人体化学"真正金丹功夫"，《入药镜》所谓"是性命，非神气"的功夫等。

总上五种气功分类法，约略可以把所有的气功方法，囊括殆尽。从这里也就可以看出，气功范围至为广泛，而其主要的目的，是以研究人体生命活动的内在的和外在的种种功能、关系及其变化规律的秘奥的——这也就是气功的定义了。

人类今天的科学进步，对宏观的宇宙与微观的粒子认识，都有惊人的发展，然对于自己生命的认识，则可说只是正在萌芽阶段，还远远达不到理想。所以是气功这门科学，值得我们努力钻研。并且这个科学在东方的中国特别丰富多彩，不过前些时候被套上封建迷信、活命哲学等"头衔"，致使有识之士，不得不噤若寒蝉，而且有好些祖宗遗留下来的珍奇瑰宝，至今已经是不绝如缕，甚至根本绝灭了。

1984 年 1 月 2 日深夜

第二论　从历史典籍看气功的起源、发展和派别

按：本论在 1981 年冬，曾在中华医学会四川分会上对一部分人讲过，1982 年 4 月，以《关于气功流派的报告》为题，作为内部资料印发过，这里是根据该讲稿重新整理的。在《道藏》、佛经里，和气功有关的典籍还很多，我这里所举的是最重要的，其他次要的东西没有列入。

一　气功的起源

气功的起源，应上溯到有文字记载以前的很远的时期，原始人类为求生存，不断与自然界的灾害疾病作斗争，就渐渐认识到体内、体外的气的重要性，但由于没有文字记载，我们不能臆断。气功最早的文献是《内经》，近来发现的《玉佩铭》也是同一个时期的产物。其次是《老子》、《庄子》、《孟子》，也都讲到了气功。尤其《内经》，假托黄帝岐伯问答，是中国传统医学的理论基础经

典著作，而中国道家素称黄老之学，于此证明医与道有很深的瓜葛，所谓医道同源，不是没有依据的。

二　气功的发展和派别

气功随着历史的发展而发展，为了叙述方便，大体分为医疗的、武术的和宗教的三大流派。

（一）　医疗的气功

医疗的气功，以治疗疾病为主，亦有养生保健作用。在有文字记载以来，最早的气功文献，前已说过首推《内经》。《内经》分《素问》、《灵枢》两部分。《灵枢》中记载的经络穴位，都是很早的气功家在练习气功当中所发现的气血流行的活的生理变化运转写照；《素问》中之《上古天真论》、《四气调神大论》、《生气通天论》、《金匮真言论》、《阴阳应象大论》等篇，把气功的理论、规律，甚至最高准则，都讲到了，所以上阳子（陈致虚）在注解《参同契》中说："《内经》'形不足者温之以气，精不足者补之以味'，只此二语，道尽金丹。"《后汉书·华佗传》载佗创五禽戏，传其弟子吴普，既能却病，又可延年。但其具体做法，没有明文，后世以五禽名功者，不可胜数，当然不可能是原传，但至少也是医疗气功之例。降至隋代巢元方的《诸病源候论》、唐代孙思邈的《千金要方》、日本人的《医心方》，又后如《寿世保元》、《医方集解》、《沈氏尊生》等书，都有比较详细的报道。此外还有"外功八段锦"（又叫武八段）、"内功八段锦"（又叫文八段，或廿四段锦），都是民间辗转相传的医疗气功。

此上皆就医疗养生方面最通俗重要的而说，其他也还有一些次要的东西，但一鳞半爪，无关大体，这里也就不讲了。

（二）武术的气功

武术的气功，自来是师师相传，又兼中国人过去重文轻武，所以很少文字记载。《汉书·艺文志》虽有剑道、手搏等篇的记载，早已失传，其中是否涉及气功，不得而知。要说最早的典籍，恐怕只有假托达摩的《古本易筋经》和《洗髓经》，但这已是宋以后的产物，到清代才刊行。

中国武术，自来分外家、内家。外家属少林派，如大小洪拳、潭腿、八极、通臂、螳螂拳、猴拳、翻子、字门、罗门等。他们完全以技击为主，为了增加体力和技击效用，才进一步练习气功，所以他们的气功，是与拳术分开练的。其中最主要的，除易筋经外，有罗汉功、童子功、开合功等。内家属武当派，太极拳是正宗，但形意拳、八卦掌，一般也称内家，这是因为他们在习技击的同时，已经非常重视神气的调炼，也就是所谓自然气功。故内家、外家之别，不特技击巧妙不同，其着重点也根本不同。内家是以技养身，身体健康了，技术也就成就了。外家多是以技击为主，若不加练气功，技击虽然成就了，身体无形中也就受了损伤。但这也不是绝对的。

武术方面的气功典籍，过去虽然很少，但确确实实学武术的高明人，没有不懂气功的，不过其所传习的气功，内容千差万别，不能一概而论，其中好的东西多，但不高明的也不少。

（三）宗教的气功

宗教赋予气功迷信色彩，但同时也保存发扬了气功。目前气功的资料，百分之八十以上可以在宗教典籍里找到根据。就是医疗、武术的气功，也大多数与宗教有联系。

宗教的派别很多，最著名的是耶教、回教，其次是佛教、道教、印度瑜伽教。耶教、回教与气功无关，与气功最有关系的是佛教、道教和印度教。印度瑜伽教的气功，与佛教密宗的气脉修法大同小异。也可以说是其精华部分，是已被佛法密宗吸收而且发扬了的。不过他们都是修刚气的。于疗病保健，有不小距离，惟佛法小乘禅定及大乘天台宗的小止观、六妙门等，则很可供气功修习者参考。又佛教是以修心为主，但揆诸"心气不二"，心修而气自治的道理，也可以说佛教的修心，是最高的修气方法，不过一般的人，不易正确掌握，这里不想多谈。

道教源出黄老，其最大的特色，是讲究长生，以搞好身体为唯一目的。所以它对于气功的锻炼方法，不管古代、中世与后世，没有不孜孜汲汲追求的。

道教主要的典籍，最早的是老子《道德经》，庄子《南华经》，至于整个《道藏》，分三洞、四辅、十二类，号称五千余卷，或粗收杂取、滥竽充数，不足以为修习之资。即诸部中许多有关气功方面的著作，虽然也可以供给我们很多参考资料，然大多支离寡要，或迂阔难行。

道教派别甚多，内容亦极繁杂，我们为了方便研究，可分别归纳为三派。

1. 科醮符录派

这一派说神说鬼，禳灾祈福，过去如江西龙虎山、大小茅山以及与国内所有有名的道观，都是以此为主，其中也有隐秘传授的南宫派，借符咒神奇，巧妙摄心以炼气，但总不算炼气的正途。

2. 炼养服食派

炼，就是炼气导引，养就是养性，也就是涵养神经；其理论根据，除前已讲到的《内经》、《老》、《庄》而外，《胎息经》是一个代表作品，司马承祯的《坐忘论》也很重要。讲炼养的人，往往兼讲服食。服食，就是增加、改善营养，最早的服食对象，是各种灵芝、仙草，如三百年以上的何首乌、野山参等，用以补益脏腑，但此法只能适用于古代原始森林尚多保存之世，后来山野日辟，此法已无用武之地，晋代葛洪《抱朴子》一书，对此是讲得多的。后代的服食方法，则是采取转制造作的途径，其中皆各有密传口授，能够增加、发挥药物或食品的功能，如《寿世保元》载"吕洞宾补屋修墙诀"，以人参煮米喂鸡而服其卵，既是此例。

3. 丹鼎返还派

这是专门讲七返九还金鼎火符的炼丹之术的。其丹有内外之分，内丹是人体化学，外丹是冶金化学，皆有实物实事，条件作法，其方技本身，丝毫没有神秘唯心的地方，并且恰恰相反，处处表现出与自然界作斗争的姿态，如云："盗天地，夺造化，攒五行，会八卦。"又云："一粒金丹吞入腹，始知我命不由天。"又云："脑后有光犹是幻，云生足下未为仙"，等等。这是道教当中最高深隐秘的一派，动辄讲间世一传，所以过去就是专门信仰研究道教的人，百分之九十七八，一直到他们临终的当儿，也还不知道这派究竟是什么一回事。有关这个派别的主要著作，除上面讲到的《抱朴子》而外，就是汉代魏伯阳所作的《周易参同契》。所谓"魏伯阳作参同契，留为万古丹经王"，其次是《入药镜》，吕祖诗词的一部分（内有赝品，应除外），还有《石函记》、《铜符铁券》，则是讲炼天元外丹的。但研究此派最主要的，还是靠明师口诀，若不得明师亲传口诀，目击实践，纵然看尽一切丹书，也未有不是惝恍迷离，不知所以，所以有"饶君智慧过颜闵，不遇真师莫强猜"的说法。

　　总上三派，大概可以囊括唐代以前的道教。到了宋代，南派挺兴，张紫阳于成都天回镇遇异人传授丹法，后住浙江天台山，著《悟真篇》，是为南派初祖。张传石杏林，著《还源篇》；石传薛道光，著《复命篇》；薛传陈泥丸，著《翠虚篇》；陈传白玉蟾，著《紫琼集》，共是五代，是为南五祖。南派是丹鼎派的嫡传，但是已偏重在内丹方面，很少讲到外丹。再后来，到金元之际，北派崛起，重阳王真人于终南证道之后，著有《全真集》、《教化集》、《十化集》、《十五论》等书。后传其道于马丹阳，有《洞玄金玉集》、《渐悟集》、《神光灿》及语录；邱处机有《蟠溪集》；王处一有《云光集》；谭处端有《水云集》；郝大通有《太古集》；刘长生有《仙乐集》；孙不二有《女丹诗》等。是谓北七真。此派特重性功（对于神经的安调），显系受了佛教学说的影响。元之陈虚白著《规中指南》，也是比较重要的著作。

到了明代，孙汝忠以贞著《金丹真传》，为南派人元丹法指出层次火候，乃是一部有划时代意义的著作，可惜后人不得真传，都看它不懂。又由于传承不同，互不信任，连陆潜虚对孙著犹有微言。北派嫡传弟子伍冲虚（龙门正传，自称八派分符领节弟子）著《天仙正理直论》、《丹道九篇》、《仙佛合宗语录》，将过去所有养生导引方法系统整理，去粕存华，成为一种最精深细致的气功做法，用作初学入门的阶梯功夫，于后世影响最大；还有柳华阳著《慧命经》、《金仙证论》，与《正理》是一个路数而内容更详。柳原是佛氏，后修道术，由佛转道，与薛道光一样，也是古今少有的。伍柳学说，本是柔气功的修习方法，为了引人入胜，亦牵合炼丹之说，后世从广义的炼丹说法，称它为清静丹法。但从此气功与丹法混淆起来，后学浅尝的人，大多数人主出奴，根本不知道气功与丹法的区别了。

又明代陆潜虚创东派，著《方壶外史》丛书，内容八种，除自著《金丹就正篇》、《玄肤论》，余为《参同契》、《悟真篇》、《入药镜》、《心印经》、龙眉子《金液还丹印证诗》、《青天歌》等要籍的注疏，是南北二派的折中学说而偏重在人元丹法的。此外陈继儒著《养生肤语》，篇幅虽不太多，然精简扼要，颇有参考价值，乃养生资料中不可多得之品。

到了清代嘉庆年间，四川嘉定李涵虚创西派，著有《道祖真传辑要》（一名《道学十三经》），汇刊《张三丰全集》，自著《后天串述》、《九层炼心》、《文终经》，别传《三车秘旨》、《道窍谈》，也是南北折中学说而偏重于气功的修习。其《三丰全集》中之《玄要篇》，记载了张三丰的重要著作，是研究真正内丹功夫不可缺少的参考资料。

典籍文物之丰盛，总是后后胜于前前，故清代关于道家的书籍，也渐渐增多起来。成都二仙庵木刊《道藏辑要》，可惜内容拉杂不纯。坊刻《性命圭旨》，盛谈三教合参，影响甚大，但斯书的缺点很多，过去已经有人指出十大错误①。道光年间，浙江金盖山闵小艮一得，本是龙门嫡传十一代，然其学博大精深，奄有众长，在道家当中，可说是晋代抱朴子以后一人，并且是确有证德的人。他将道家不传之秘籍二十四种辑印，题名为《古书隐楼藏书》（民国年间，丁福保氏曾选印其部分，易名《道藏续编》），后来所有的会、社道门，无一不是窃取其中之说以转相授受。他如会稽陶素耜著《道言五种》（《参同契脉望》、《悟真篇约注》、《玄肤论》、《金丹大要》、《承志录》），巴县济一子著《道书十七种》、《悟真篇四注》，也都倾向于人元丹法。还有栖霞刘悟元著《道书十二种》，休宁汪东亭辑《道统大成》、著《三教一贯》，则又偏重于清静丹法。这些都是比较重要的人物和典籍。此外支派甚多，但其练功范围，总不出南北东西四派功法之外。

进入民国，商务印书馆曾印《道藏》全部，上海翼化堂丹道刻经会，曾历刊陈撄宁先生《黄庭经讲义》、《大道歌白话注》、《孙不二女丹诗注》、《金火丹诀》，并发行《仙道月刊》、《扬善半

---

① 概指海印子（徐颂尧）《论〈性命圭旨〉十二大错》，1939 年《仙道月刊》7 期——校者注

月刊》。陈为近代能辨别修道既是气功（本身阴阳），与炼丹是完全不同的两回事的人，他自己并且曾经亲自入室实践过，知道炼丹之难，所以他教人，从来绝口不谈丹法。新中国成立以后，陈任中国道教协会会长，我在1957年曾和他通过一次信，由于当时的极"左"路线，他在复信中透露了他处境的困难。进入"文化大革命"不久，他也就去世了。吾友张觉人曾从陈学，张对外丹很感兴趣，著有《中国炼丹术与丹药》，于1981年由四川人民出版社出版，可惜张于同年之11月亦去世，享年90余岁。哲人其萎，后继伊谁？言念及此，不禁黯然。

第三论　气功与特异功能

一　什么是特异功能

所谓特异功能，就是指超过一般人所具有的特殊功夫和能力。这种功能，有由天生禀赋而来，也有经过一定的锻炼所谓修持而有。最常见的特异功能：就体力方面说，如一般人对于外物的作用，是背负一百斤左右，手举五十斤左右，然而有的人则能手托千斤，指掌碎石。就智力方面说，如过目成诵、闻一知十，已非寻常，然犹非特异；如以耳代目（耳朵认字），或眼力能透过墙壁、或其他障碍辨识物体，能知道别人心里的思想秘密活动，能远隔千里万里为人治病等超出一般生理现象的能力，则正是特异功能。考诸典籍，则稗官野史记载较多，于道佛二家经论中，更可常见，但说法不尽一致。道家说有六通，一是天眼通，能见千里万里外的事物；二是天耳通，能听千里万里外的声音语言；三是他心通，能知别人心中秘密；四是宿命通，能知前生多生经历；

五是神境通，如呼风唤雨，透壁穿山，飞空走雾等；六曰漏尽通，是阴精不泄，返老还童。并说前五种容易得，不足为贵，唯得漏尽通者，才能证成阳神，不入轮回。其在佛法，以神通为功德，于天眼、天耳、他心、宿命四通，解释略同，无神境通而有神足通，即能空中行走，一日数千里、数万里之意，但佛法中之随欲转，却与道家之神境通相当。又于漏尽通之解释，是断见闻思惑，属于思想认识的精神心理方面，与道家所指肉体生理方面的境界是两回事。又根据佛家经典说，六通境界不是一个固定的，所谓天眼、天耳等，是指天的境界，若佛氏诸漏俱尽，则其境界比天要高得多。又说成佛的人，可以六根互用，六根即肉体的眼耳鼻舌身意，六者各有功能，即眼能辨色、耳能闻声、鼻分香臭、舌能知味、身能触觉、意能分析思维（称为法）。这是一般人的定例，但到慧光显现后，则眼能代替耳鼻舌身意的辨析声、香、味、触、法作用，耳能代替眼鼻舌身意的作用，其他可以例知。又有外成八法，内成八法，五眼十通等经文。又在其他宗教中，也都各有种种神奇记载，这里也就用不着去详细列举。总之，特异功能，是一个体所能发生的超过一般人的功能，这个功能的极致究竟有多大？如何才能获得？正是古今中外一切人类都要想知道的一个最切身的秘密，我们应当把它摆在科学的园地里来钻研，不能武断地加以否定，也不能任意地夸张附会加以肯定。

二 对特异功能的看法

对于特异功能的看法，明显的有两大壁垒。一个是一般的也是最大多数人的看法。这些人没有亲自实见过特异功能，认为特异功能出乎一般人常识范围，就以为是不合科学的瞎说，是唯心的，而唯心与唯物是对垒的，为了维护唯物论的纯洁性，所以总是用各种通俗大道理，甚至提到政治原则上反驳压迫特异功能的真实性，这是个人认识的局限性与盲目性造成的。局限性的发生，是相信自己的经历而否认别人的经历；盲目性的发生，是相信多数而不相信少数，他不知道目前的科学也是由过去的不科学领域转化出来的。这种人往往没有独立思考能力，人云亦云，思想僵化，只能跟在别人的屁股后面跑。这也是封建思想的特征，中国封建的历史最久，所以这种人也特别多，这是很自然的。另一个壁垒有两种人：一种人是亲自见闻过，但以狃于常识，总是半信半疑，以为魔术之类；另一种人是尊重自己的眼目，也有辩证法头脑，深知宇宙间事事物物到今天，科学不能圆满解决的还多得多，尤其对于人体生命活动的内在和外在种种能力秘奥究竟如何？还是一个谜，故承认事实，留待研究。

我个人的看法是：首先我们要承认事物有一般性，也有特殊性，前面所举特异诸功能，确实不是能够随便就可见到的，但是确实也有人见到的，即如宗教书籍所说诸神异，有些我确实亲历过，因此虽也有我没有亲见的，以彼例此，也就不敢随便轻下断语了。

三　特异功能的产生

有些人天赋（与生俱来）特异功能，这当然是生理机制的特别不同所致，也有些人经过气功锻炼而产生。其能产生特异功能的征结，究竟何在呢？我们归纳所有一切气功锻炼方法，总不外调身、调息与调心。能够产生特异功能，总是在调心功夫有了一定火候阶段。其在佛法显教，分戒、定、慧三学，这正是"慧"的表现。还要知身，"气"与"心"是有连带关系的，所以佛法密宗说："身调则脉调，脉调则气调，气调则心调"，心调则能出生诸种神变功德。道家特别注重调身与调气，不论是静功或丹法，都以转变身形为首要，身躯得到治理，"气"和"心"也就自然随之而有变化。更推广看，世间所有一切技巧，也都是在精神高度集中之下得心应手所致，是神奇，也不神奇。神奇是因一般人做不到，不神奇是功到自然成。我以前反对自动功，因为古代祖师也有反对的，认为不是正途。其实，自动功出于南宫，南宫即是道家玄科的支流，与佛法密宗法异而理通，其锻炼过程，是先动后静，打通全身气脉之后，再作静功。其书符念咒，即是利用神秘观念，排除胡思乱想，达到高度集中精神的目的，佛法密宗的三密相应（身结密印、口念密言、心观密相），也是同一道理。更具体浅显地说，即如太极拳术的技击功能，为什么有的人能达到"一羽不能加，蝇虫不能落，人不知我，我独知人"的所向无敌神化境界，而一般人则不能？这也就是看他对于"用意"一着是否能真正掌握做到恰好为转移。若只知在动作形式上讲究，呼吸开合上追求，"用力则笨，用气则滞"（此太极拳谱名言），是始终不能登上太极拳的顶峰的。在哲学领域里，一说到"意"或"神"、或"心"，往往就与唯心联系起来，但这里所说的"意"，是指大

武功薪传

脑神经的素朴反映，是精神，也是物质，与西方哲学唯心的"心"是风马牛不相及的。注意！注意！

四 如何对待特异功能

特异功能人人具有，是人体生命活动内外秘密的显露，其发生与增强，都有赖于气功的锻炼，把它当作科研项目研究，与生理学、心理学、系统论、控制论、生物钟、场论等，都可联系起来看，是无可非议的。但要知此等功能的发生，不可勉强，水到自然渠成，如年岁增长，自然长出胡须一般。过去不讲实事求是，坚持一偏之见，盲目地否认一切，自是不对；以特异功能为神奇，一味地起贪心追求，徒劳无功犹事小，由此引起气脉逾轨，幻现种种神异，行不由人，迹同疯癫，是谓走入魔途，轻则怪病发作，重则可致丧命，也是错误的。根据古哲语录比较可靠记载：人问："神通法术，乃是锻炼生效的一种表征，古哲为什么禁戒不许？"答："譬如煮水使沸，必须密闭加温，若不时揭开壶盖，则热量随之发泄，虽经很长很长的时间，也不能达到目的；又如母鸡孵卵，必待小鸡自己破壳而出，才能健康成长，若时候不到，变化不全，勉强破壳使出，轻则影响发育，重则不能成活。所以古人对于气功锻炼，严禁显示奇异神通。因其与揭盖、破壳是一样的道理。"又根据新的材料报道，凡是以气功发外气为人治病的人，施术过后，都有身体消耗的明显迹象，我们练气功，主要为了健康长寿，特异功能的显示既然对身体无益有损，所以不应当提倡它，这都是最为主要的论点。

从目前气功研究的大方向说，我觉得最主要的是如下方面。

1. 对中西医药不能治疗或者不能完全治疗而气功对它有办法的顽疴痼疾，应加以探索试验，总结效果。

2. 对身体不太健康，用一般体育又不甚适合的老弱之躯，为了保健预防，应选择适当的气功方法作锻炼。也就是说为了防病保健而作研究，希望达到增强人民体质，提高工作效率，延长工作年龄，使人人都能多为四化建设作贡献，这是具有普遍性的正确的气功研究大方向。至于比较高深的气功方面的研究，只能由国家专门科研单位去搞，没有一定的人力、物力、财力，是根本不可能达到目的的。鄙见如是，质之高明。

第四论　论真传易筋经

　　《真传易筋经》有立鼎、安炉、三十二式导引、九转呼吸，以至洗髓还虚，是涪陵黄克刚师1938年至1940年在北碚复旦大学之所传授。由于当时经济系主任卫挺先生之爱好与支持，我曾将其功法辑著成册，由学校油印了一百多本。但狃于过去保守陋习，又受黄师密嘱守口之戒，有一部分功法未予披露。新中国成立之后，经过不断运动，尤其"文化大革命"，不特手稿散失，连油印本亦无孑遗。鉴于目前以《易筋经》名功而内容均有异同，甚至大相径庭，与当日师传印证，深感"真传"二字，确有与众不同处，故特就记忆所及，胪陈如后，用证高明。

　　道家中著《道书十七种》，有渊博学识和相当证量的济一子傅金铨先生曾出《古本易筋经》由重庆善成堂木刊行世，后来上海千顷堂也用铅印翻印过。黄师所传之功，为其家世传黄舆公山人之遗，济一子为之题词曰："舆公秘传易筋经，仙佛妙谛道难名。择人而授光圣德，进守勿替衣钵存。"

《真传易筋经》之导引共三十二式，每式包含少者七八动，多者二十余动，较传世古本为多。于全身内外上下，四肢百骸、气血精神之锻炼，无不周遍，以其过分繁复，故已不能一一记忆，然由之而归纳精简所成之五行动功法，以简驭繁，更见高明。

　　整个易筋经功法内容，不出外壮神勇与内壮玄功之二途，以及九转呼吸。具体功法，请参看第五论。

第五论 论柔气功的修习法

一 柔气功的意义

柔气功，是与刚气功相对待的。涵虚翁曰："其为气也，至小至柔，以曲养而无害，则聚乎虚空之中。"此功亦名"内凝气功"，则又表示与《易筋经》等以炼外气为主者不同。中国道家，对柔气功最擅胜长。柔气功，也是以腰腹丹田为基，再配合呼吸同神经的运用。但柔气功的呼吸，已不是指鼻孔里有气息出入的呼吸，而是指腹内与鼻孔气息出入相应的一种自然动荡的内气。

柔气功与静坐法很相类似，但实质不同。静坐法是专讲住心的，也就是专门安静神经。其安静神经的方法，或住顶上、或住眉间、或住绛宫、或住丹田、或住身内、或住身外、或住有相、或住无相等，难以枚举。而柔气功的修习法，则是利用身内的天然内息以作安静神经的一种特殊功法。内容简易、圆融、自然，凡老弱过甚或有严重疾病的人，当以此法修习，最为稳妥。有人讲柔气功修习法见效很慢，但根据个人经验，只要信心坚、决心大，能够去除杂念，真真达到虚静的境界，见效还是很快，并且功夫不易退堕，因为随时随地，只要心静息平，就是柔气功的持续，不一定要在座上才是行功，这是本法特别殊胜的地方。

这里还要特别提到，过去流传的很多静功方法，大都专以意守某一窍道为秘诀。本来为了安静神经，方便意守某一窍道，是可以的，但这只是暂时的权宜方法，若把它当作究竟，结果，守上者多得气逆充血，守下者每致梦遗滑精，守中者难免痞满膨胀，这与柔气功的活泼自在，相隔天渊。因为窍，只是身上的一点，不管它怎么重要，牢守了就不免有所偏胜，何况衡以佛法的"三止三观"（属天台宗。三止是系缘止、制心止、体真止；三观是空观、假观、中观），所有一切守窍的办法，不过是"三止"当中最初步的"系缘止"呢！

二　柔气功的实修法

依照一定姿势（双盘、单盘、向下盘或天王座，总以舒适能久坐不疲为好）住定之后，将全身自内至外，完全放松，务使自在舒适，没有一丝一毫执滞，其气能自然下沉于丹田为主旨。心神方面，也要完全松开，务使放下万缘，无著无住，安泰自在为要。

于是以口吐浊气一至三口，但不必念字，也不须十分着意。吐气之后，口勿遽闭，让气由口鼻自然进出三五分钟，然后合口。

两目随之轻轻闭合，或垂帘观看鼻尖（功深后，开目做功也是一样），凝住片时。遂以意微敛目神，由两眉间向头上巅顶直视，上透到至高无上之际，透愈高，视愈广，以至其大无外，与整个宇宙，协和一体，微停。再心神视力徐徐内摄，仿佛包卷整个宇宙一同收缩，合为一气，犹如一道虹光，贯注顶上。移时，然后向前照注天目（即两眉间向上三分处），微停。又至山根（两目间之鼻梁上），复微停。再由之入内而下，直注射至脐后腰前而微下的丹田所在。两耳也跟着倾听在那里。是为回光返照，凝神入气穴。

气与心是有连带关系的，因心思宁静，鼻孔里的呼吸，自然微细若停，而腹内微有动荡的内息，遂亦自然与心合化而归根到气穴深处，这与垢水的不被风摇，自能徐徐静淀而返澄清的境界完全相同。所谓"心静则气平，不调之调为上"。于是神与气合，情与境忘，初时尚觉腹中一息盘旋，宛转悠扬，不出不入。久则腹中动息，兀然自住，内气不出，外气反进，此正胎息成功的初步景象。

此后继续努力行持，腹中自有暖气发生，但须深知此暖气的发生，也不过是气功当中的一种景象，平平常常的，切记不要欢喜执著，则暖气可以愈生愈旺，日积月累，自能冲开尾闾，沿脊贯顶，循前而下，复返丹田，以至周遍四肢百骸，皆是自然而然的功验，一切应以坦然不动的态度应付它，有了不惊喜，没有不着急，总以气静念无，心平息匀为首要，其他皆非所知。

若能如上行持，可以炼液化血、炼血化精、炼精化气、炼气化神，生化无穷，皆自然而然。一切内外气机变化的虚妄境界，也自可泰然相处而无迷误。我只始终保持灵明圆照，神清气和而已。

每座功毕，还虚、解坐等做法，可以参考前论，兹从略。

三　柔气功修习注意

第一，柔气功修习，乃是在虚静的基础上，神安息定，自然相依而合化，不可勉强，否则以心逐息，流弊无穷。

第二，若精神散乱，妄念纷起，甚至烦躁不宁，应当松开意识，若有若无，经过一段时间，自然会趋于平静安稳的境地。

第三，若精神恍惚，昏昏欲睡，当抓紧调整内息，明了其行、住、起、止的相状，自可振作精神，脱离沉陷景象。或者顺其自然，充分大睡一觉再坐。

第四，炼此功夫，最要紧是除定时做功外，每日行、住、坐、卧，必念兹在兹，则收效迅速，且无流弊。

第五，实修本法，只要能虚极静笃，神气相依，则大本已立，以后或升或降，宜放宜收，寒热通塞，勉强自然，一以神会，随机斡旋，勿使偏胜，则自合法度。譬如我们驾驶火车，只要能掌握火车的机车驾驶技术，就自然能遵循轨道飞驰，尽管山回路转，驿站重重，当行就行，欲停即停，届时自知斟酌处理，用不着预先悬拟，画蛇添足。

第六论 气功的理论根据浅测

关于气功方面的许多东西，目前还不可能完全用科学解释。本论的宗旨，不过想帮助了解一点气功的所以能够增强体质并为发掘人体生命活动的种种秘奥的重要途径，对于实践练功，可以增强信心和决心，所以我只采取了中国医学和东方宗教哲学中比较可靠的资料，并结合个人练功当中的一些体会谈谈，因个人水平有限，所述不够深入，所以叫它浅测。

气功的实践，是以精气为材料，神经为主宰，呼吸为运用，丹田为基础的统一活动，此后就根据这个次第来分别论述。

一 论精气材料

气功是内炼精气神的功法。依旧传层次说，是炼精化气，炼气化神。但这是指身体发育已经完全而没有走漏破损的人说，若年事已衰，或体质欠健，则实际上必先调养口腹，炼液化血，炼血化精，方有精可炼。

液是什么东西呢？就是津液，亦即饮食营养的精华。古人又叫它做阴精。故营养与练功，关系最切。此液不经锻炼，不能化血；血炼不得法，也不能充沛入肾而化精。因血为阴质，以凉而生，故当安静气体，虚心实腹，长行栖神入定的功法；而精以暖旺，又当退降两腰，进火培阳，甚至闭气摩肾，感觉火热沸腾为要。

附注：此中讲到"精以暖旺"，有"退降两腰"、"闭气摩肾"之句，按：两腰为肾。脐下丹田之位，古人亦称内肾，故在阴精由绛宫而下，退降两腰，再下达丹田之时，皆宜进火培阳，甚或闭气揉摩为要。

凡肾中之精，名曰元精，因具生殖之能，从欲顺行，则能生人，故曰凡气；因对先天生身之精而言，又曰后天气。此气须再入丹田锻炼，乃化先天，名为元气，方是内气之精英。此炼凡气为元气，即是炼精化气之功。故古哲说："元精与元气，原非二物，举气而精即在。"所谓炼精化气，其实质就是保守此元精元气，清虚安泰，使之冲和混融，不致化为淫欲之精之谓，非炼已化为形之淫精而为气。这一点弄不清楚，盲目乱行，入手便错，一入歧路邪途，终生不能自拔，故宜特别留意。

气分内外，内指饮食精华所化营卫之气及入肾中之精气，外指体外虚空中之大自然气，更有所谓先天一气者，则是指虚极静笃而一阳来复之气，所谓"先天一气，自虚无中来，虚者虚其身，无者无其心"。凡此种种气体，都是非常微细，若非心神宁静达到一定程度，不能体会觉察。所以《内经》上说："恬淡虚无，真气

武功薪传

从之"。就是指身体与精神无营无逐，安泰自在，到达身心两忘的境界，真气自然会归入我的丹田所在。古人所谓"抱神以静"，又曰"致虚极，守静笃"，都是为了要运用掌握此微细气体而说。

气功是内功，其填补虚损，充实五脏，必有材料。材料是精气，精气又赖营养精华变为津液，转化为血，再入肾而成。若不了解此点，一味颠顸，则充其量只能是深呼吸、或体育运动与深呼吸相结合，不能算是高明的气功。古哲所谓："假开关，空打坐，无有麦子推甚磨？"正是专为此辈说法的。

二 论神经作用

古书每每神气并举，如云："气是添年药，心为使气神。"又云："仙道简易，只神气二者而已。"我们形容人也常说"神气活现"，又说"神闲气静"，可知神与气的密切关系。所谓"神"或"心"或"意"，实际就是神经作用。巴甫洛夫说：我们的身体是整个儿的，精神和肉体是合一的，头脚是统一的，内脏液腺和外貌是一致的，不特全身是统一体，牵一发而动全身，并且一个人的身体与四周的环境，也是互相关联的完整的统一体，彼此息息相关。人类大脑皮质下的神经中枢，掌管本能情绪的无条件反射，例如被狗咬而生恐惧；额叶除外的大脑皮质，掌管第一信号系统（即实物刺激）的条件反射，例如看见狗即生恐惧；大脑皮质额叶皮层，掌管第二信号系统（即抽象的语言和文字刺激）的条件反射，如说到狗即恐惧。

过去儒家说"心宽体胖"，又说"心君泰然，百体从令"，这证明他们很了解神经对于身体的影响。中医书上所说的七情致病，皆是指脑神经受刺激而引起的不良征候。并且外感之病易治，内伤之病难疗，这就证明神经之为病，尤甚于风寒暑湿之为病。因为人身内外的各种器官和组织，无在不有神经的分布，并且无在不受神经的指挥，所以要有健康的身体，首先就要有健全的神经。

人类思维等精神活动，完全是物质的大脑的反映。但大脑是实体，思维是运用，大脑好比灯烛，思维就是光照，灯烛油料越充足，光照范围就越广大；反过来说，光照范围过大了，也一定会多耗损灯烛的油料。这二者虽有本末轻重的分别，但精神和肉体既是统一，精神方面的锻炼，也就是肉体方面的锻炼。所以各种派别所有一切养生法，无不注重精神的调节。佛法当中的无量止观法门，正是针对着这点下手的；道家修习功夫中的"炼气化神，炼神还虚"，也皆是神经的锻炼，不过其中有浅深层次分别的不同而已。

三　论合法呼吸

最理想健全的大脑神经，应当像明镜无尘、寒潭止水一样，一面反射灵敏，无物不照，一面虽圆照一切，而照体如如，无增无减，不来不去。但是神经不断反射，根本没有停止的时候，所以古人比作"意马心猿"，最不容易调练驯熟。古哲立下种种收心法门，甚至订出许许多多戒律，总结起来说，不外制心一处。换句话说，就是将复杂的反射，变为单纯的反射，如专门住定在身外的某一种图象或物件，或专守身上的某一定位置或窍道等皆是。

　　　　　　　　　　　　　　　　　　武功薪传

但是强制安心，心愈不安，当我们息心静坐的当儿，纵达到外忘宇宙，内遗形骸，惟尚有呼吸不断，障碍真静；所以最好的方法，莫如即病为药，就是神息相依。亦即全神专注在呼吸动荡之间，不即不离，若存若忘。因为脑是不断反射的，呼吸也是不断出入的，二者相依合炼，一面如系马有桩，可以减少神经的反射，一面以动就动，不比强迫执著，比较容易着手一些。佛法天台宗的《六妙法门》，由数、随、止、观、还、净，一步一步地修习，从粗到细，由浅入深，就是一个最好的例子。

正因为神经安定与呼吸大小有密切关系，所以运用呼吸，除了某一些有特别目的和作用的功夫或过程外，总宜舒间匀细而自然，达到高深境界时，鼻息若停，惟内息尚动，甚至内息亦息，而大脑灵明觉照，如云开日出，澈映九霄一般，方是气功的最高成就。如仅以玩弄粗呼吸为能事，则正如头上按头，愈增不靖，与气功主旨，天地悬隔。

这种心息相依的方法，就是合法的呼吸，古人称作火功，有文烹武炼的区别，当文就文，应武就武，是在学者因时制宜，随机运用，不是始终一成不变。

我尝总结呼吸方法，约有如下之种种。

1. 鼻吸口呼。

2. 口吸鼻呼。

3. 口吸口呼。

4. 鼻吸鼻呼。

5. 吸短呼长。

6. 吸长呼短（按此 5、6 两法，前者是多出少入，后者是多入少出）。

7. 呼吸俱短。

8. 呼吸俱长（深呼吸）。

9. 风呼吸（呼吸有声）。

10. 喘呼吸（鼻有出入结滞感）。

11. 细呼吸（出入绵绵，若存若忘）。

12. 吸满住气（刚气修法）。

13. 呼尽住气。

14. 只吸不呼（吸有意，呼不管）。

15. 只呼不吸（呼时有意，吸时不管，如《真气运行法》）。

16. 不吸不呼（既是离息）。

17. 顺呼吸（吸时小腹外膨，呼时小腹内缩，即自然呼吸）。

18. 逆呼吸（吸时小腹内缩，呼时小腹外膨，与顺呼吸恰恰相反）。

19. 脐呼吸（呼与吸只于脐有感觉）。

20. 皮毛呼吸（也叫体呼吸，呼吸仿佛由全身所有毫发出入）。

21. 无碍呼吸（与离息近似，但仍有感觉）。

22. 观想呼吸（即观气为五色光明如白光、红光、黄光、绿光、蓝光、或如虹之杂色光出入，或观想某种物体形象如乳、如酥、如甘露长河而出入）。

23. 内守呼吸（如守泥丸、天目、绛宫、阴跷等窍道以行呼吸）。

24. 外守呼吸（如守地底、天空以及日、月、星辰等）。

25. 六字吐浊（即以《太上玉轴》呵、呼、咽、嘘、唏、吹六字吐出浊气，而以鼻吸清气以补之）。

26. 真言呼吸（如密宗咒诵、道宗玄科，本身即是调气之法）。

27. 外采呼吸（如采日精月华之法）。

28. 内气呼吸（本书柔气功修法即其例）。

29. 真呼吸（如《入药镜》中所指之真呼吸、真橐籥、无中有、有中无）。

30. 先天一气呼吸（六阴之下，一阳来复，此大定后之呼吸）。

此上种种呼吸方法，皆各有所宜，当用则用，用的恰当，也都是合法呼吸。

人类自呱呱坠地以来，空气即由鼻孔不断出入，气出为呼，气入为吸，一呼一吸，是为一息。人身可数日不食不死，但不能一刻绝息还生。从科学的见解说，人体肺脏的气体交换，与心脏的血液循环互相关联，皆须吸氧放碳，纯洁组织，所以不能须臾离开它。又据新的科学实验证明，吸气的时候，中枢神经兴奋能广泛扩散到交感神经系统，呼气的时候，中枢神经兴奋能扩散到副交感神经系统，所以调整呼吸，即能调整内脏的一切机能，此是气功必赖呼吸为运用的主要根据。

四　论丹田位置

古人把炼气比作炼丹。炼丹必有火、药、鼎器。在气功里面，神与呼吸是火，气（包括液血精等）是药，鼎器又在何处呢？鼎器就是丹田。丹田有上、中、下的说法，但以下丹田最为重要。所以一般说丹田，都是指下丹田说。它的确实位置，古人有脐下、脐内、前七后三等等说法。据个人经验，此窍以脐内微下，前后左右之正中为是。但若有遗精病的人，则应当上移至与脐相对为稳妥。克实来说，只要姿势摆的如法，腹内气息氤氲动荡之处，既是丹田，若一定要执着固守，恐活法变成死法，反为不美。所以古人有"黄庭一路皆玄关"的说法。

黄庭一路，指由顶门到会阴的中间一脉，玄关既是丹田。从我们今天的见解来看，也可以说这就是以腰腹为基础而加以充实锻炼的办法。因为腰腹乃人身最重要的部位，好比草木的根子一样。人类在母腹的时候，惟脐与胞通，从母体吸收血液，生长发育；一离母胎，专赖饮食为营养，而肠的消化，肾的排泄，与精卵的分泌，皆在此腰腹之部。消化机能，关系代谢作用；排泄机能，关系淤血滞浊；精卵分泌，关系生殖强弱，故腰腹之部的活力若不足，则代谢机能衰退，淤滞不宣，衰老早临，缺乏青春期的活跃气象，古哲建立却病强身法门，以神与气合，住于丹田，称为"坎离交媾"，又曰"火入水中"、或"天入地中"，谓由此可以产生延年灵药，其实也不过是加强代谢作用、排泄作用、与精卵的内分泌腺而已。

按人身构造，都是上下相通，内外相合。尤其很多生理病理上的事实证明，如上部的火溢气涌，一定要从泻下来解决，下部的泄泻无度，又当以升气补阳为治疗。所以人身的最高权力中枢虽在大脑，而培养大脑的源泉，专在腰腹下极。我们看神经衰弱的人，往往阳痿早泄，有阳痿早泄的人，往往神经衰弱。所以气功锻炼以丹田为基础，实际上就是为了建立大脑神经系统的取给库藏而设，也就正是对于精神锻炼最基本的物质解决。

我曾经考查过中国内家拳法在养生方面所以比外家拳法优越，就在于它是以心合气，寄于腰腹的丹田为中心，以它来指挥所有一切的运动，而不让身体有丝毫无意的动作。这样练习久了，能使人的不随意肌也变成随意肌，其内容与气功，虽有方式方法的分别，但原理方面，则完全是不谋而合。

第七论　气功余义问答

一问：气功这个学问，自新中国成立以来，除了十年动乱期间而外，披露的资料，已经是数不胜数，你为什么还要写《气功七论》呢？

答：近二十几年来，有关气功的散在文章，以及专著、专刊，确已不少，但我总觉得现有的资料，绝大部分是功法，对于功理方面，比较不多，就是有，也是或失之深，或失之浅，而且是一鳞半爪的，能全面系统论述的很少，所以我还想谈谈自己的看法，与同志们共同商讨。

二问：你为什么特别注重功理呢？

答：功理是由许多功法在实践中总结出来的规律和原则，反过来，它又能指导功法的实践，若把功法比作神话故事中吕纯阳用手指点石所成的金子，则功理正是点石成金的手指。知法而不知理，如同盲目夜行，不特难以达到预期目的，还有可能出现难测的偏差，所以非常重要。

三问：功理有哪些内容？

答：凡是研究一门学问，首先就要弄清它的内容、范围、历史，以及同它有关系的一切事项，才胸有成竹。在实际践履过程中，不管出现什么问题，可以不惧不惊，从容应付。我在本书一共写了七论，就是完全本着这一目的出发的。

四问：根据现在有关气功报导，就却病强身这一角度说，确有它特别的作用和价值。但在以往的岁月中，为什么在这方面有突出成绩的事例、人物和著作并不多见呢？

答：这个问题提得很重要，对学气功的人的建立信心，是关键的一环。根据个人的看法是：（1）炼气功要花费一定的精力，要占据一定的时间，而所得的效果，仅仅是个人身体的健康。人绝大部分是健康的，根本就对这个功法的学习没有要求，一般人所昼夜营求的，是为名、为利、为享受、为事业等的外向努力，谁有精力时间来过问这向内的，人不能见，还要忍受练功辛苦的气功呢？（2）中国人的封建保守习气，知道某些功法的人，往往秘不示人，自己一点形迹也不外露，更不要说传人。（3）过去对于气功的传人，也是择人而授，往往品质不好的人，根本得不到传授。若是自己操守不严，浪用精力，纵然学练，也得不到益处，甚至反受损害。这都是过去所以传播不广、名家少见、著述不多的原因。

五问：那么，过去学习锻炼气功的，大概有哪些人呢？

答：第一是患有慢性严重疾病，医药罔效，不甘自弃，又得到明师指点的人。第二是身体本来虚弱，得遇明人指引，奋发图强，因而有所成就的人。第三是学习武术，功力不够，为了增加技击效力，不得不再练气功。第四是有宗教信仰的人。第五是有好奇心，要想追求某一些特异功能的人。第六是本来追求名利，因图谋不遂，转趋消极，改而向内发展的人。

六问：你自己是为什么去研习气功的呢？

答：我小时先天禀赋不足，后天又缺乳养，一岁的时候，母亲就去世了。在十四岁以前的时日里，病魔总是随时缠绕着我。从十四岁起，开始练少林派深呼吸法，很快把身体扭转过来。因此对气功发生兴趣，不断钻研，如王怀琪的《实验深呼吸练习法》、《因是子静坐法》，日本《冈田式静坐法》、《藤田灵斋静坐法》、《气合术》、《胆力锻炼法》、《还阳修养法》、《炼己还虚法》，以及丹道家的南、北、东、西四派和佛法显密两教的诸多气功方法，都一一涉猎。同时师事和接触参访过的这方面的高明人，也不下二十位以上。这就是本人研习气功的简略经历。

七问：对于学习气功，你认为须具备哪些条件？

答：要学气功，首先须要有明师指导，并且把功种的内容理论弄清楚。其次，必须具备三心：第一是信心，深信气功能够治病，增强体质，以至发生特异功能；第二是决心，决心练习气功，不为任何原因而动摇；第三是恒心，下手行功，不管怎么样，一直坚持下去。又其次，如准备放弃世务，专门练功若干时日的，对于地点的选择，时间的安排，人力的配备，物资的筹措，都必须事先有充分的考虑。

八问：你在《气功的起源发展和派别》一章中，似乎特别重视宗教，尤其佛、道两教，是为什么？

答：气功的绝大部分资料，都在道佛两教的典籍中。其在佛法里，小乘里讲得多些，大乘天台宗的止观法门，也相当重视，但在显教里，特别重视明心见性，就是修气，也只是当做一种过渡到见性的手段。只有密宗里面的二灌、三灌修法，是当做即身成就不可缺少的一环。不过它们的有些方法，因为目的不同，对于一般人来说，都不可能修习。其在道家，一贯重视长生之术，其实也就是锻炼身体，使之健康长寿的办法，并且他们修习的方法，都是特别重视柔气功，对于救治老病衰残，更为有利，所以介绍的比较多一些、详细一些。

九问：医家《内经》与道家典籍，讲至人、神人、真人，以及六神通等，是否可信？

答：我认为不可尽信，这只是指因修气功而能发挥一般人所不能具有的能力的超人和特异功能，不要把他看得过分神秘。因为人身是物质，物质都具有一定能量，不过一般人只知不断发挥他本身现成的能量（如视、听、言、动、思考等本能），而不知缄藏、蓄聚、融化、扩充，以发挥更大的能量。真正练气功的人，利用身内的丹田、脉络，犹如物理、化学的锅炉、管道、反应堆，能够把身内的某一些素材锻炼加工，发挥出比常人更大得多的能量，是可能的。

十问：气功与医药的关系怎样？

答：我认为气功是中国医学生理和病理的发源地，好比母亲一样。中医的脏腑、经络、气化学说，完全是在气功的内在实践中总结出来的。而这种生理、病理，都是在活着的整个人体内外机能的物理、化学变化基础上建立起来的，它同西医的尸体解剖所得，完全是两回事。现在已有不少报道，高明的气功师，能够在他本身的气功运用中诊察出别人的疾病所在；并且能够运用他本身的气脉以调整别人的气脉，仿佛两个人的身体只是一个人一样。所以中医与气功，关系至为密切。过去高明的医家，几乎都是有名的气功家。对于气功与药物，在某些疾病或功法中，把二者结合起来，功效特别显著；若二者单独使用，则效果往往要差一些，甚至是事倍功半的明显证据。

十一问：气功与武术的关系怎样？

答：气功与武术，可分可合。分开来说，气功是气功，武术是武术。气功是专讲健身的，武术是专讲自卫御侮的。合起来说，气功加武术，既能强身，又能御侮；武术又加气功，则能提高武术的技巧，如虎生翼。又武术与气功结合，有两种方式：一是先学武术，再练气功，或先有气功，再习武术；另一则是在武术的本身中即含有气功，二者浑为一体。前者的关系是相加，一般的外家拳法都是；后者的关系是二是一，如太极、形意、八卦等内家拳法。

十二问：气功与宗教的关系怎样？

答：气功的高深功法，都完全渊源于宗教。首先，从广义的气功而言，可以说一切宗教，都具有气功在内。因为宗教是一种信仰，信仰即是专一思想，使精神有所寄托，即是调心。根据调心、调气与调身三者是不可分割的整体，心调则气亦无有不调。

其次，中国的道家，特别注重养生，以锻炼形质、延年益寿为主要目的。其中有柔气功的传授，于老弱病残最有殊效。因身调则气亦随之而调，这是很自然的。又其次，在印度瑜伽和佛法密宗有刚气功的修法，佛法天台宗入门功夫的小止观六妙门，是近似柔气的修法，这是明明以修气为主要手段的。至于佛法的高深境界，如显教的大乘各宗派，尤其禅宗，以及密教中的大手印、大圆满等心地法门，则是以修心为主而气亦自然含摄在内的至高修气法，不过不易彻底了悟明心见性的真正义谛，也就无从下手正确地修习罢了。

十三问：在宗教当中，有种种戒律，使人容易由戒生定，由定发慧。在一般气功修习中，是否也有一定的注意和禁忌事项呢？

答：此中最当注意的，除前已讲到的入手练功即不可缺少的三心（信心、决心、恒心）外，第二要勿忘座余保任法，也就是随时随地、行住坐卧，以至日常生活一切实际工作中，都要保持座上所修功法的意态而勿忘，把练功与生活打成一片，才容易生效。若上座是修，下座即放佚，是难以收效的。第三是已选定修习某一功法后，即不能任意更改。须知法有万千，理无二致，一法通，万法通。若此山望见彼山高，见异思迁，东不成，西不就，一窍不通，只有到头空老而已。第四是在修习当中，可能出现种种异常景象，此时当平淡视之，切记不可惊喜，不可执着，更不可随便向人夸耀讲说，或问长问短。若有某些现象发生，影响正常练功，而自己又不能解决时，可向高明人请教，虚心辨析是非而调整之。第五是在练功当中，不能有任何疑虑妄想或执着，不可贪淫劳损，不可过饥过饱，不可久忍大小便，不可汗出当风，不可受寒当热。总之，凡于气功修习之不利事项，俱当避忌为要。

十四问：气功与练功地点有关系否？

答：有关系。尤其初学的人，应选环境清静，空气清新，而又没有阴森险恶气氛的所在为行功之地，并且选定后即不要任意变更，此为最上。其次，则可选择比较安静而无秽浊气息的室内寝所亦可。至于功夫比较纯熟的人，可以随时随地任意自在行持，不在此例。

十五问：气功与季节、气候、时日有关系否？

答：有关系。在植物界里，是春生、夏长、秋收、冬藏。人们练气功，虽不像植物那样对季节机械适应，但这也隐约指示练功应有连续性，不能或做或辍。尤其夏冬两季，对练功最有影响，所以古人有"夏练三伏，冬练三九"的说法。因夏天生理的变动性较大，容易长功；冬天生理趋向收缩内敛，可以使功力稳定不退。气候变动，常常引起心理变动，晴明多喜，烟雨发愁，大风暴雷心不定。日暖风和，是练气功的良辰，如密云暴雨，疾风迅雷，则当采取灵活措施，或暂停待时。从时日方面说，每天早上，以四至六点为好，晚上以九点前后为好，但也有专练子午的（晚上十一时至一时，与白昼十一时至一时）。以上都是指在座上的定时行功时间。但真正练功，应当一有暇时就行，见缝插针，所谓"一日内，十二时，意所到，皆可为"。

十六问：气功与人格品德关系怎样？

答：人格卑下的人，往往目光短浅，重视现实物质享受，一

武功薪传

天到晚，都在为名誉地位、金钱享乐打算，哪里还有时间精力去研习锻炼身心的气功理法呢？所以历史上对气功有爱好或成就的人，都是目光远大，人格高尚。名医家、名武术家，尤其清高虔诚的宗教家，往往与气功有密切关系，就是因为他们的人格品德与众不同的缘故。还有，品质恶劣、道德败坏的人，莫谓他受资禀的限制，不会对气功青睐，就是他想学习，高明的气功家也绝对不会传授。就是他知道了一点功法，也绝对不会有成果、得受用。过去迷信，认为是有外魔和护法作障，实则是他自身的思想低劣，心神不静障碍了他，这是应当知道的。

十七问：一个人想学气功，只要专诚不懈，他就可以达到目的，所谓"有志者，事竟成"，对吗？

答：自己有志气，肯钻研，这当然是最主要条件之一，但是假定他遇不着高明人，盲修瞎练，也是枉然。还有就是遇着高明人，由于条件不允许，没有学习机会，或者没有锻炼时间，那也只有望洋兴叹罢了。

十八问：要想达到气功比较高深的境地，肯定要占据不少时光和精力，假定大家都这样做，岂不影响个人生活与国家建设？

答：气功的高深境地，不仅要占据不少时光和精力，而且还要有相当的人力、物力、资财，这只能列入国家科研项目内去试验。在发达的资本主义国家中，已有不少的学术机关或团体正在这样做。我们国家是气功的主要发源地，我认为似乎也不应当落后。至于一般绝大多数的人根本没有这个需要，也不可能对它有兴趣。

十九问：在实践气功锻炼中，在功法上，男女有别吗？

答：因男女在生理上不同，故练功守窍有别。男子多守下田阴蹻，女子多住绛宫乳溪。在《易筋经》练睾丸的挣、搓、揉、拍时，女子则以乳房代替之。又男子循任脉下降，除了炼液化血，多直向下行，女子则到绛宫后，应向后退分降两腰，武火锻炼，再下入丹田，烹炼温养。

二十问：男女练功有别，男与男、女与女，是否功法无别？

答：若要详细分析，岂特男女有别，可说每一个人的功法，都不会有绝对的相同，恰到好处的方式、方法，不能不是千差万别的。所以水平高的传功人，一定是因人而教，对症下药。而学功的人，也要自己权衡利弊，灵活掌握，才能有比较好的成果。若冥顽不灵，刻舟求剑，注定是"失败"二字在前途等着的。

二十一问：气功说呼吸，一般都是强调深细均匀，您在呼吸运用中，就提出三十种呼吸法，并说各有所宜，对吗？

答：功法不同，呼吸也就不同。任何事情都有常有变，深细匀长是语其常规，三十法实际上还不止此，则是权变。古人把呼吸比作用火，又说火有文武，我们须知在文火或武火当中，文又文到什么程度，武又武到什么等级，其中还是千差万别的啊！

二十二问：是练静功好，还是练动功好？应当根据哪些方面去选择？

答：首先要根据练功人的嗜好，喜动的就练动功，喜静的就练静功，两样都喜欢的，也可兼练两种功法。若因疾病而练功的，则要根据他的阴阳偏胜而决定。如阳胜者多阴亏，当练静功以平衡之（静则生阴故）；如阴胜者每阳弱，当练动功以助阳。

二十三问：阴胜阳胜，怎样判断？

答：是阴胜还是阳胜，懂中医的人都大体知道。概括来说，凡是阴胜的人，面色多苍白，唇口带青而不荣，目光无神，声低息短，少气懒言，身重畏寒，食欲不振，舌质青滑或黑润，苔色白或淡黄，脉多浮空，细微无力。凡是阳胜的人，面貌唇口多红色，目神外露，精神不倦，声音响亮而多言，口臭气粗，身轻喜动而恶热，舌质多燥而干黄，乏津液，六脉长大有力。凡此只要稍加细察，不难分辨。

二十四问：动功当中的自动功，有的人当作不传之秘，不轻易示人；有的人又视为歧路旁门，呵斥甚力。您的意见怎样？

答：自动功属道家玄科、南宫别传，过去附会符箓咒语，视为神拳，因为符咒本身，多不可解释，故能祛除妄念分别，抑制大脑神经兴奋，发挥潜在意识作用。只要我们掌握得当，确实可以发挥静中之动，与太极拳的动中求静，恰恰相对照，于治疗因气脉壅滞而生之疾病，每有奇效。若经过这个阶段，再转入静功，是有好处的。若视动为究竟，甚至发生妄想欲求，则必有气脉愤张，行不由人，发生种种奇疾怪症，以至死亡。所以南宗第四代祖师陈泥丸在《翠虚篇》里说："个般诡怪癫狂辈，坐中摇动颤多时。屈伸偃仰千万状，啼笑叫唤如儿嬉。盖缘方寸无主人，精虚气散神狂飞。"因为陈是修内丹的人，故对于这种方便而不是究竟的做法，不得不加以呵斥。

二十五问：目前自动功如《鹤翔庄》、《五禽戏》等，并无符咒，亦能自动，是什么道理？

答：目前自动功扬弃符咒，而以适当动作并观想作暗示，方式方法虽有异，而抑制大脑兴奋与发挥潜在意识作用之理则同。还要知人身本动，纵然身形不动，而内之呼吸往来与血液流行，有哪一个时刻是停止的？故动乃是人身本然，而不动倒只是抑制大脑之假象。所以有些自动功法，只要两足分开，宽与肩齐而立，全身放松，祛除一切杂念，反观内照，则可以体察到腰脐部分的天然动态，顺应之而不以意识抑制，则愈动愈剧，大动特动起来，不足为奇。

二十六问：假定我们为了祛病延年而练动功，究竟是练一般动功好，还是自动功好？是否可以两种兼练？

答：学得扎实一种功法，并且又能掌握得恰到好处，一般动功好，自动功也好。若功法内容弄不清楚，掌握得又不恰到好处，则哪一样都不好。至于兼练两种功法，一则是心不专一，一则是时间也不允许，并且一法通兮万法通，实际上也没有这个必要。

二十七问：关于动功的方法很多，你为什么单举《易筋经》为代表呢？

答：《易筋经》不单是动功，它实际上是有动功，也有静功。中国旧传强身却病诸功法中，比较普遍通俗的是《八段锦》和《易筋经》。《八段锦》内容较浅，《易筋经》内容较深，过去虽有《易筋经》古本作参证，但各师所传，多有异同。我从黄师克刚学习，其内容比各家所传要全面一些，也要深入一些，故我将他扼要写出，供给大家作参考。

二十八问：柔气功的修习法，是气功当中比较高深精细的，但你在介绍当中，似乎说得很简略，是何缘故？

答：上乘功夫，简易圆融，气功一道，愈是高深的东西，愈是没有多少说的。佛家最高深的禅宗说："举心便错，动念即乖"，又说："一念不生全体现，六根才动被云遮"。要从那样来看，我已是方便说法，讲得太多太细了！

二十九问：气功不是万能，若与营养品和药物相配合，可以相得益彰。你能进一步加以阐述吗？

答：练功与营养密切关系，事例甚多，所以道家炼养派每与服食并行。若练气功而缺乏营养，无异火烧空锅，不特无益，反足受害。佛经里记载释迦雪山修持，因服乳酪而智慧大开，尤其密宗祖师传中，谈到类似的地方甚多。但一般练功而配以服饵时，还必须根据个人的体质强弱，脏腑偏胜，地方出产，四时所宜，与练功种类和浅深程度，适当选择，不能拘于一格。至于兼用药物，道经和密籍，都有论述。道家《仙佛合宗语录》中特别介绍"苍龙丹"一方，谓能补精髓，坚筋骨，益气血，养元神，壮元阳，利于久坐，就是一个例子。又须知，道家对于药物利用，也不是同于一般。首先，要选上等精品，尤其制药方法特巧，大多采用转制办法，使能发挥更大的效力，或制成与人身更为有利的成分。其药不一定是珍品奇货，而是善于辨察物性，就地取材，善巧利用。这些都另有传授，不是三言两语能尽的。

三十问："苍龙丹方"内容如何？尚希明示！

答：据传此方为陈抟处士所授，曾刊华山石碑，故又名"华山碑记丸"。其处方如下：

熟地（五两，须真真大支，九制者），肉苁蓉（二两，酥炙），巴戟（二两，酒浸一宿，晒干用），全当归（二两），菟丝饼（二两），淫羊藿（二两，酥炙），茯苓（二两，人乳拌蒸九次），山茱萸（二两），远志（二两，去心），韭子（一两），紫梢花（一两，酥炙，即三稜蒲之花也），母丁香（一两），桑螵蛸（一两，蒸熟用），破故纸（一两），核桃肉（一两），牡蛎粉（一两），蛇床子（一两，去皮壳，取仁，微炒），全蝎（一两，须去足尾，取净身一两），马蔺子（一两，若无，用泽兰代），萆薢（一两，酒浸），车前仁（一两），八角茴（一两），沉香（七钱，要迦南沉），广香（五钱），木通（五钱），干漆（五钱），灯芯草（二钱）。

有疝瘕及肾子个上个下者，加大黑蜘蛛七个。中少年服，加炙草四钱，黄柏三钱。（上为原方）。

准秘授加：正枸杞（四两），嫩鹿茸（二两），川杜仲（二两），川续断（二两），北五味（一两），紫河车（一具，须健壮妇人头胎生男者）。

共末，炼蜜，入龟胶、阿胶、螵胶、鹿胶各二两，为丸，如梧子大，每温酒送三十丸。每日临卧一服，半月见效。

三十一问：药物既有如是作用，如《千金》、《保元》所载服食诸方，是否可以酌用？

答：此宜特别谨慎。因方书多夸大，不可尽信。尤其《千金》灵飞散等方，多用石药，剽悍之性，以之治病犹可，用以长时服用，利少害多。且药物多有偏性，气功家有时借助它，究属不得已，与用一般可以常服之营养品不同，宜知之！

三十二问：普通可以常用的服饵方，请例示之！

答：如有必要以服饵相助，一般多用中和平性之品。例如：

大黄豆（或雄黑豆亦可）五斤。用黄精十两，黄芪十两，秦归二两。三物煎，取汁，以煮黄豆至水干，取出阴干。糯米五斤（蒸熟，阴干），黑芝麻四斤（炒熟），淮山、茯苓、莲米、芡实各八两。

总上七物，共磨细粉。再入黄黑色雄壮牛脊骨髓全副，蒸干、制粉。和至极匀，密储。

每以三五匙，加鸡蛋二个，冰糖、猪油，各适量，蒸服。或隔水炖服。

本方大豆、糯米、芝麻，皆家常食品，其余诸味，亦皆甘温甘平之物。妙在大豆之宽中下气利大肠者，而以黄精、黄芪、当归转制之。结合淮山、茯苓、莲米、芡实，泻中有补，滋而不滞，另加鸡蛋、冰糖、猪油蒸服，能补气血，安五脏，填精髓，坚筋骨，聪耳明目，通利二便，调和阴阳，长时服用，有益无损。

三十三问：《气功七论》，是否可以囊括气功之一切要领而无遗？

答：《七论》所及，亦仅气功功理方面之大要，并举了两个功法的例子。至于具体细则，在实践过程中，由于学者禀赋不齐，悟解有异，智愚巧拙，千差万别，实非本论之所能尽。惟希学者举一反三，神而明之，存乎其人了。

第七编
峨眉宗气功摘录

周潜川　原著　张义尚　辑录

新出版的气功诸书，要以《气功疗法实践》、《气功疗法讲义》、《气功科学常识》、《五禽气功》、《峨眉十二庄释密》、《气功药饵疗法与救治偏差手术》① 六者为最精要。此最后一种，以兼谈药物服饵与救治偏差手术，故内容杂芜，不够精纯。本册为了摘取其气功方面之精华而作，共分五篇，并附浅评。关于气功之道，以此与上述五书并拙作《气功保健的研究与实践》相参，虽不中，不远矣。

至于其药物服饵部分，另册摘要并存，此不具及。

义尚　识

庚戌（公历 1970 年）古三月廿三日

---

① 周潜川：《气功药饵疗法与救治偏差手术》，山西人民出版社，1959 年 9 月第 1 版。——编者

第一章　峨眉宗概观

　　古人在日常生活中，体会到"动"、"静"的作用，于人体健康有很大的关系。他们既热爱劳动，也喜欢静养，分别地掌握了"动"、"静"的优点，使二者不有偏废而互相调剂着，充分地发挥矛盾统一的方法，运用朴素的唯物辩证法，解决了人体"劳"、"逸"的问题，提出了"户枢不蠹，流水不腐"的口号，以处理"过逸的毛病"，以说明"动"的优点。又提出了"宁静致远，凝神聚气"的口号，以恢复"过劳"的精力，以说明"静"的优点。这些道理，都是从实践中体会出来，累积成了完整精细的一套"动功"和"静功"的理论与方法。

　　古人在劳动中，用手用脚，使肩使背，发现了每一部分的筋、骨、皮、肉都有它一定的反应和作用。根据这些体会，创造了"动功"中的各样各式的庄子、架子；又在客观方面观察了动物中禽飞兽走，每一种运动的作用，也采取模仿它们的方式。一齐归纳起来，随着时代的发展不断地改进，于是后来总结其成果，创造出"五禽图"、"太极十三式"、"少林十段锦"、"峨眉十二庄"等优越的动功方法，用来锻炼人体的健康。古人叫作"外练筋骨皮"，是动功的独特效用。

古人在"宁静"的休息时，"杂念皆忘"，做到了大脑真正的休息，而与休息"息息相关"的东西，只有呼吸一项，在人体上仍然存在着。因此古人对"静"的作用，首先在呼吸上发现了所谓"众妙之门"、"天地之根"的道理，体会出一呼一吸，一升一降，上会膻中，下沉丹田，气脉运行，周遍全身的"景象"。更精细地体验和观察，统计呼吸与循环作用，"一呼一吸脉行六寸"、"一昼一夜，呼吸一万三千五百通，脉行八百一拾丈"。又发现了呼吸要握手盘足才对头，又观察禽兽休息皆缩头蹻脚。因此归纳起来，又创造了一套完整精细的"静功"方法，而这方法的基本功夫，必须从呼吸着手，即所谓"息道"的道理。制定了"内外九气"统一配合和分别运用的方法。统一配合的要领是"大小周天，河车搬运"、"五气归元"、"还丹内敛"、"九转还丹"、"黄庭真人"等口诀。分别运用的要领是："口呼口吸"、"鼻呼鼻吸"、"鼻吸口呼"、"口吸鼻呼"、"单吸不呼"、"单呼不吸"、"不呼不吸"、"神厥呼吸"、"呼吸无碍"九种口诀，这种练静功的方法，古人叫作"内炼精气神"，是以求得大脑真正的休息为目的的。

古人在"静"当中，既已体会出了呼吸与气脉循环息息相关，又经历了若干年代的经验累积，由粗浅的"升降开合"的境界发展进步，提高到精细幽微的境界。这种发展和提高的体会，古人叫作"证悟",又叫作"证得"。

古人对一呼一吸的细微作用,又分作两大类:第一种是"炼气"的方法。第二种是"修脉"的方法。呼吸出入的方法有如上述九种,是专门"炼气"用的。因炼气而影响全身的循环作用,这叫作"修脉"。这脉的循环运转,有它一定的规律,有它经常不变的道路,密布如蜘蛛网一般,"经""纬""系""络"交会错综,井井有条,毫不紊乱。这种脉道流通的路线,古人叫"经络"。全身的经络,又分作"十二正经"。十二正经,彼此有纵横关系,交会流通,盈亏消长,互相调剂,使全身循环作用,保持平衡。这调剂平衡的流通路线,也有它一定的经常道路,犹如江河之于湖泽,具备灌溉和蓄存水量的作用一样,这些汇通的路线,叫作"奇经八脉",二者仍是相对而言,是"奇""正"互用的。统计全身共有"二十部奇正相因"的脉道。每一条脉道,它又有转折屈曲和大会小交的地方,这些地方名叫"穴道"。把许多穴道连缀起来,就成了某一经络的穴道。二十条奇经、正经的脉道,又分作阴阳两性。阴阳诸经道的各个出入路线,又是相逆相反,而颠倒运行流转的。这样的脉道在人体内遂产生了"阴阳水火相推"、"如环无端,莫知其纪"、"周天运行"的作用。这些阴、阳、奇、正的脉道,五脏六腑又各有所主,有似行政机关一样,各有它的行政范围,然而又是有横的关系和纵的系统的,而不是各自为政。古人又发现了"气脉"在阴阳十二时中,运行流转,各有旺时,互相传递承授,自寅时由肺经起运,到丑时肝经终止,叫作"子午流注"。这种理论在气功疗法中，成为子、午、卯、酉四正的练功法。

古人摸清了活着的人在清静休息中，从呼吸一直到脏腑的气脉运行情况，从而掌握了它的规律，于是创造出了光耀古今的"气化论"、"经络论"。研究这种学问，古人叫作"内景"，用"炼气修脉"的方法，主动地支配人体气脉的平衡，叫作"内景功夫"，根据这些方法，在实践中去体验它和观察它，所发现的各种"动触"景象和"动触"的规律，这叫作"内视法"，然而不是望文生义的内视意义。这也是祖国医学理论出发点的基础。

古人用"内视法"，发现了人体在活着的时候的"内景"情况与死了的尸体完全不同，不同之处就在"气""脉"二端。气与脉表现在活人的七情六欲方面，更是复杂奇离，死了的躯体，就完全没有这些特征。因此祖国的医学理论的出发点主要是根据"内视法"而探讨建立的，尤以针灸学和气功疗法在理论上表现得特别突出，因此创造了这独特的理论体系，与西方解剖死尸的医学理论体系，截然两途，因而在辨证论治的方面创造了整体观点的医药理论和丰富多采效用突出的方法。并不采用头痛医头、脚疼医脚的单纯法则。

又说：我们的祖先，在原始时代的茹毛饮血生活中，在与大自然环境接触洞悉"天时"、"地理"、"人事"的基础上，经过不断地客观观察和实践体会，知道了空气的厚薄，气压的高低，气温的寒暑，气候的燥湿，风向的西、北、东、南，一年节气的春、夏、秋、冬，一日计时的子、午、卯、酉，地理的高低燥湿，经纬的方向度数，昼夜的明、晦、长、短，气象的晴、雨、阴、云，人事的喜、怒、哀、乐、贪、嗔、痴、妄，饮食的生冷、油腻、辛、甘、酸、苦、咸，这一切的一切，都直接影响了人体的健康，而且发现了疾病的传入和死亡的规律，因此掌握了这许许多多的经验。由于经验的累积，创造了保健和治疗的方法。所谓"未病"和"已病"的两大分类，统一了天、地、人的体验而建立了以"阴阳"、"五行"为纲的"内景理论"——"气化论"、"经络论"，包括了"六气司天在泉"、"十二经"、"奇经八脉"、"虚实寒热"等等医药体系的理论，以及气功疗法里面的"河车搬运"、"归一清净"等养生之术和祛病延年的方法。这种法术是世界无匹的独门科学。

又说：在气功界里，峨眉一派，颇具威名，因为它在动、静两方面的功夫，包括有佛门和道家的优点，尤其是它具备佛家的"大乘"基础，而以"小乘"的炼气为下手的功法，所以能得佛道两家之长，方法比较全面一些。它在理论方面，主张"色"、"心"兼摄，也就是说主张动功和静功并重，因此采择了道家动功的特长和佛家禅修的优点。综合了两家之长，创立了一套动、静两赅的炼功方法，同时也注重药物的配合治疗和营养品的服食方法，与炼功结合起来，相得益彰。他的全部动功共分十二个锻炼方法，名叫十二庄，又配赋六大专修功法。十二庄即天字庄、地字庄、之字庄、心字庄、龙字庄、鹤字庄、风字庄、云字庄、大字庄、小字庄、幽字庄、冥字庄等各字庄。

十二庄的炼功原则，以天地两庄为统一的基础，以后的进度，则以各人身体的阴阳虚实为个别发展的标准，因此各个不同，而不能死板地练功，必须考虑其人的需要，再选择十二庄中的加功炼法。又有严格的次第程序，哪种身体该先加炼哪一种，再次再三又该加炼哪一种，继续的增加，坚持的锻炼下去，以至于把十二庄炼完为止。则全身的经络气脉，逐渐地得到调整和加强它的功能，以达到祛病延年的目的，这种灵活运用的炼功方法，在内景理论上，是有很精深的理论根据。虽然只有十二个固定的方法，但可以变化多端，适应需要，等于数学从一至九的基本数字，可以加减乘除，变化无穷。

其次关于十二庄的练功内容，每一个庄式，都含有个别的次第练法，一步一步练上去，一点也不能躐等，超越层次，强求不得，须要功夫火候到家，自然的顺势上炼，才能体会其中作用。所谓水到渠成，完全在自然的规律下，去求功夫的进度和次第的发展。它每一个庄式，各分九步功夫，一般地说来，我们采用于治疗和保健方面，最多只用第一、二、三步功法就够了。有些方法，是属于宗教性的专门东西，对我们没有用处。

六大专修功，是辅助十二庄的不足，又是动功与静功的联系方法，它包括"武功的演化"、"气脉的奠基"、"静功的前奏"、"导引的手术"四项，尤以"指穴功"的三十六式天罡指穴法，最为内行所推许，既可以运用于按摩治病，又可以运用于武功制敌，而其最精的用处，是用于大、小两种导引术，以救治因练功而出了偏差的毛病，能够导致气脉归元，使患者当时停止乱动乱跳的动触现象，解除真气内竭的危机，而恢复正常的气脉运行，再配合药物治疗，以求本标兼治。这种方法和药物的配合，是值得挖

武功薪传

掘和推广的东西，如果能够掌握了这套方法，对于目前有少数人因炼功而出了偏差的事实，遂影响了一些患者，对炼功有恐怖心的问题，则可以迎刃解决，不用担心炼功出偏差的问题了。兹分举六大专功项目如下：一、虎步功；二、重捶功；三、缩地功；四、悬囊功；五、指穴功；六、涅槃功。

此外尚有一套纽丝拳，是综合各式的炼功方法，比较"推手"一类的方法，要精细些。

第二章　保健性的气功口诀

没有什么特别病的人，或者身体一般性衰弱的人，以保健为目的，可以采用这类炼法。这类方法，又分为下列两种：

一、周天搬运法；

二、归一清静法。

这两种方法，练的方法不同，作用也因之而有差别。因此，严格的分析它，又各有适应的征候，不可采用错了，兹分述如下。

一　周天搬运法的要诀与适应症

这种方法的适应症，以"阳虚"或者"气虚"的人最为适宜。所谓"阳虚"的现象，一般症状，最主要的是怕冷；其次是打瞌睡，食欲不振，精神疲乏，容易感冒，脑力减退，全身酸困，消化不良等等。所谓"气虚"的现象，一般的症状，主要是自觉气短，打呵欠，胸膈闷，一劳动就出汗，容易疲乏，上下楼梯觉得气急等等。根据上述一般的症状，辨证"阳虚"或者"气虚"，再照这方法炼功。

这种炼功的方法，分为三部。一曰坐的姿势；二曰炼气吐纳；三曰修脉搬运。这三部方法，是互相联系的。而"炼气修脉"的口诀和关系，有如下图。

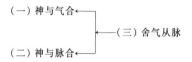

再就这三个口诀和坐的姿势，分别叙述它的用法，和相互间的联系。如法掌握去操作它，慢慢地练习纯熟，循序渐进，逐步进入清静境界，炼这种功夫，就算成功了。

（一） 坐的姿势

在未上坐之先，必须照着前述的练功禁忌事项（即"预执妄念"、"著意分别"、"杂念攀缘"、"心随外景"、"入房施精"、"大温大寒"〔指衣服〕、"五劳暗伤"〔久视伤血，久卧伤气，久立伤骨，久行伤筋，久坐伤肉〕、"坐汗当风"、"紧衣束带"、"饕餮肥甘"、"跂床悬脚"〔平坐应把脚心平正地安置在地上，如悬空吊着，久成习惯，易生脚重腰疼，变作血痹之症〕、"久忍小便"〔又饱食宜立着小解，饥饿宜坐着小解〕、"搔抓痒处"、"卒呼惊悸"〔即闻呼唤吃惊〕、"对景欢喜"、"久著汗衣"、"饥饱上坐"、"天地灾怪"、"真言偶听"、"昏沉倾欹"、"大怒入坐"、"过乐入坐"、"吐唾无度"、"生疑懈怠"等二十四项），和练静功的注意事项（即要有信心；要有恒心；能忍耐腰酸腿麻；要随时随地在生活工作中利用机会练习吐纳呼吸；要善于体会方法是否适合自己需要而加以损益取舍；要善于辨证各种动触现象，看作事理的自然，平淡视之，一心集中念头，照着口诀去炼功，则动触现象如寒热麻痒等，自然会被自己善巧运用，而变做温养功夫的资料；要密行炼功，得益并不可向人谈说，不得益也不可向人问长问短；要上坐全身放松，不要紧张；要如法调息，神与气合，若存若亡；要念头集中，炼气则神与气合，修脉则神与脉合，如水乳交融；要下坐后自行导引按摩、擦面、摩头、拔耳、熨眼、叩齿、搓掌、摇肩、扭腰、伸腿、舒足；要把口中的津液细细吞咽，不可一口吞下等十二点）做好准备。同时，把衣服纽扣，裤带都解松，然后再轻松愉快地照这方法开始练功。这里所说坐的方式，名叫"跏趺坐"，又分析如下。

1. 盘腿

先准备好一个坐凳，用二尺见方，前面两只脚高度二寸，后面两只脚高度五寸，使前低后高成为缓徐的斜度。上面再铺上一个薄棉垫子。如没有这种特制的凳子，改用硬板的床上后面铺个垫子也可以的。但不能坐软的沙发或钢丝床。又冬天盘腿，须用一条薄毛毯围复着双腿。夏天用一条布巾复着。把这工具准备好，再开始盘腿。

盘腿的操作、初步练功的人，不宜用"单盘"，更不宜用"双盘"，只宜"散盘"。先把双腿放平，贴着坐凳，同时要把腰腿放得很松，随即先蹉盘右腿，把右足的后踵，轻轻的抵触"会阴穴"（穴在前阴与后阴的中间）。再把左腿倦盘，同时将左足的后踵，轻轻的抵触右足的"跌阳穴"（穴在足胫弯的凹陷中）。一直到练习纯熟了，腿不发麻，再改进为"单盘"，单盘也练纯熟了，再进步到"双盘"。如果在练功当中，发觉腿盘麻了，可以左右交换一下。但仍须照旧轻轻抵触会阴穴和跌阳穴。这样盘腿，腰腿会自然的放松，臀部自然稳坐，不必故意把臀部向后凸出。

2. 竖脊

在盘腿之后，须要把背脊骨调整笔直，不可驼背弯腰，前俯后仰。但又要放松，不能硬劲强直，才合标准。其方法是把双肩微微上耸二三分高，则每一个脊椎骨，自然重叠笔直，松紧合度，不会硬劲强直。

3. 含胸

在调好脊柱之后，随即调整胸部，以胸部微微地向内陷凹为标准。陷凹的部分限于"膻中穴"与"玉堂穴"之间，即在两个锁骨交接之处与两乳之间，成为三角形的地带，使这胸部的三角地带微微陷凹进去，叫作含胸，这是控制肺部呼吸量的一种主要方式。它的方法，在把两手掌握好之后，放在脐下的同时，把两肘尖微微朝前方"飞开"，即把左右两个肘关节从后面反向正前方分开约二三分，有如雀鸟张翅欲飞的样子。这样，就会很自然地做到含胸的标准。

4. 握手

盘腿、竖脊做好之后，含胸和握手的操作是同时进行的。

按：握手的方式很多，旧说名叫"结手印"，根据内景的经络理论，手三阴和手三阳的气脉运行，都出入循环于"井穴"，井穴又皆在十指尖上，而手部的三阴三阳气脉经络，又统辖于足部的。因此，在练功的时候既要盘腿，又要握手，是控制气脉循经流注的一种有效方法，而不是儿戏，也不是迷信，它具有生理作用的。

单就阳虚或气虚的练功，握手的方法，应当把掌心向上，手背向地，把左掌放在右掌上，或右掌放在左掌上，都可以随意，不必拘执。两掌重叠好之后，顺着自然的姿势，适应的放在肚脐之下，微微的摆在腿上，或随自然倚托在小腹外边也可以的。这个握手方法的要点，必须把两个大拇指尖微微的接触，接触之后，将大拇指略略向掌心内收，以两指笔直，自觉有一股内劲自然发出，互相抵触为标准（注意：不是故意用劲。照法操作，那股内劲是自然发生的）。

5. 垂帘

所谓垂帘，即旧说把眼皮微微合拢，只留一线微光的方法。

按：这种方法，有两种操作形式。一种是把上眼皮向下合，微露一线外光。一种是干脆把眼皮轻轻合上，一点光也不露。初学的人，以采用微微合拢，留一线外光为最合理。因为功夫练到归元的境界，眼会自然的闭合，向内抽缩似的闭着。又因为初学的人完全闭着眼，容易昏沉，念头易生。

6. 砥舌

砥舌即是舌抵上腭，这种方法操作不当，影响静功很大，千万不可用意识或者着力翘着舌头，向上腭去抵砥它。应当在自然的规律下，如法操作，舌头自然地会向上抵砥上腭，用不着故意的或者用力去抵砥。如果功夫深厚了，舌头还会自动蜷折锁着

"鹊桥关"，这种原理在内景功夫有很精细的经络论与气化论的生理基础。有些书籍误载，叫人把舌尖有意地翘起去抵砥上腭，是不合理论的。

砥舌方法，其要点在轻轻把齿扣拢，同时把上下唇吻合闭拢，舌尖即会自然抵砥上腭与上牙龈之间，这才是符合砥舌的标准。如果把上下唇微微张开，舌尖则马上会自腭龈之间落下，恢复平直的姿势。

（二） 炼气吐纳

炼气吐纳即是运用呼吸，一吐一纳，呼气吐气，以锻炼脏腑的内动方法。这种方法分为"顺呼吸"和"逆呼吸"两种。照平常的习惯呼吸，一吸小肚皮鼓起，一呼瘪进去，这叫作顺呼吸；与此相反的一呼小肚皮鼓起，一吸瘪进去，名叫逆呼吸。

周天搬运的炼气方法，其呼吸的运用，完全采用"鼻呼鼻吸"的方式。初学的人，以采用顺呼吸为最方便而又合理，一直练到火候深了，再进一步采用逆呼吸，才容易掌握。

鼻呼鼻吸的方式，须配合"神与气合"的口诀。所谓"神与气合"的意思，是把念头与呼吸的一进一出、一吐一纳合而为一，不可分离。也就是说把思想集中，随着呼吸运动。当呼气的时候，气向外面吐出，同时肚皮相应地向内瘪，念头也随着它瘪进去，自下丹田呼气外出。当吸气的时候，气自鼻孔内吸，下至丹田，同时小肚皮相应的向外鼓起，念头也随着它吸气内入，下至丹田。这种吐纳方法，在炼气的理论而言，叫作"升"、"降"的作用。以"活泼自在"为原则，而不用"意守丹田"的死守方法。

呼吸要调得细软绵长，不可故意用力拉长和求细，须顺应自然，能调几许长或者几许细，就适可而止。久久锻炼，自然会达到"若存若亡"的最高标准。

（三） 修脉搬运

在未说口诀之前，先要了解什么是"脉"？"脉"与"气"又有啥关系？什么是"搬运"？"脉"与"搬运"的关系又怎样？懂得这些简明的概说，练功就有下手处了。

在上坐之后，运用呼吸的方法，"神与气合"的口诀，调息炼气，进出吐纳，上下升降，不断地呼吸着。如果在炼气的当中，把"神与气合"的口诀掌握纯熟了，即会产生一种特别的感觉，感觉在下丹田里因呼吸的升降而产生一团"热气"，这种热气，古人叫做"先天真气"，其意思是与呼吸"后天空气"有分别的。"真气"的象征是一个"热感"，这团热气因呼吸的深、长、升、降作用，会愈聚愈多，聚到了相当的程度，它即会随着一定的道路流行着，这种热气流行的滋味取名曰"脉"，脉所流行的一定路线，名叫"脉道"。综合全身的脉道，即手足十二正经和奇经八脉的"经络"。运用呼吸方法，把这股真气的热流，循着脉道的经络循环流注，周遍全身，周行一个大圈子，仍旧回到丹田里，这种练功方法叫作"周天搬运法"。

了解上述的概说，下手练习"神与脉合"的口诀，就容易操作了。所谓"神与脉合"和"神与气合"是两个阶段，联系这两个阶段的口诀叫作"舍气从脉"。

上述口诀的意思，是说呼吸吐纳要专心致志地运用"神与气合"的口诀，将调息的基础打好，在调息当中，是第一个阶段。因呼吸作用而丹田里产生了热气，在热气产生以后是第二个阶段。在热气产生的时候，随即放弃"神与气合"的方法，改变为把念头与那团热气合而为一，那团热气在丹田里，因生聚壮满了，而会自然的循经流行。再继续把念头与它合一，随着它流行的道路跟着前进。这种方法，叫作"神与脉合"。当热气产生的同时，放弃"神与气合"的口诀，而改用"神与脉合"的口诀，这种交换联系的口诀，叫作"舍气从脉"。也就是说最初把念头集中，随着呼吸一吐一纳，继而丹田产生了热气，则根本不管呼吸了，而要把集中的心念，掉转箭头射向丹田的热气，把念头与那团热气吻合在一起，不要开小差。继续发展下去，则丹田的热气，会在经络的道路上，循着生理的自然规律，从丹田内开始流注循环，这时的念头必须跟随着它流走。一直从背后上行到头顶，下至面颊，再下入胸腹，仍然回到丹田，自始至终，念头都要跟着它，这样才算是真正做到了"神与脉合"的标准。

在真气发动之后，不论在丹田里酝酿生聚，或者已循着经络道路流行的当中，千万记着，绝不可用意识去引它领它。只能跟随着它自然流行，亦步亦趋，顺应自然，一点也不能勉强或者急躁。这是运用"神与脉合"的要点，名叫"照法"，是"内视"功夫的初步。以做到活泼自在为原则。

有些人面临着这真气的流行，不能顺应自然，而胡乱使用"领法"，妄用意识去当头"领气"，造成不良后果，因而出了偏差。"领法"本来是炼气的口诀之一，而有它专门的用处。但在这样场合，却千万不可使用。因为，初步练功的人，不了解经络道路的方向，和大小交会的岔路，同时功夫太浅，不能控制气机的进退和指挥它分经流注。如果妄用意识去当头引领它，则等于瞎子引路，必然引下悬崖，前途不堪设想了。

真气在丹田里产生以后，因为"火候"不足，先期只能在丹田里酝酿着，一直到火候充满，则必因满而溢，犹如江河之与湖泽，发生流注调节的作用，才开始向外流行，又如发电机转动生电，电在蓄电池里，不断输送电流，循着电线路径，往外供应。在这一阶段当中，必须谨守禁忌事项的要求，身心二者，都要放松，恬然怡静，不能紧张，免除急躁，连欢喜的意识也不能有，只可平淡视之，把念头与它合而为一，活泼自在地顺应自然，跟随着它流注，循环一个大周天。

真气在丹田里发动生热的时候，或者在背后循着经络上行的当中，那股热流的程度，不可太热了，只允许它有温暖的成分，如像喝了美酒，微有暖意，所谓"如饮醍醐"，令人舒适；不能像烤火或者熨斗烫热一般。这种生热发暖的现象，旧说名叫"起火"。练功出了偏差，名叫"走火入魔"。暖热的大小程度，旧说名叫"火候老嫩"。如果火候太大，热气过高，必须另用口诀去调伏它。这个口诀如下。

"哈"…………………→（hā…………→）

凡是热气太大了，即运用"哈"字口诀去调伏它。这"哈"字诀的运用方法，张口平舌念"哈"字音，音符陆续下降，而把气绵绵不断地向外呼出，如此一经念动"哈"字音，则热气即会减低，同时胸部的气也立刻下降，但，不可念动多次，只能适可而止；否则热气全消了（注：…………→表示音符是下降的）。

所谓大周天的循环，有它一定的轨道。这轨道的规律，是循着二十部脉道的经络路线，流注运行的。根据内景的理论，用练功的方法去运转它，则真气在丹田里首先向锁钥任、督、冲三脉的"阴蹻库"（即会阴穴，在两阴之间）流注，折而走向"尾闾关"（在尾闾骨第二节中），这两个地方，冲力比较大，动触的感觉很明显。再由尾闾关分两支流注，夹脊上行，直上腰脊第十四椎两旁的"轳轳关"。由此继续上行，通过背、胛、肩、颈部，直达后脑枕骨棱下的"玉枕关"。初学的人只觉一片热气上升，但功夫深的人还分四支上行，这一段的行程，即所谓"逆运法，通三关"的说法。气脉运行至此，其势已缓，故一般练功的过程，在玉枕关通过较慢，而热气亦减小了，再由玉枕关继续上行，越过颠顶的"百会穴"，和"厥阴肝经"的气脉会合，仍旧前行，转变为向额颅面颊而下注，与手三阳的气脉大会于"祖窍"（两眉中心略下些，又名颜中、山根，但非天目）。由"月窟"下入目中，复出于"龙宫"（在大眼角上下眼睑有穴如星之处）。循鼻两旁夹井灶（即鼻孔），下至上唇，左则转面向右，右则转而向左，在"人中穴"交叉而过，与"任脉"、"冲脉"相会（女同志则会于"乳根"穴）。这一段的行程，在头面部分，已不感觉热力，而明显感觉是分五条道路，自头下面，有如小虫爬行，又似涂抹薄荷冰的滋味，也非常明显的。再从此下前项至"挨刀纹"（即项部横纹），循"人迎"、"气口"两穴（喉结旁）下入"缺盆"（肩窠凹中），与全身气脉大会于"膻中"（两乳之间）。这一段行程，虫爬现象减少，若有若无了。从膻中分主从二支，主支由内里直下，归入下丹田，名叫"中脉"。其从者则由"乳根"自胸膈下行，入于"日"、"月"双穴（在脐中两旁微上凹中，非针灸之日月穴），还合于下丹田，入窍归元。这样循环一遍，即是大周天的功夫。此时归元入窍的感觉，则另是一番滋味，微微出汗，神清气爽，轻松愉快，所谓"如灌甘露"。真气归元，还于下丹田的时候，另外觉得有一股潜在吸力，把小肚皮向里吸紧，很像肚皮已贴着了背脊骨似的。同时又觉得丹田里的真气，有似香烟缭绕，悠游自在，荡漾漾，轻飘飘，似动似止，载浮载沉的滋味。又像钟表的摆，左右相应摆动似的。即旧说"氤氲紫气"的象征。当此之时，念头已到相当高度集中的程度了，仍然把念头与向内吸紧的道路吻合在一起。一点也不能分心动念，既不可欢喜，也不可惊诧恐惧，切切实实跟随着它向里吸入。一直到觉得真气已不再向内吸的程度，同时即把念头集中在吸贴最紧的地方，这地方不会很大，一般说来只有鸡蛋大，或者鸽蛋大（功夫深了只有豆大）。如此把念头集中在这最后一点，一心一意"定住"在那里，连氤氲紫气也不动了。久久练习，功夫即会进步到"清静境界"。牙关也会闭紧，眼睛也会内吸，呼吸微细绵绵不断，吸多呼少，这样已经达到比较高度的休息程度。比较睡觉恢复精力，收效快而又省事。如果不想继续久练，则把念头分开，全身放松，慢慢起坐，算是练完一趟功夫了。

（四） 咽津导引

练完一趟功夫，随即把念头与热气分开，或者与肚皮内吸的力量分开，全身放松，张开眼睛，把眼珠溜转二三次，眼皮眨动几下，即把口里的津液分成三五口，慢慢地吞下，且须以意识送下丹田。然后再舒手伸腿，用掌在面上随意摩擦，和在腰腿各部轻轻拍动。随意行之，不必拘执。

　　附：大周天河车搬运循经轨道示意图

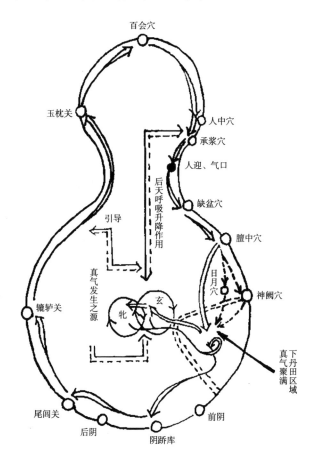

二 归一清静法的要诀与适应症

归一清静法的适应，以"阴虚"、"火逆"的人最为适宜。所谓阴虚、火逆的一般现象，最主要的病况是怕热，不但夏天怕热，连冬天也怕近火炉。长期失眠，睡不沉熟，合眼则梦，烦躁不宁，无故善怒，面如酒醉，或面色青苍，眼内有红丝斗睛，或白眼膜黄色混浊，五心出汗，入眠后每出盗汗。头昏不清，手足时发微烧，小便每觉余滴未完。自觉上重下轻，或者两腿疲乏。如上述这一类型的患者，可以适宜采用这一种练功方法。高血压的患者，也可用这方法练功，不过盘腿的方式有些分别而已。

练这一种方法，禁忌事项和准备事项，都与练周天搬运法相同。坐的姿势，也全相同，可以照法去做。只是两手"结印"的握手方法有分别而已。兹条述握手方法和练功口诀如下。

一、两手掌心向下，两掌交叉于虎口，用右手大拇指，贴在左手掌无名指和小指的歧缝之间，掌心的横纹之上。同时右手的食指、中指、无名指、小指，顺乎自然轻轻挨连着，贴在左掌的手背上，以左手背上的四个凸起的掌指相连的关节骨头为标准，把右手的食指和中指傍着左手凸起骨头贴在向腕子一面，无名指和小指，则傍着凸起的骨头贴在向指尖一面。这样轻轻把手握好，放在小腹之下，或放在盘腿之上，随意适宜放好。功夫有了基础之后，两手会逐渐自动握紧，如有一种潜力吸着。再久久锻炼，会自觉两手空空，好似没有形迹，手不存在的感觉，这时千万不可惊奇，或者张眼查看，以免把念头分散了，影响入静的发展和进度。

二、把上坐的姿势，盘坐、竖脊、含胸、垂帘、握手、砥舌，一系列的"身相"调整好之后，全身必须放松，一点也不能紧张，以从容不迫、轻松愉快的心情，安稳坐着。

三、坐好之后，随意长呼两三口气，只长长向外吐出，而不长吸入内，使内里的脏腑放松，胸膈舒畅。这时自己能初步体会轻松愉快的滋味。

四、呼气之后，随即不管呼吸，随意照平常一样呼吸着，根本不问它长短粗细，吐纳出入了。

五、把垂帘的两眼，微微闭合两眼，很轻松地在自然的规律之下，用意识透过眼帘，从而集中意识，由四十五度的角度，向着盘腿的两膝之间，默默"观"着那一团地方，旧说所谓"牛眠之地"。

六、在观"牛眠之地"当中，虽然，那地方空无一物，但，在意识集中之下，它会自然地反映出脏腑气脉的盛衰情状。这些情况，大约分为青、黄、赤、白、黑五种颜色。这些颜色，是脏腑气脉反应的"幻景"。各个人的气脉盛衰不同，所观见的颜色也有差别。一般的人，大多数先观见"蒙蒙如雾"的白色，或者如天上星子闪动的白光。而又会时时变幻各种颜色。

七、观见五色之中，以白光为纯正的颜色。久久锻炼，各种颜色退尽，只见白光，白色的程度会由"蒙蒙如雾"的景象，逐渐进步如"月光皎洁"的白光。仿佛中秋时节的一轮明月，悬照在面前，把意识集中与这白光合而为一，则自觉如皓月当空，遍体清凉，烦躁去尽，这样便已接近"清静境界"了。

八、在观看的当中，念头千万不可去追求"有光"，又当各种光色发现了，更不可去理睬它，或者用力去观看究竟，或分别白光好，其他光色不好，只把念头集中，平平淡淡地观看它，不管它忽而明显，忽而隐晦，或去或来，变大变小，有光不欢喜，无光也不着急，光来也观，不来也观，始终平淡轻松地观着牛眠之地，等于在看戏一样，任随你花脸"亮相"，老生"台步"，武生"起霸"，小丑"滑稽"，出台进台，做唱道白，总是一样地观看着而已。关于这一点，极为重要，在内景功夫的脏腑五行气化论里有很精详的理论，关系练功的成就和疗效的高低，非常之大，因为这些光色等于"海市蜃楼"，虽然都是幻景，但有它反应和影射的物质来源，所以旧说肯定地认为它"虽幻亦真"。因为它有物质基础，当然有物质的作用，故能治病保健。练这种功夫下手很难的地方，即在此处，进步的关键也在此处。须要确实体会这项口诀，才能掌握好它的规律，一经下手入门，得着经验，则一得永得，不会退转，反而进步却快，能很快进入清静境界，获益无穷。

九、观见五色的过程，在最初第一个阶段，任它如何变幻，不可理睬，渐渐五色褪尽，只见一团白色光辉，洋洋瀁瀁，悬照当前，是已进入第二个阶段了。这时如果观见白光中有青、赤、黄、黑的颜色忽然出现，则须用"吹"字口诀，对准那些杂色，"撮口抵舌"，向它一"吹"，如像平日在生活中吹"纸捻"似的，一吹之后，杂色化去，仍然只存在白光。但不可多吹和任意乱吹。尤其要注意，只有一种"紫色"，颜色鲜明、娇艳、柔和，不似光线强霸，千万不可吹它，它一样能使人入静，得到高度休息。

十、观见白色光辉之后，把念头与它合而为一。这合一的口诀是："光即是我，我即是光"，念头如此一转，即会进步到"光我不二，我光如一"的境界，也就是合一的成功，那白光即会与自己的身躯合而为一，先是接近两手，两腿已不存在，而自觉化光，溶化无物，久久锻炼，逐渐遍及全身，自觉通体光明，空无一物，不知道自己的身躯存在何处，唯觉如一轮明月，恬静生辉。又像电灯泡，光艳明朗，纹丝不动。旧说所谓的，"恍恍惚惚，其中有物，杳杳冥冥，其中有精"，就是这般滋味。练到这般地步，即旧说"坐忘"或"忘身"的火候，也就是真正的"清静境界"。亦即神经系统得到了高度的休息，既然得到高度的休息，则精、气、神容易恢复，身体健康自然因此而很快地增加了。

十一、练功的时间，初步不可太久，由二三十分钟，进步到三四十分钟，再进步到四五十分钟，一直上进，以自己的程度为标准，不可机械硬性规定。愿意坐就坐久些，不想坐就停止，是活泼自在的基本条件。

十二、停止练功下坐，只把念头与光色分开，不集中在光上，则光色即会消逝，而身躯也会显现出来。

十三、下坐时导引的方法，与练周天搬运法相同，可参看前述，如法按摩导引一遍。

十四、练这种方法，虽然下手很难，不容易得着要领，但，一经得手，就很容易上路了。即使一时练习不好，观看不见什么景象，只要能如法观着身心清静，也一样会有功效的。同时练这种功夫，不像练气搬运的方法，不会发生运气偏差的流弊，是这种功法的优点。

十五、在练功的当中，念头常常要开小差，不容易集中掌握，杂念纷来，妨碍入静的进步。这时必须使用调伏杂念的口诀，驱除杂念，纯洁念头而使它集中，一心一意地观牛眠之地，或者观面前已发现的光色，才能逐渐进步，练到与光合一的火候。这种口诀叫作"呸"字诀，正当杂念已来，纷纷攀缘的时候，轻轻张口，念一声"呸"（pēi）字音符。这个"呸"字的音，要念"唇舌音"，而且要念得轻，以自己的耳朵微微听见为标准。又要念得急，好像机车刹车似的。用这口诀，念头即会停止。但，不可随时乱念，一定要杂念纷纷拥来的时机，才可以使用。

三 叫化功

道家的各宗各派，都有"叫化功"这个练功法子，似不能归诸那一家，同时也不知道是谁人创造的方法，大家都会练。这个名字，虽然取得非常庸俗，但据前辈先生们告诉我，是有它通俗的含义的。在旧社会里，很多无依无靠的穷苦父老和儿童，因为被那个时代的统治阶级、地主阶级，剥削无余，年老年少，又无劳动力，被迫流于乞丐群中，沿门叫化，所以名"叫化子"。他们在饥寒交迫中，为了抵抗饥饿和寒冷的侵袭，在经验累积之下，发明了这种方法，与饥寒作斗争，以维持他们的生命。因此，养生家学习这一方法，以专门锻炼肠胃祛病和抵抗寒气，是非常有效的功夫。

凡是练功，各种方法，在饱食或者饥饿的时候，照理论而言，是不能练功夫的，唯有"叫化功"这一个方法，在吃饱之后，如法练功，可以帮助消化。对于肠胃病患者，是有益无弊的；在寒冷侵袭的时候，如法练功，可以祛寒。尤其是对于肠胃消化不良，蠕动迟缓，大便秘结，腹胀胃满，慢性的溃疡征候，呃气吞酸，不知饥饿，饮食后疲倦思睡，肠胃痉挛吐泻，等等，练这种动功有百利而无一弊。兹介绍其操作方法如下。

一、先选择笔直的门板，或者光滑的墙壁。

二、把全身放松，将头、背、臀、腿，全都笔直地贴着门板或墙壁，两脚跟则须距墙根约两拳远，两只脚则与双肩的宽度相等。

三、将双腿缓缓屈膝下蹲，上身仍旧贴着墙随着它缓缓下降，一直蹲到臀部，与脚跟小腿相接触为度，同时把双掌覆在膝骨上，中指把"犊鼻穴"轻轻地扣掐着，下蹲的同时，配合吐纳运气的"嗨"字诀，动作吐纳要一致。

四、将腰背离开墙壁，同时脚跟升起，把全身体重集中在脚趾尖上，顺势向前方推去，把大腿前推，以平为度。这样则可使腰、臀、背，腾空悬着，头部则把后脑支在墙壁上，但须注意，全身放松，不可用力。这时的胸、膈、腹部都相应挺起来成一条直线，内里的肠胃，同时恰好受到适当的运动。在这动作当中，配合吐纳运气的"呵"字诀，动作与吐纳也要一致。

五、照第四项操作，反回原来的蹲势，仍旧缓缓把脚跟落平，肩、背、腰、臀贴着墙壁。这还原的时候，配合"嗨"字诀。

六、这样来回蹲下运动，其次数须以自己的支持能力而定，可以三五次，也可以十次八次，不愿练了则慢慢贴着墙壁站起来。功夫纯熟，可以用一种"背山劲"的方法，用肩在墙上一背，同时双掌圈拢胸前，向前一推，借劲立起来。

七、吐纳运气的方法，是用的"逆呼吸"，采用"嗨"字诀，呼气外出，而把真气反而下降丹田，肚皮鼓大。用"呬"字诀吸气入内，反而把真气升上膻中，肚皮缩凹。

按："嗨"字诀系吐纳发出的声音，张口平舌而呼气，发的是"喉音"。"呬"字诀则微微张唇，扣齿而吸气，发的是"舌齿"音。

四　虎步功

虎步功是峨眉宗的六大专修功之一，外面用来专练腰、腿，内里用来专练肾、肝，综合它的功用，是专练治"下元虚损"的一种动功。所谓下元虚损的症候，例如阴虚火逆的高血压症，肾虚的腰痛症，因肝虚而导致的血不营经的腿疼症，因阴虚而导致的上重下轻症，都有很好治疗和保健的功效。因为一般人的病，大多数皆因下元虚损，而引起各种病变，所以特立这种练功方法，以补助其余动功的不足，而寻取专门的疗效。这是针对着人体病变之源而制订的一种练功方法，从病理学和生理学方面讲，有它独到的见解。又从多年的经验积累看，证明它是正确的。

虎步功的操作方法，分条叙述，详介如下。

第一式

全身正立，气定神闲，双手垂直，微微贴着大腿的外臁。用两眼平视前方的办法，使气自然调平，神意安闲，因为眼上视则气升，眼下视则气降。又用微抬双肩的尖端约二三分高的办法，使脊柱像塔一般地笔直，使脊椎骨一个重叠一个地竖立起来，自然地不松不紧。两脚跟对齐，中间的间隔，相当于两肩的宽度。

第二式

两手缓缓上提，叉在腰间，大拇指在后，贴着"腰眼穴"（在背部腰际的凹陷中），四指在前，轻轻并拢，把食指尖贴着"章门穴"（在季肋端），把腰部微微束紧。

第三式

先将左腿的股关节提起，膝关节微屈向前，把足大趾尖点在地上，变成虚脚，这时自觉足小肚发胀，最胀的地方叫作"承山穴"。同时把右腿微微下蹲，支持全身的体重，变成"实脚"，这叫作"虚实相应"的练法。眼睛必须平视前方。

第四式

将左腿关节全部伸得笔直，足尖向下，足胫绷直，脚背与胫骨成为直线，向着正前方慢慢地、轻轻地朝前踢去，足掌离地约五寸，这名字叫作"搜裆腿"的练法。同时右腿仍然微屈着，支持全身。

第五式

左腿搜裆式踢出去之后，随即把足尖向上翘起，后踵微微带点意思朝原来方向一蹬，这个方法名叫"翘剪刀"。再把足尖朝下一点，后踵收缩，恢复原来足背与胫骨成直线的姿势，这方法名叫"凤点头"。再把脚掌向内一转，划个圆圈，再向外一转，反划个圆圈，配合足胫腕部运动，叫作"反顺太极圈"。再用翘剪刀的方法，跷脚伸踵准备第六式。

第六式

利用"翘剪刀"后踵绷直的姿势，顺势自然下落，先用后踵着地，慢慢把膝关节弯曲，大腿顺推向前，同时脚掌配合这种动作，也慢慢放平，变成"弓步"。在这动作的同时，右腿顺势伸直，变成箭步。又在这动作的开始时，呼吸方面配合着"嘿"字诀，使用"逆呼吸"的方法，把气降到丹田。吐纳运气的时候，必须配合变弓箭步的动作，起止一致，不得参前落后。从此保持着气降丹田，一直操作下去。不用升气的方法，因为要使全身气脉集中在下丹田，充实下元的虚损。这一点非常重要，是练虎步功的重点所在，不可轻率忽视。

第七式

前弓后箭的步法，不可跨得太长，只能跨半步。这时微微把前弓后箭前引后伸二三次，腰部随着两腿的动作，也微微相应着，同时把大拇指贴着腰眼穴，腰部向前微送的时候，即贴紧它，腰部向后微退的时候，则放松它。意识集中在大拇指与腰眼穴的一张一弛、一送一退的相应动作上。细细体会肾脏开合、启闭的滋味，功夫深厚的人，从这种"内视"方法，可以体会出肾脏在内里活动和气机在内里循环的真实景象。

第八式

将右腿的箭步，轻轻朝前一蹬，向前一送，身体借着这股弹力向前微微一探，随即把右腿收回，与左腿看齐，用脚尖点地，如第三式的架子，变成右脚"虚势"，左脚"实势"，而左脚原来的弓步，与此同时也变成第三式右脚的架子，支持体重。

第九式

把右腿照第四式伸直，起搜裆腿，再继续参照五、六、七式的架子运动。如此左右交互地运动着，一步一步往前，如走路一般，朝前走去，走到尽头，可以向后转再照样练下去。次数的多少，不必拘执，随自己的意思去练，如果自觉两腿有些酸胀，即可停止。

第十式

停步停功的时候，即就弓箭步的姿势，先将后腿箭步收拢，还原站立的架子，随即把两手放下，同时把丹田气松开。

附注二事如下。

（一）"嘿"字诀的呼吸方法：将口微微张开二三分，舌头伸直放平，六个大牙仿佛咬着一枚枣核似的，同时把"人中"、"兑端"两穴（属督脉，在上唇沟中，和上唇翘尖上）微微绷着，贴着"龈交穴"（属督脉，在上唇内面，门牙的根缝中），随即呼气，发出"嘿"（hèi…………→）字的音符。这气要呼得均匀，柔细长绵。呼气到最末一刹那，迅速把牙齿轻轻扣拢，同时用舌尖轻轻地急速朝牙上一顶一送，好比汽车的"刹车"似的，这叫作"吹"字法诀，能够把气送下丹田，而且把它壮紧。

（二）真气沉下丹田之后，不可放松它，既要保持长久时间，另外又要自由呼吸后天的气。最好使用"扣肾齿"的方法。用反呼吸的"嘿"字诀，把真气沉在丹田之后，随即把六个大牙齿轻轻咬紧，丹田的真气，就不会松弛。后天的呼吸可以自由了。

五　睡功练法

睡功是一种方便法门，亦即一种调和气脉，适应自然界一切接触的方法。对于练功是一种辅助功夫，有病无病，人人可练，因为操作容易，持久有效。炼气家所练的"龟息功"，各宗各派，不出这个原则，兹条述其方法如下。

一、练功的时机，以照平常的习惯，在晚睡之后或在早起之前，或在午睡小憩的当中，随意选择。

二、侧身向左向右，皆随自己的意思，不必拘执。

三、如系向右侧睡卧而言，则先把右手的大拇指，安置在右耳垂珠后面的凹中，食指和中指贴着右鬓的"太阳穴"，无名指则贴着"祖窍"（两眉中心）。小指则贴着"山根"（鼻梁尽处凹中）。右掌的虎口接触右脸的颧骨边沿，右肘则屈肱傍着右侧的胸肋，附枕而眠。

四、头部右侧安置平正，寄托枕上。

五、右腿在下，屈膝蜷股，犹如弓形，其屈曲程度，以适意为标准。

六、左手掌心，贴在左股"环跳穴"（在股骨头与胯骨连接处，能转动的地方）上。肘关节微屈，肘臂附着左侧胁肋。

七、左腿微屈，伸多屈少，重在右腿的上面，同时把右腿的"跗阳穴"（足胫腕部、跗上），钩贴着左腿的"委中穴"（在膝后面，腘中的横纹中央）。或者钩贴着左脚小腿肚的"承山穴"（在小腿肚肌肉隆起下端的尽处），和小腿肚外侧的"绝骨穴"（外踝上三四寸处，有浮骨如笋，尽头尖处是穴）。或者钩着左足的后踵，皆可随意。

八、眼睛照平常习惯睡觉一样，轻轻闭合着。

九、呼吸照常呼吸，任其自然。

十、全身放松，平心静气，愉快侧卧。

十一、睡卧的一切姿势，确实做好之后，把念头集中，寄托在耳根上，用耳朵的听觉，一心一意侧耳细听呼吸的声音，念头随着呼吸的声音一进一出与它结合在一起。同时把头颈随着呼吸的声音，一吐一纳，配合着微微地一伸一缩，与它相应着，以略有一丝丝动意为度，不可太过了。这种功夫名叫"听息"。旧说是运用"六根"之一最利的"耳根"，以为入静的方法，也是"龟息功"的要点。配合全身关窍的贴触感应，能够使人"恬淡无欲"，自然清静，气脉调和，阴阳扭抱，平衡适度。久久坚持，益处很大。

十二、如果要想翻身，则由右翻左，照右卧的方式方法一般的练法。久久习惯，熟睡翻身，也会自然地做成如此姿势。

十三、睡功只能左右侧卧，不宜仰睡。炼气家有一句口头禅："侧龙卧虎仰瘫尸"，其意思是重视侧卧，而禁止仰睡。他们根据观察事物，分析侧龙卧虎的姿势，在生理上有它的作用。所谓龙虎，又还有调伏左肝（青龙）、右肺（白虎）气脉交叉流注的含义。仰着睡眠在科学的角度来看，的确不合卫生的要求。照几何学和力学的理论而言，仰睡时脏腑会受中心的压力，向四面迫紧，而没有余地，蠕动即受影响了。所以不可仰睡，是合逻辑的。

十四、练睡功很容易入睡安眠，如果因练功而有睡意，则顺应自然，而就练功姿势睡去，不必勉强继续练功。如此练成习惯，睡熟醒来，仍旧是原来姿势，蒙蒙翻身，也会照样。

（此上皆录自周潜川《气功药饵疗法与救治偏差手术》一书中）

义尚按：周传气功的《归一清静法》，是运用六根之一的眼根以为入静方法，而此《睡功》则是运用耳根以为入静方法。眼、耳二根，皆是六根中最易外缘而引动真心者。今即真心缘之以为功，乃是不能直见本性者之最巧、最妙、最捷之方便法门。睡功可用，坐功亦可用，非仅适宜于睡之炼法也。又，睡眠与睡功不同，"侧龙卧虎仰瘫尸"之说，似只适用于睡眠，至于睡功，则亦有专以仰式行之者矣，惟看吾人所得之传授如何耳。

第三章　峨眉宗功法浅评

我没有深入学习过峨眉宗，论理没有资格来做评价。但从目前已有的一部分材料看（此指周潜川大夫所著《峨眉十二庄释密》、《气功药饵疗法与救治偏差手术》二书），这个宗派，传自峨眉，虽然不一定真是峨眉山上，但一定是川南峨眉附近的一个偏重养生实践的派别。其内容是道、佛、药饵与武功的合一论者。从科学的观点看，是正确的。静功中的周天搬运法与归一清静法，前者是纯道家的，后者则是佛家也掺有一点道家的，如五色反映五脏的说法。二者都讲得很细致切实，这证明他们有真本领，是值得参考取法的。不过"舍气从脉"的说法，与道家北宗的见解有点两样，我已于拙作《气功保健的研究与实践》中论及之，此不多述。

中国武术，很早就有南、北两派的区分，而南、北派中，又各有其内家功法。此内家指具有高深的内功而言，与过去所说少林为外家、武当为内家有别。如太极拳、八卦掌、形意拳、金家功夫等内家拳法，完全是北派的东西；峨眉十二庄的内容，则完全是南派的做法，与杜心武传万籁声的自然门功夫，有些接近。它虽然强调属于内家功夫，同样地讲究柔道，但与北派内家功夫的以心行气，从内到外，从下到上，则完全不同，而且恰恰相反，专讲以外引内。虽然与中医经络、气化理论相符合，不过内容繁琐，纵说这是细致，并且显示了创始此功者的超越智慧，但同时不如太极、八卦等有汇总诀窍。因此限制了学者的自发性，不能一以贯之，这是很明显的。

其六大专修功的虎步功已见前，指穴功亦有浅介；重捶功当是纯用以制人的；缩地功当是轻身术；悬囊功是收缩睾丸的；涅槃功当是定法，所谓静功的前奏。至云纽丝拳是综合各式的练功方法，比较"推手"一类的方法要精细些，则显是抑他扬己，同时也证明他不懂什么是推手了。因为纽丝拳不管如何复杂精细，终是自己的造作，与推手听劲的"舍己从人"，根本是不能相提并论的。

动功多模拟动物，如金家功夫中之熊出洞、鹞子入林、鸡形步、白鹤亮翅；形意中讲鸡腿、龙身、熊膀、鹰把并十二形；八卦中讲龙形、猴相、虎坐、鹰翻皆是。故峨眉宗亦有鹰爪、虎爪、游龙、翔鹤等，盖同例也。又动功中有兼技击者，有不兼技击者。如金家、形意、八卦，皆偏重技击者，太极则养生技击并重者，峨眉派则偏重养生者。他如五禽图、八段锦、易筋经，则是专以养生见长者。鄙意动功终以太极拳为最为高妙，其次金家功夫的开合劲，法简效宏，是鲜有其匹的。峨眉派功中虽亦兼技击作用，但远不如北派之内家拳法也。

峨眉宗讲内外九气，确是分别精细，炼气功夫由浅及深，由粗至细，是有这样的历程的。在太极功夫中，讲自然呼吸，虽不强调划分九气，而九气已寓于其中。金家开合气以传授的不同，初功口呼口吸、鼻吸口呼、口吸鼻呼都有，至鼻呼鼻吸、不呼不吸、神阙呼吸、呼吸无碍，则到静功时方有之。专讲静功者，则入手最低的只讲鼻呼鼻吸，以至不呼不吸，化神还虚，极少用口者。

峨眉宗说佛家不重气功，其实也不尽然。我们可以这样说，禅家是不重视气功的，因为他已把握住了本地风光，无修无证。他如天台宗的六妙门，是把气功视作达至佛果的重要入门的。尤其是密宗当中的无上瑜伽，将气脉功夫列入二、三灌顶修法之内，认为舍此不能即生即身究竟成就，是非常重视的。不过佛家的气脉功夫，是建基在高深的禅定之上，不似道家建基在生理物质基础之上的自然，那是事实。峨眉宗认为锻炼筋骨脏腑，以祛病延年为目的，则佛家不及道家，尤以结合练功和药物服饵的方法，更以道家为优胜，这是很正确的。

峨眉宗自认得佛、道两家之长，查丹道家的极顶功夫，当推三元丹法，尤其龙虎并用，三家相见，金鼎火符之道，确能夺神功、改天命，但此宗尚未足以语此。而佛家的极顶功夫，如禅宗之见性，密宗之大手印、大圆满，非定非不定，一得永得，一修百修，也不是此宗所能望其项背的。但在他新出气功诸书中，此二书要算比较高深的，这也就很难得了。惜作者文笔啰唆，废话太多，并且江湖习气太深，逐处摆出卖关子的架态，虽然很容易吸引初学，但老于此道者见之，则不无反感，此是缺点。所以我在本册中除了节录其气功的精粹做法与重要理论观点而外，特作浅评如上，以示学问之道无穷，所谓峨眉宗之功法也者，虽然是高深气功之列，但并非独一无二之功法，亦非至高无上之功法也。

义尚于庚戌（公历 1970 年）古三月廿三日

第八编
心气秘旨修习口诀

（1962年壬寅初稿）

序

　　余前纂《方便要义》，其上卷《心气秘旨》，依《性命圭旨》九节名目，将道家修身口诀，随类附入。及今观之，总觉含混割裂，繁简失调，心殊未洽，因以《秘旨》为蓝本，去繁冗、摘精华，共成十章，首章直指真机，二章演顿法，三章论渐修，其余四至十章，则不过二、三两章之补充发明耳。因其中皆系道家修习脉、气、明点之心中心要，故以《口诀》名之。

　　忆 14 岁时，偶见《悟真篇四注》，购而读之，深信其义理渊深，登真有诀，无如隐语满纸、譬喻连篇，如入五里雾中，莫辨东西。后于一亲戚处见《性命圭旨》，喜其语意浅显，立赴书店购归，反复诵习，然节节变转，功候不明，终始大旨，卒莫了然。又约两载，方见《天仙正理》、《慧命经》、《金仙证论》、《仙佛合宗》等书，不禁大喜，以为道在是矣。然与《四注》等南宗之书对勘，则又格格不合，莫知所可。廿九之龄，始遇我道源老师，指个入处，但于南派功法，不能汇通，总觉歉然。其后参师访友，历搜秘册，南北东西，并究合研，直至卅六之岁，缘遇周师一三，方悟金鼎火符，非师不明，门派繁多，法各有异。若不分清来脉，混参混究，无异李戴张冠，必致凿枘不投。因又发箧详研，分门别类，随读随思，随思随录，前后十六载，始见精中之精、细中之细，纲领条目，融合贯通。于焉理明而心澈，心澈而不惑（彻底开悟），而年亦五十又二矣！

夫成证一事，攒簇五行，盗夺造化，若师诀不真，即入门无路。师诀纵真而穷理未彻，则行持之际，异见奇闻，心无本柄，稍有变转，必疑贰自阻矣。且理不彻者，见必不定，见不定者，功必不力，则纵有所修，皆是浅尝，动静不续，等同儿戏，欲入混沌之窍，显先天之元者，难乎其难！

慈哉闵真，法施无量！既泄天机于《心传》，复露真秘于多处。余今仰体婆心，连属前后，标月出指，画龙点睛，然无一处非先生之见之论也。后之学者，若于本书得见得事，得入得证，当无忘闵先生之恩赐焉，庶乎可！

义尚谨识于堑山石楼

1962 年壬寅古六月初二日深夜（时年 52 岁）

第一章　心气不二

（此章专言道之本体，辨析后先，乃入道修道之指针也。）

夫人之元性，即是本性元神、本来面目、本来妙觉真心，亦即是大道。所谓："百千法门，同归方寸，恒沙妙德，尽在心原"也。此真心灵灵不昧，了了常知，其体不生不灭，其相无去无来，当下便是，拟议即乖。但人一入后天，识神用事，真心即为妄尘覆盖，随缘迁流，故虚生浪死，轮转六趣，头出头没，无有了期。然此真心，固处圣不增，在凡不减。《永嘉歌》曰："无明实性即佛性，幻化空身即法身。"惟在人之觉与不觉耳。觉则全妄归真，转识成智；昧则全真即妄，智隐识彰。故北塔祚云："切忌随他不会他，大随此语播天涯。真净性中才一念，早是千差与万差。"古圣教人修道，即是修此本来妙觉真心之道。若舍此外求，即是蒸砂成饭，磨砖作镜。

真心与真气，是二是一，所谓先天本性，性中有命，亦即是性命合一。人能息妄心而真心自现，真心现而真气亦在是矣。真心无念，真气无息。若念起即息生，念亡即熄灭。故孟子有"志一则动气，气一则动志"之论。吕祖师云："无念方能静，静中气自平。气平息乃住，息住自归根。归根见本性，见性始为真。"佛密云："身调则脉调，脉调则气调，气调则心调"。又云："脉解心通。"皆是此义。

真心与真气不二，妄念与凡息亦是不二。妄念息而真心炳现，凡息自灭；凡熄灭而真气焕发，妄念无踪。故修持法门，又兹两歧：一则以修心为主，心修而气自治；一则以修气为主，气静而心自明。入手虽殊，到头无别。此所谓"天下无二道，圣人无两心，只此一事实，余二即非真"也。

义尚按：修持不外性命，在后天为识神与呼吸，即是色身；在先天为元神与真气，亦称法身。然真从假立，后为先根，乃互为依存，是二是一者（真假先后，皆是对待立名耳）。故修炼功夫，下焉者，由后企先，是为渐法；上焉者，以真摄幻，即是顿修。本章举出心气不二，实即指明性不离命，命不离性，真先既立，假后不存。修真即是去假，炼后即是存先，至简至易，至圣至神者。学者先能明彻此点，则趋向豁呈，可不致有无的放矢之弊矣。

第二章　修心摄气

（此章专论顿修之法。）

此修心摄气，在道家属上德之事，专以致开玄关为主，亦称天元功夫。

玄关，亦称玄窍，亦称玄牝，亦称炁穴，亦称祖窍，亦称黄道，亦称黄中，亦称鄞鄂。在身为中脉，在道为法身。须于前念已断，后念未续，万虑消忘之际，自然见之。当下一觉，切勿自惊，弗自惊则居之安，居之安则身中药材亦资之深。而所谓法度等等，亦取诸左右逢其源，所谓冬至、药物、火候、沐浴、结丹、脱体，无不在此者。要知念头起处，系人生死之根。古仙云："大道教人先止念，念头不住亦徒然。"当如永嘉禅师所云："绝学无为闲道人，不除妄想不求真。"《圆觉经》云："居一切时，不起妄念，于诸妄心，亦不息灭。住妄想境，不加了知，于无了知，不辨真实。"以一切境界，皆是心光，境是即心之境，心是即境之心。对境不迷，逢源不动，能所互成，一体无异。若能达境唯心，便是悟心成道。出缠真如，离垢解脱，永居清净本然，终不更染尘埃，一得永得，尽未来际，永脱樊笼，长登圣域。佛法大乘，以六度证果，然此六度，亦皆一心具足者。以自性无贪即布施，自性无犯即持戒，以自性无嗔为忍辱，自性无间即精进，自心不动即禅定，自心明彻即智慧故也。

其在道家，《琐言续》曰："我辈行功，当从无妄入手，惟以无妄为定，以妄起立除为慧。其次第，初除粗妄，继除微妄，终除无妄之妄，造至自然纯一为了当。谨先立此真念为吾天心真种子，是名迳炼上关。且置夫结胎、养胎、脱胎等等勿问。盖以此种名目，古哲寓有玄意，正以藉详节次，使无躐等躁进之弊而已。究其趋向，不外除妄存真；参其功诀，无非假一除万；推其功法，乃是由浅入深，循名实质，与夫精而求精，妙以征妙，详其极著，归于无住。而无住一诀，实又终始持之者。壳中真种，以性为体，以命为用，凝而存之，熔以一之，炼以神之，而又循以深造，直与无朕之先，合则无二，有是道体，厥用自神，然岂有不自无妄而终而始哉。"

此最上一乘大道，若根器利者，可以一超直入如来地也。然此惟上士可以学之。何谓上士？闵子《管窥编》曰："夫所谓上士者，其禀也纯，其志也一，物欲不能蔽其性，利害不能动其中，能常置其心于无何有之乡，而屡摄其身于虽死犹生之境，故自百折不回，守行其浑然无二之功，此其所以可学也欤。"外此皆是下学上达，历级升证，然始终不出此心，离此心，别无玄妙矣。

故惟宽禅师云："劝君学道莫贪求，万事无心道合头。无心始体无心道，体得无心道也休。"志公和尚云："顿悟心原开宝藏，隐显灵踪现真相。独行独坐常巍巍，百亿化身无数量。"薛道光云："妙诀五千称《道德》，真诠三百颂《阴符》。但得心中无一字，不参禅亦是功夫。"无垢子云："学道先须识自心，自心深处最难寻。若还寻到无寻处，方悟凡心即佛心。"张拙秀才云："光明寂照遍河沙，凡圣元来共一家。一念不生全体现，六根才动被云遮。"中峰禅师云："从来至道与心亲，学到无心道即真。心道有无俱泯绝，大千世界一闲身。"

然前此所述，乃是上上真机。若根前难应，依道家秘授，则当用引罡假法，由想合道，是为回光返照。其法，亦首须万缘放下，造至气静念无，身等寂虚之时，乃以意敛目神，向脑一注；继复向顶注之，由顶门上冲，直透至日月星辰之上（透愈高，现愈广，此即放光以引之诀），以上迎镇星（此星在天为罡主，在人为凶门盖骨），自能引到天罡，下合身罡（凶门即百会，乃三元会聚之所，上接三天真一，向顶注之，真一〔性也、神也〕感通，真元〔命也、气也〕汇注），得见红黄星点，若雨洒下（真一无形，所可见者，真元；真元，即真一所生之气也）；乃自顶盖，前下眉心（即是两眉间之天目，乃为三光会归出入之总户，丹书所谓日月合璧之处），存如梵 ∵（以中点存眉心，左点存左目，右点存右目），微以意运如磨镜，则两目神光，自会于眉心（亦即三光立聚眉心），光耀如日现前；复由眉心照注山根（即两目齐平之处，为人身之性户，上达泥丸，中达黄中，下通脐后者，故须凝光于此处〔聚而存之〕，由此而下注，乃是不易之功法，然忌太着意，又忌无意，兼忌躐等而进，注意，注意）；光既得聚，汇照缺盆（此穴在胸中），随凝神于脊前宫后（亦称脊前脘后），寂虚以俟（从乃以意敛目神至此，皆浑照之功也）。功造自然，则自玄关洞启，祖窍豁开（静极而动则关开，动极而静则窍开），神有所藏，呼吸气停，而炁由囟前透达，直由下中中道抵至顶骨，而若无升无降，顿觉五色神光，亿万千聚，身若纱壳，内外通透，所翕所聚，无非先天。此身造清和，当视若故有，心不稍动，加造忘忘，乃入圆证，是乃黄中通理功夫，天仙之枕中秘授也。

尚按：此修心摄气，即是偏于修定之法，上焉者直入般若之秘奥，若佛法显教之禅宗，与密教之大手印、大圆满，乃是修无相定者也。若根器不及，则大都修有相定，渐诣真境。其具体修法，以观想为主，与佛密之修生起次第，极相类似，不过道家偏重命功气脉，故以聚光凝神，观窍观妙为功，亦即修定之中，隐含气脉，与佛密之二灌秘密修法，亦极类似。但佛密修气，以刚为主，而道家修气，则偏重于柔，此则同而不同者。

所谓回光返照，乃静定其心之妙诀。光乃先天真炁所现之光，即神，即火。此纯用逆法，使时时缘外之心，刻刻内顾，则造化之真气自回，天地阴阳之气无不凝，而必用目者。以目为魂之所寓，魂属阳，是神之所藏。魄属阴，为识之体。回光，即所以炼魂，即所以保神，即所以制魄，即所以断识。《阴符经》所谓其"机在目"者，玄矣哉！返者，返乎道体，乃自知觉之心，返乎形神未兆之初；照者，即觉。始终不忘所观，一任气机之变现，始终无昧无粘，此动无随，是为至要。夫一回光也，始而散者欲敛，六用不行，此为涵养本源，添油接命也。既而敛者，自然优游，不费纤毫之力，此为安神祖窍、翕聚先天也。终则影响俱灭，寂然大定，此为蛰藏气穴、众妙归根也。扩而论之，一节中具有三节，以至一节中具有九节。如此下功，晋造自然，则所谓还返成真、温养沐浴、脱胎神化等，皆自然而然，此即"无为功里施工"也。若不以此静定其心，其息不住，身中先天炁隐，三才真炁无朋不归，行无补益，将何以生药乎！

又，佛密本尊、心印、咒字，以及三脉五轮等观修，实即变相之回光返照妙法，即增观有情尽为佛菩萨，外境为宫殿坛城，每日行住坐卧，始终不离此观而修，故为无上深道方便，而能即生即身，迅证佛果，颇值注意。佛密中脉，由梵门至阴蹻，直通如柱，其开五轮脉结，谓惟心结最难，且开后最为胜妙，远超他轮，此与闵真之论开玄关，谓终当于脊前宫后虚寂以俟，如出一辙。密法大德陈健民先生，作《中黄督脊辨》，谓中脉与黄道不同，余证以《琐言续》中论金液、玉液，有"滴下无阻，点点到心"。又云："到心极凉，过心极热。"可知，黄道非不穿心而过也。愚意，佛密超绝之处，当在方便（如本尊脉轮、内外坛城、事印幻身等）与心法（如禅宗见性、大手印、大圆满等）。于此中脉之道，虽观修不同，而在人身之一定位置，大体尚相差不远耳。

第三章　修气摄心

（此章述渐修之诀，并附"内照法"、"补亏法"、"琐言续"，详示权变之道，兼及证量现象，乃道家修习气脉功夫之口诀总汇也。）

前此《修心摄气》，乃示中透捷径，专为童真或玄关已开者说法。若是破漏之躯，真阳已失，不特玄窍久蔽，而且关脉壅塞，则必须通理任督，从色身上攻去积阴，方行无病阻。吕祖师所谓："欲修仙道，先尽人道。"此玉液还丹，下德人元之事，借补已漏之阳精、阳气、阳神而还童体。如此行后，于色身固大利，而于法身得培，更无欠缺。斯后再遵循中透，亦无混入"闹黄"之误（误在后凡杂入），乃更为稳妥无弊之要道也。

玉蟾翁曰："昔日遇师真口诀，只要凝神入气穴。"其诀在将夹脊双关所凝之神，藏于气穴（《秘授篇》曰："守中七日，即可移目下视。"）。眼耳鼻三者，亦皆随之返归气穴之中，自然呼吸调匀，绵绵若存，终日默默，如鸡抱卵，是为培药真口诀。所谓凝者，先以目光注所凝处，微以意敛，真气氤氲回归，我即以和义寄于其间，而撤其机心，有若存若忘之用，旋即从事于忘忘，其和斯极而神始凝焉，其凝在于忘忘时也。

《阖辟经》闵注曰："人自离胎，呼吸与天地始终相通，而其与元始祖炁不相接者，气浮不沉之故，欲与祖接，绝不费功，但自放下一切，吾心自静，心静气自静，气静则自下沉，下沉自与祖接，自得流通一体，久久气淳，不但周流一体，自与天地太虚同一呼吸，哪有不得长生之理？"

夫培药即是培火，神凝则火旺，火旺则气暖，气暖则精融（此泥精，亦称阴精，乃平日饮食所化，因命门火衰而滞于百络者），精融则络通无滞，厥气自能后透。所谓"气满任督自开，运行自有径路"。炼精成气，炼气化炁，专在于此。冲虚真人"三百妙周"之说，亦原于此。其法最要，但安其神，不逐于息，是风来助火，不是火去追风。凝神聚气，如火熔金，气气归脐（息向坎中吹），如管逼炉，风助火势，炉焰腾腾，此时神即是气，气即是药，犹之火炼铁红，红铁亦火，琼琯翁所谓"火即药，药即火"者此也。火药交融，金丹立就矣。

《二懒心话》云："吁！先天为阳，后天为阴，我辈修持，无非炼阴还阳之道，其诀不外乎忘形以养气，忘气以养神，忘神以养虚。其所以必造夫'忘'字境者，以所聚之精、之气、之神，皆得咸属先天，始为无弊；况所重在身常受炼，其用惟火，火足则昌，火衰则败，不忘则不聚，能忘火乃足，是乃修真之至要秘诀也。"

闵真批《修真辩难》曰:"丹法并非今日炼精,明日炼气,后日炼神也。一刻之中,具此三法者也。即如一部丹书,从首至尾,层次虽多,亦非今日行一层,明日行二层,皆在一刻之中,经行勿缺者也,故能得无偏胜之虞。(义尚按:丰祖云:"坐下闭目存神,使心静息调,即是炼精化气之功也。回光返照,凝神丹穴,使真息往来,内中静极而动,动极而静,无限天机,即是炼气化神之功也。如此真气朝元,阴阳反复,交媾一番,自然风恬浪静,我于此时,将正念止于丹田,即是封固火候。此时神忘其神,体同太虚,亦炼神还虚功也。")然而大非关限未通者能如是也。""若关限已通,三田不芜,自有胎息之验。于此再功加虚极静笃,则此胎息亦泯,乃为真息息。息者,止也。功造真息亦息,百脉亦停,六腑五脏,咸安咸泰,一点先天,乃从此步收得者也。学人要知曰停、曰息者,乃言精细之极,不觉其起、其止耳。乃正此气周行一身,全部丹书细微层次,统于此一刻之中周行无缺。丹书所谓夺尽造化之大作用,切莫轻视。"

又曰:"苟能虚极静笃,身居恍惚杳冥之中,混沌大定,神明自来,一阳来复,斯为万物未生时之元阳,生天、生地、生人物之神母,即先天一炁,亦称真铅,乃从虚无中来(尚按:虚者,虚其身;无者,无其心)。空而不空者,静处一动便采,采以不采之采,其妙更无穷焉。如是日行岁岁,事而无间,天仙且必成,况其亚次乎哉!惟要节节步步,返而又返,日计不足,月计有余(尚按:后两句为积少成多义)。"《易》曰:"不远复。"又曰:"不恒其德,或承之羞。"活活泼泼,存乎其人,学者念诸。

此先天一炁，在"修心摄气"中最为重要，古哲往往不肯直指真秘。欲知此炁之究竟，当先明此炁与道有何关系？如何区分？《老子》云："道生一，一生二，二生三，三生万物。"后儒周子云："无极生太极，太极生两仪，两仪生四象，四象生八卦。"此道与无极，一与太极，皆异名而同质也。道与无极，道之体也，真空也；一与太极，道之用也，妙有也，亦即所谓先天一炁也。然体用不可分割，故真空即是妙有，妙有即是真空，是一而二，二而一者。故先天一炁，亦可云即是道，乃内、外二丹之宗主，舍之即无以为功者。"得其一，万事毕"，正指此也。查"炁"字从无从火，即是无形之火，故此炁感召到身，即有温暖之感觉。然虽有象可循，须知乃是万物之母，先天阴阳未判之元，一至分阴分阳，两仪既立，则不得名为一炁，儒云："其为物不二，则其生物不测"，亦指此也。

　　准上理由，故此先天一炁，亦有二种。闵真人注《上品丹法节次·筑基培药章》曰："一为太极之祖炁（尚按：即无极、真一，体也），得可为母"（义尚按：母即道，道即阴阳、性命、神气。神气合一，即是修道。《大道歌》云："无中妙有执持难，解养婴儿须借母"，即指一炁发生。慧光现象，最难把握，惟赖阴阳合一之道体之建立，方能就范）；一为太极流行之炁（尚按：亦即太极内三才所发之炁，乃是真元，用也），得则乳哺，虽皆属大药而自有别。盖太极为两造所自生（义尚按：两造，即两仪阴阳义，太极为两造所自生，即两仪出自太极，亦即太极生两仪意），而此祖炁，又太极所从出（义尚按：即太极从祖炁出，亦即无极生太极意），得可结胎，故谓之母。至流行之炁，乃太极内三才所发之炁也。在造物为先天，在道为后天，个中清浊不齐，只可收作培养，故曰可作乳哺。中下之士，得此成胎，乃是幻影，非圣婴。"此即玉液还丹之所证者。但此祖炁，如何能得？则专在守静极于虚无。故闵真又注曰："每与人言观复之法，总不外乎'致虚极，守静笃'二句工诀。知此诀者，有几人哉！得（闵子自谓）年已老，一旦归空，诀不传世，徒似无毛狮子，大吼无声，不无遗憾，故注释于此，见者幸珍体之。"此指不仅得炁，兼顾得神，体用并妙，方是无上至真先天纯阳之道也，所谓"心气不二"，正指此道！

闵真人注《医世功诀》云："学者但自息心静气入手，自得真一元炁发生。盖此真一元炁，乃有呼吸气静而出，呼吸未静，真一不生也。然此无他诀，惟一念不生，则心自静极而呼吸自无矣。

义尚按：道家初步，以调理色身为主，最高最妙、最稳最速之功，莫过南派之真真金鼎火符、龙虎并用、筑基得药大法。无如事关福德因缘，得法已难。吾蜀往哲初除陈祖莲溪与吾师外，他如济一子与唐道宗辈，虽著书立说，而其实仅限于两家之法，于真真之人元金丹尚未梦见也。纵已得法，然实践非易，盖内侣难值，外护难得，世俗易生惊疑，资财不易措办。此北派诸真，不得不另觅蹊径，专依本身阴阳，取坎填离而完成玉液还丹之事也。

以上二、三两章，皆是用罡秘诀，乃偏于进火还阳之修法。此外尚有与此类似而大同小异之入手修诀二则，今特附后，以备采择，且示权变之多端，不可拘守于一隅之见也。

附录：内照法

《二懒心话》曰："夫人身遍体属阴，赖以化阴还阳者，两目也。此即入道第一口诀。"厥惟内照（内照即凝神内观也），知此，则头头是道，而玄关可望开矣（玄关不开，无从交媾）。

"内照下手，冥目，调息。片时，觉息调矣，即以意凝神于脑，以目光微向巅顶一看，觉有微明，如黑夜月色然（万氏曰：初时只是以意为之，并未有光，久之，则光现矣。光现，则性纯而命固矣）。随即用意，引此光映泥丸，待得脑中光满而头若水晶然（此即"洗髓法"也）。久之（此承上言光映泥丸之宜久存也），乃引此明由重楼达绛宫，存之片响，觉我绛宫纯白（此即"洗心法"也）。随以意引到中黄，亦如上法存之，觉中黄纯白（此即净土法"也）。其光明自觉随气下降，又觉下田渐渐宽阔而更幽深焉（此即"净海法"也）。内照至此，愈久愈明，而愈宽愈广，久之又久，觉有气动于中（此即"龙从海底现"也），我则一念清虚，微以意引目光，从海底兜照后去。未几，觉此光明已透尾闾（此即"虎从水底翻"也），渐渐有光自下升上（此即"黄河水逆流"也），竟透达巅（此即"还精补脑法"也）。我于斯时，用首尾照顾法。其法惟何？我之两目光，存在半天空，如日如月，下照巅顶，直透三关，照至极深海底（此即"圣日圣月，照耀金庭"之诀）。几若现有一轮月影，沉于海底，与上半天空月轮，上下相映（此即"水在长江月在天"之诀）。我于斯际，万籁皆空，惟用一意上冲下透并行不悖之诀，行之久久，觉此清光上透九霄，下破九渊，斯时我身已不觉有焉。内照之下手如此。吁！说时容易行时难也。"

尚按：此即引罡之用白光法也。前《修心摄气》、《修气摄心》二章之法，偏重在聚光凝神，此法则偏重在由想合道。前者虽详示法度，未及证量现象，后者则除详指方法，兼及转变之量之境，此即火候之秘也，故不特增加权变之法，实当二者共同合参之。又此由想合道之法，即是佛密之修观功夫，在道家当中，不少人认为不法自然，非是大道者。余前固已言之，果能直入般若，固是妙中之妙，然须自问根器如何，无能勉强者。且观法之要，古哲原有明训，未可轻视。如一行禅师云："先须起想，想得现前，然后用般若空而净除之，即成不思议大用，顿入佛果。若不起心观之，错会般若意也。纵尔入空，亦失圆顿之道。"又如《华严清凉疏》："十玄门中，多有六句。前五句是起想修炼，炼得现前，更不想炼，虽不想炼，常现不隐，方成第六行句。"《法界观》云："深细思之，令现在前，圆明显现，称引境界。"圭山禅师释云："思之令现，为真解也。已现即不更思，虽不更思，而亦常现不隐，方为实行。"岂可不再三留意乎？

又，引罡一法，其运用次序，虽不离由上返下，然其所用之光色，或白或黄，或红或绿，或蓝，或五彩并现，则其作用，未尽相同。其法，白光主消灾除障，通行脉络之壅滞；黄或红光，主增益严肃，补气进阳；绿蓝两光，则主成就不动，益精安神，究竟成就。若初修气脉，或时值夏秋，则以白光为妙；至气脉已通，或时值冬春，则以红、黄二光为宜，不可不知。

武功薪传

《二懒心话》又曰："若如上内照，继事无想（无想，即是忘诀），未几而心地清朗，渐觉下部豁然若失，广无边际，深亦莫测（是从内拓，加功许久，念寂至笃，乃现此境）。惟觉遍体冲和。已而，并此景象，亦置之度外，惟觉呼吸之气无，而下部腾腾气热；忽于极热之际，得有几缕凉气，或自胸腹下降，或自胁后脊前流下，溯洄于男根左右，若有走泄之机，此乃下部阴精遇炁而化（此阴精，即上所说几缕凉气、四边流下者是也）。真炁力微，化而失炼（不能大热者，真气微故，真气即真火），则与凡气合（凡气即火。此际凡火，相火也），将成交感之精，不进阳火（闭息存思，即名进阳火也），此物必将夺关而出。法惟有凝神集炁于海底，以两目光推而荡之，如转磨然（别云，此丹田气海所在，阴精特多，若欲炼阴成阳，舍于斯培火，别无他法。即用我两目神光〔属真阳〕下照丹田海底，一念不杂，观想红日，不少忘失，如此积日累月事之，方克有济）。我于此际，此心愈加宁静，则呼吸气停，而真炁得注留下部（此真是进阳火之大秘诀，心愈宁静则呼吸气停着眼）。下部斯得热如鼎沸，而阴精化气，随炁后攻，穿尾间，升至泥丸，化为真液（此之谓还精补脑之实据）。下降重楼，润绛宫（此名后天甘露，乃是化血之物），从心后脊前，分达两肾（此时甘露已变红色，化成血矣），我则以两目光降送至肾，左右分旋，急旋急转，便热如火（所以炼血化精也），由两肾热至脐轮（所以'炼凡返真，炼气返炁'之诀也）。此一热也，须比前更热数倍，斯此物由真精化而为炁矣。从此不住手（断不可稍住也），其热复降至海底，而仍行其存注之功（此为要嘱），则如前云之阴精（此所必有，且必多者，要炼到周身纯阳之后方无矣），又得化气而后升矣。炼阴还阳之诀，不外乎此，其效验可时见（间断则难见，故戒间断也），而要妙在能恒久焉（切嘱，切嘱）。果能循环无间，日行时做（必要如此，如此方是），何愁不如前贤所许，计月而成者哉（是可必可，必无疑者也）。"

尚按：此即玉液还丹之前奏，炼饮食之阴精，使化为气，再行炼气化炁，以成玉液之药物者。此诀与女子斩龙功法，同出一辙。因人无日不饮食，则由饮食所化之阴精，亦无日不有，向因真气力弱，不能融化，流滞百络，成痰成饮，或化流火，酿成痈疽，苟不以此转阴成阳，其流弊岂有底极乎哉！此人身一定之气化，不分男女者，不过以体质阴阳之不同，而得验亦不同耳。

附录：补亏法

补亏者，因人娶妻生育，及酬应一切，无如年过四十后，其精气已耗大半，若不补足，则坐不到正午时，九还正功，无从入手也。

如法坐定，身心两松，口勿遽闭，使呼吸自然出入三五分钟，以呼出粗气，转入细静。次乃闭口，将心松放，至大周法界，微住。随即徐徐收返散外神明，摄至心窝下面两乳肋人字骨下软陷处之绛宫穴（医书名膻中），令凝定。俟万缘澄寂，心性溶和，然后合目（半闭亦可），瞩视鼻梁中间，略下即是鼻准，用意将眼光交合一处；或眼光随意行，微微向内返照，凝视两目中之山根，于此收拾念头，身心安和。次再移入两眉中心上三分之天目（乃聚火之所），所谓"返炼五行，逆施造化"也。待凝定不散，杂念不起，复以意上移至头额正顶七分之乾元宫，微停；又上移至囟门，上接天罡（透顶而上，直冲霄汉，日月星辰，犹在其下），罡光照注，即倒转玉枕（玉枕乃脑后骨也），直注入夹脊、膏肓中（夹脊在背脊骨上十二节之下、下十二节之上，其中间即夹脊。左右有两穴，左曰膏，右曰肓）。到此，即自息心静气，养我浩然，专注于此，勿令念起他散，每日以一二小时为度。此为第一步。

如上每日数度行功，大概壮者不过数日，衰者不及十日，必感夹脊中间热如火炽，且加胀痛；既见此候，即以意将夹脊炽火，送入两肾，即觉两肾辘辘，跳动不已，乘时以意由两肾中心送入阴蹻穴（即会阴穴）。此穴在前后阴之间，上入肉一寸二分之肉茎尽根处。行功至此，觉其中掣掣跳动，我只毫不着意，但觉浑身通泰，心迷如醉，遍体脉络活动融和，如沐浴、如坐春风。我亦毫不着意，只自专心致志，安居其中。少焉，凝定跳止，便宜细心内观默察，觉我之气根，从阴蹻穴底起，上升至脐轮，即自止而不上，复下降至阴蹻穴底，自是升升降降，限定于此三寸一分半界内，且外息吸而内入，内息即呼而上起，与之互会，外息呼而外出，内息即吸而下降，归根返元。如此内外升降，阖辟不绝，务令自然，我只松其身形，虚其气机，静其神息，寂照于其间而已。切忌助长执着，留意留意！此为火入水中之诀，乃是本法第二步。

尚按：在此第二步中，每座皆是由神凝绛宫起，直入阴蹻调内息为止，亦即一二两步合为一步行动，宜知之。

又此调内息之法，宜绝对自然，则能无弊，苟或略用心意送之上下，则与我灵明便相错乱违背，不能融化为一。经三四息，便觉小腹气应胀，苟患此弊，须重新整顿，再坐绛宫，凝天目，注夹脊，入阴跷，如调劣马、责顽猿（劣马顽猴，乃指灵明言，非指内呼吸），重新收摄未纯之心入定。若心已纯，随时随地可行。此止观阴跷之法，行之既久，游思妄想，气渐销融，精气神自能浑一也。

又若初用功时，念动神越，弗安于阴跷穴中，则尚有数息一法，即数三寸一分半之内息，使心得有所依倚。初坐数二三百息，继渐日加至五六百息为度（近于有为，运化则可，于至道则未也）。斯法虽勉强，然数之既久，自能坐定，入于无何有之乡也。

依上安居既久，则神自化气，气自化精，三者浑而为一，觉气息有入无出，坎宫暖气发生，一线阳火，上升脐轮，旁及两腰，热如汤煎，体素畏寒及手足畏冷者，亦转觉温热，阴茎必时翘举、淫心勃勃（神凝阴跷，一念不动，五百息内，神与内息不有丝毫离间者〔有一丝他念，即有一丝离间〕，准于第十六次即有斯等功效），此时切勿动念，只以不识不知应之（平素好淫者，此时淫火倍甚，苟近妇女，精必如注，竟有盈盆累碗之多。虽平居不好淫者，此时亦必有淫念，念不能除，精亦离窝，甚则外泄，非特前功尽废，且多因成泄精病者。独此为最险关头，庸夫俗子，万不保一。惟学力渊深，操持有素之士，尚必内范严密。只以不识不知应之，则此阳火，自然运注坎宫，即化为精）。更或抓紧调息，武火烹蒸（心照空中，与炁相守，维系规矩之间，往来方圆之内，息息归根而自然，巍巍不动而清静，心光与真气衔接，浑凝安闲，惺惺寂寂，是谓养气初功成）使自趋平静，以意凝入脐后，片刻而止。如是每日行持，每日阳举，每日烹煎，切勿以意导引周天，须让过月余，以日积我精（如是三四十日或五六十日不等，总以阳至绝无淫念为度）。此正以壬化癸，以气化质，添油补亏之秘诀。盖阳待阴养，阴精不补，则真阳难藏，喷顶坐化，每每因此。必待阳至倍旺，而反淫念不生，方为坎宫精满之候。此为本法第三步。

坎宫精满，化气益旺，热生盖炽，自能冲关贯顶，由前而下，复返丹田，所谓"气满任督自开，运行自有径路"。斯后每逢时至（待时之法，入室安坐，塞聪闭明，绝思虑，守真意，使元神浑沦虚灵，融通湛寂。内照防其昏沉，存其正念，如潜深渊，如守规中。规中，玄关也。然不可执着，令真阳不生。道在不急不怠、勿助勿忘，直至空无所空、寂无所寂，神气浑一，恍惚若太虚，先天一炁，从太虚来。机之未发，静以俟之；炁之既动，神以聚之），即当乘阳气方动，起刻漏之武火，运转河车，日积月累，自得龟缩无漏之验，是谓补漏筑基功成。此为本法第四步。此已是晋入返还正功，玉炼金炼，详如后章，此不多赘。

尚按：此功乃修习欲取先与之法，就后天色身培补而言，有其一定之作用。凡身衰过甚而又无力外取者，当先修此以强固色身也。

又此法亦出自北派，以是初功之初功，故于设备坐法等，皆有论及，如云："法于入手初，设一净室，上下置木板（防湿气蒸入），室中明暗适宜（过明伤魂，过暗伤魄），风日不侵（防外感也），窗阖开闭，占验天时（暴雨严寒、烈风迅雷则闭；云开日丽、月白风清则开）。置坚木榻于室中（因榻不坚，体转闻声则伤神），榻上铺毡毯，加软厚垫褥，务令两腿足骨着榻处，坐久不痛为度。随时（若饱食后，须缓行二三百步后方坐）解带宽衣，作金刚正坐（即七支坐），手结大三昧印（如释迦佛），坐定。"此亦初学之不可不知者。

又，玉液还丹之功，实即修习本身之脉、气、明点，但道法自然，虽以修气为主，实则资气炼神，借假修真，与邪说之采取、搬运迥别，故曰修气摄心。不得真旨者，往往误用后天神气，是入手已错。又因有采取、烹炼、封固、周天、阳火、阴符等说，不明根本，谬执迹象，按图索骥，北辙南辕，是何异入水捕鸡、缘木求鱼乎？惟闵小艮真人于《琐言续》中，对此论之甚详，且语无流弊，宜细体之，兹特摘要录后，用备实修。

附：《琐言续》

一 四季功法

《琐言续》云："古哲有言曰：修炼有三乘（天、地、水三仙也），而炼法惟三则。三则惟何？端直身体（身正则脉正故），空洞其心（妄去则真显故），真实其念（念即志，乃主宰内外者，故又名曰主人翁。尚按：即真心、真神、真意或真一也）。此三句是双修家（性命双修之家）彻终彻始，片时片刻，莫可或遗者。其诀在以一年缩一月，以一月缩一日，以一日缩一时，以一时缩一刻，名曰功夺造化。《入药镜》寿其诀，诸丹经承述之，行无不验，而古哲谓须循体（道体）以待时（活子）也。丹书所载，无非培命口诀，而行贵得中，故其工法增减，第可自审而维持之（秉性有明暗，体制有厚薄，阴阳有偏胜，境地有忙闲，天时有冬夏）。盖一年有二至，一月有朔望，一日有子午，体有自然气机（机者动之兆，升降之先觉者也），现有不同景象（静观其机，凶吉可卜。及其已现，吉凶已定，窃欲挽回，还于机兆时，以意维之，俟其已现，酌加增损乃妙），而火候寓焉，究其秘要，不过升降放收而已。其利弊，不过勉强、自然、通泰塞执，与夫间遵疑问而已。"

"原夫冬春气机贵后透，法自下极，气穿尾闾，上夹脊，透玉枕，入泥丸，略存而降；又自华池，下重楼，由绛宫一停，乃过心（泥丸名髓海，暖气达脑乃化液。华池乃任督会宫，故须略停，非仅止泥丸也。重楼乃直下，至如绛宫，乃藏气之府，脑池所降之液，便可于此化血者），或经心后分两路，达下腰肾，又略存之（心后有两络通腰肾，人用心太劳而心血枯，两肾之精，逆上以救，故劳心者，其肾必亏，此腰部疼酸之症所由致也。今于心后退降，其殙其血随下，血便化白，而肾气充足，故须略存之）。觉此暖气各向腹兜，环拱至脐轮，须大存之（此又炼液化气之妙用，故须大存）。乃以意注命门，又须久存（乃炼气化炁之妙用，故须久存。余按炼诀，其于命门、绛阙、泥丸三处为仙凡共宝之要地。凡人于此能着意，精气神自充足，事仙舍此三地，无从下手。然水府本冷，绛阙本暖，而下极又系阴浊会聚之地，泥丸为清会之天。盖水性润下，火性炎上，乃欲令水上升，使火下达，非意指使，不从命也。究其寒能令热，热能令凉，固必借夫真意以挽回之，然亦内有自然之义焉。盖此水府自有命门，状若佛前琉璃灯，昼夜不或熄。绛阙有华池，而心苗涵其中，上有髓海布下真阴以覆之，此天造地设现前真境。古哲于此真境中，默令真意以维持之。若从水府入手，则于活子阳生时，维不外透，而又默集夫四家真火，附入命门，厥阳自旺，群阴恋炼，寒且化暖，而真阳亦藉以润，升透自易。及其既透，又有过化存神之妙，而升透自无稍阻，此督通御极自然之妙义。若从绛阙入手，则于活午阴生时，维不内滞，而又默集夫四家真水，汇注华池，厥阴自旺，群阳乐涵，热且化凉，而真阴亦借以熔，降灌自利，且其下灌亦有过化存神之妙，而降灌自无或滞，绛阙神清，境忘其热，得有化血化炁之验，因而下注中黄，辟开生面，四境咸宁，此任通抚世，自然妙验之义）然后下穿尾闾，如前法升而降而存。按工诀谓以未穿尾闾为一周天（盖此功法，乃自下极起手，行到下极，已满一周天耳）。古哲题为冬春功法。"

"若值夏秋，体其气机，乃贵前通。其功法，乃自华池一存后方下，过重楼，抵绛宫，法当存此绛宫，局境宽邃，趣味悠闲，恍见性水，波光蓝如（说法如是，然戒按图索骥），顿觉得有凉液，自天滴下（按功法，学者斯时项背须直，而头面须带仰势），一到心宫，备觉清凉（谨按功法，学者斯时，方见性水，可悟上之所述，第言其理耳），斯时大存之（所谓大存者，并无作用寓焉，从事忘忘，即是大存也）。继乃随机溜下（味斯"溜"字，有油然自得之趣），分达心后（此由心后两络，分达腰肾，藏有露液化血，露血化精等等妙验），及腹，又觉遍体氤氲（是又余液化气之验），下极火热（又是炼气化炁之验），身前身后，微微汗透，得有如沐如浴景象（按功法未满一周，而效至此节，即欲停工，亦无不可。第欲停工，须加忘热片时也），微以意向后注（曰微者，以时值夏令，内景贵凉，学者内无积寒淤滞，而功到汗透，功已足矣，若再加意，便违天时），自透尾闾，而升巅顶（功到透关达脊，当值夏令，不妨加意内透，以达内伏积阴，亦口诀也），一到泥丸，须大存之（此一存也，其理微妙，学者慎毋认作故事行去，是乃督通之竟验，又为通任之初基，中通之元始，绛阙赖以安宁，华池借以清洁，黄中通理，玄窍神凝，以生以成，咸叨其荫，是内药外药分金之通会。学者于此，法惟空洞其心，真实其念，顺其炁腾，勿忘勿助，透足炁回，髓澄无际，即有萧台琼馆、阆苑金庭，隐现于斯，惟存敬肃，戒住欣赏。学者功足，现益清澈，要知犹系身具，未足为真。第此净境，是名真影，日后道成，所造证者实似之。目前大存，法惟益加清省，戒起妄念而已）。乃复自脑，下华池，达绛宫，又大存之（此存大有关系，其功法玄矣，然不外乎无为工里施工也。盖阙乃化血之府，心凉生血，故须无为，血须归络，故机气须虚，意不加松，其机尚滞，中无敛意，血又妄行，法宜向机以佐导之，而胸背腰腹，法有定制，苟或违制，功到验至，竟大悬殊，致有因成血症者。定制惟何？胸势微向后而已，是虚心靖阙之秘旨，学者识之）。自觉遍体清快，古哲谓为一周天。夏秋功法乃如此（古哲之行合天时者，功法乃尔）。"

尚按：此四季功法，摄为后透前通之二。乃任督开后，偏于以炼后天之精为主者。然万启型氏有云："冬春阳气潜藏，故行升功，长阳以消阴；夏秋阳气发泄，故行降功，育阴以敛阳。惟初学，总宜先降以消浊阴，后升以复清阳。若后天三宝未充，遽事升法，恐真气不能上透，反夹带浊气，以逆流经络之间，其受害无穷矣。学者不可不慎。"又曰："泥丸，乃人身之天宫，行功时所现之境，正是脑宫现于光内，心静光明，光明乃见，其影如以镜照物，物影在镜，而物体却在对面，此理不明，便有南行而北向之误。丹书'对面真我'之说，其义如此。"至于绛宫大存，乃"修功大关键，此注不可不三复，丹书之所未泄者。按皆无为而蕴功用者，所谓无为功里施功也。至其定制，尤不可忽"。"按降法定制，头颈胸腹俱直，而带仰势；升法定制，头颈胸背俱直，而俱带俯势也。"

二 十二时诀

此诀一名"功夺造化"，乃是四时功法之引申。

《琐言续》曰："古哲遗有四时功法，而缩行于十二时中，余今以十二时一定气象为学者言之。凡夫水月交映，得之自然者，子正有之（"自然"二字着眼，以水月交映，其机根于湛寂，必学者于湛如寂如之际，一念不生，其气清极而月水自现，此天一生水，坎象也。坎中一画，即月现之本，有是体存，自有用现，故曰得之自然，其理则如是。盖此步起自下极，乃冬象也。水现月升，是即活子之内现，斯时必身无其身也）。我无觉有，丑正有之（由无身而觉有身，活丑也，然犹觉而未著也）。觉气通流，寅正也（既觉有身，则此中动静必自觉，乃三才初现也，是曰寅。此乃承上更进一步，觉身中气机之动，然仅体觉于无闻无见之中也）。气机洋溢，卯正也（有透外之势，闻见将启之义）。存无守有，辰正之工（分别气机之念生，宜置之不计，凡见见闻闻，有而不有，惟守夫混穆气象，曰工者有作为也。作为如何？即存诸有于绝无之中也）。隐显莫测，巳正气象（隐现听之，毋庸维持作用，故曰气象）。万象罗列，午正气局（一听自罗自列，不稍动念）。真幻无常，未正如之（灵境隐现无常，当自守其真）。念起即扫，申正功法（愈现愈奇，移步换影，触动心目，故加扫工，即念起即扫也）。一灵独露，是酉正兆（斯时内慧光充，宜不住于明，而神栖于寂，下境方现）。闻见顿泯，觉无端倪，非戌不现，切忌惊疑，守戌正法（一无见闻，端倪亦隐，真阳得以养，真阴借以生，是象帝之先，岁为九秋，活时戌正）。湛如寂如，是值亥正（于戌不惊，能如戒进，便得湛如寂如，与天合德之活亥，是即《老子》"游心于物初"之候，其妙诀在一"如"字"如"字妙义，乃"无住"二字之生魂，大道之全影，学者能仍从此字进修，则复递现递守而递进，进进无穷，自知造化在手，命不由天，诚而行之，计日可与古仙齐驱并驾）。此即前辈缩年缩月缩日缩时缩刻，按部行去所现之灵境。然须善会而功法咸备，其大旨在无住，而旨脑全凭不动一诀（其诀法惟在无住与不动，信然，学者细体前注，自能步步合法）。故凡行至亥正，法惟神注下田，而工须若存若忘。忽得红日一轮，透自天心月中，初见大如豆许（谨按：此月，乃于下极海底透出，已乘中炁升巅，斯时学者工到身无其身，故得现有水月，要知月魄仍藏坎位，光华上射，乾气凝之，现有是象。其时坎水波澄，月影波涵，故曰交映。至其放光，乃因肝阳下注，恋月停轮，魂为月孕，此又月吐日辉之由，而精未升，尚潜海底，此后日升，宜循督透，法惟以意后注乃得，倘或升循中任，其祸莫测也。万氏曰：按下极之水，名坎水，即月魄，魄气上升，乾气凝之，而魄得日辉故明，其精在上，名曰天月，坎水下沉，天月影于水中，名曰水月，其实一物，坎精耳。及得日现月中，而月影水涵，下部火热，是乃月晦之日月同宫，既济义全，丹道之能事基此。则此一段，何可不加细味）。切忌念动。已而月隐日彰，法惟息心以俟，得有腹田若炙，乃是日沐海底之效，故得遍体充和，又觉内炁后攻，旋复炁穿尾闾，腾腾上透，乃无弊焉。方其海浴未透时，切忌惊提，否则立有莫测，状若流火，法惟叠用忘诀乃痊。古哲于此，微移其神，导之后透，自必破关上达，既已抵枕，乃以意引。盖此玉枕，丹书名为铁壁，在天即名罡际，非此真炁，莫能透也。得此真炁，以引透之，乃为通督。修至督通，一半功矣。第行此功，惟用引字，切戒用武，一杂武工，便致有声若雷若霹雳，学者即或失戒，致有此种，切戒惊怖（诀用两手捐藏魂诀以坐，即循大惊，不致神飞之险）。法惟益加定静，守过半饷功夫，随有一滴如泉，从空滴下，体其趣味，觉大清凉，或极甘美。体其滴下，有形亦好，无形更妙不可

武功薪传

言（要知此一定静，从加意至忘忘，须得半响乃能，故下接曰'随有'。此明夫甘露须自忘忘中得，其得乃真。此时工已造至无身界，故曰自空云云。然学者要知'体其'两字，非当时之意义，乃事竣之追思。法于此时，从空不辨，清凉甘美，有形无形，概置勿问，其功乃足。盖当未有滴下，但觉空无；及有滴下，自觉从空。滴下自觉，方非莽荡。不觉从空，功邻昏散，非正功法，第加体认，便堕情障，已著意识界，不可不戒，注故及此）。古哲谓此一滴，直落绛宫（速可知矣），是名真阴。其降景象，缓亦好，捷亦好（味两'亦'字，乃教后学置此种于勿问，是古哲教杜意识之功诀）。惟能滴下无阻，点点到心（于此可悟，究以捷者为真），更为难得。又云：有形而速名玉液，无形而速名金液（此说不传之秘，余昔得之于太虚翁，今年已老，虑终失传，述于编中，详授有缘）。"

太虚翁曰："有形而速，无形而缓，总属妙有，法当体认得真者。盖以此点，到心极凉，过心极热，热若汤泼，斯乃真液。若点无上说，尚属后天，不过得润气机而已，不可视为仙品。然于当时，切忌拟议念起，法惟循次行去，亦为有益功验。""噫！要知既缩岁景于一刻者，法惟活其气机，寂其心意以行，自合古法。能行炷香，已夺百年造化，古哲故名此为'功夺造化'，是难而易者，学者勉之。"

尚按：此炼气化炁之功，乃玉液正行，亦兼通金液，对气机之分辨甚详，实即火候之密旨也，宜深体之。又太虚翁云："若犯所忌（指察念拟议等），来情来景，变更莫测，便与古义大殊，急宜停工勿事。少顷，念静气平，乃事本步，不如退行本步前程，总以得合入手初步灵境，体无二焉，方许顺循下行。否则宁将前功尽舍，另起入手为妙。"此亦不可不知者。

三　活子午功

《琐言续》曰："真正之活子午，须于无形无象中求之。其说惟何？乃于功到寂无所寂，忽觉内机有若得得焉，此是活子之初。继觉勃然机现，乃是活子正象。油然内透，将达男根，已是活子内炁充盈。法用天目凝之（顾视之义），其炁自循督脉逆上昆仑。微以意留，觉此髓海波宁，油然下注，华池生风，汇临绛阙。斯时天君泰定，万国咸安，是名取坎填离。若至外肾已举，更值念生，斯时外肾必大举。古哲于此，急以意引回，乃循海底，逆透上巅，存于乾鼎，勿忘勿助。气得髓涵，自化玉露，油然注池，下降阙盆。露得盆存，自化赤液，分注心后，得遇坎阳应升而上者，另有一种春深趣味得尝。但可领会，切戒情牵。倘一心动，急引乾宫真炁降压，立自清新；或以意包现象，敛下下田，大煅一番，引其后透达巅，存于泥丸，大行淘汰。所谓淘汰者，置此见见闻闻于意外耳！已而华池液涌，咽咽咽下，觉此绛阙，金碧辉煌，旋更宽广无涯，现有海市蜃楼气局，而有乍远乍近情形。学者于此，始悉性功为保命之鄞埠也（尚按：可靠堡垒之义）。法惟置而勿着，否必现有淫席，荡吾心志。法惟以意一包一敛，置勿之审，急将目光耳神，敛入无见无闻之处。如是一存，即造身世咸亡之境。已复觉有氤氲气象，现于湛如寂如之中，法亦置而勿问，则又造夫人法双忘。到此地位，忽觉有身，乃以意审窍中窍而止。丹书名曰'采药入炉'，又曰'活子行功'，其效乃尔。"

尚按：万氏曰："此等功效，养而自致者曰天仙；稍加维持，随机勿住者曰水仙；大加把握，强炼还源者曰地仙。三家之极境虽同，而致极有异者，由于性天，故曰'修命不修性，修行第一病。'"

又曰："所谓活午者，核即古哲活子后事，并非别开生面也。第古哲之行功，起自活子，而太虚说法，重在活午。味其创申十二时诀，谓到现有'黄金世界'，此正活午上上真境，功宜事采。究其采诀，谓用《清静经》三观功法，其最上者，从事无无，而又不住于空寂，及其归宿，仍寄于无，如是循环，炼至聚则成形、散则成炁而止。"

又曰："其中功法，有可揭示者，学者于得见黄金世界，急起身后无上灵炁，透至极上极远、光不照处落下，统将灵境一罩，敛成黍米。或由宝瓶吸入，或以意收入腹，或乘罩劲，由我身前极远处，兜下极深，透上极高，下瞩灵境，有我色身坐立焰中，急存忘热一诀，顿觉色身熔化，惟见光明。急以意收意敛，转见一珠如豆，悬于太虚，急以意收，安于虚寂玄窍之中，仍得湛如寂如玄境而止。或于灵境现时，微用真意摄此灵境，纳向身后，默用提诀，由身后提，加用两眼，上视泥丸，觉我泥丸，真炁氤氲。仍以意引下注，觉有炁溢一境，恍见池水盈盈，此则已到华池，便有玉液金液沛注，咽咽咽下，由重楼，抵绛宫，自得无上清凉。继复下注中黄，另有一番趣味，而遍体充和。此时觉有二炁，左右盘旋。又有一炁上升，一炁下降，一旦针锋准对，乃有上就下迎，又复此追彼退、此退彼追，更有相纽莫放之情。斯时切戒贪着，戒动凡思。略染夫情，则此二炁，战吞情肆，三家纯化后天，体必发颤，呼吸必粗，外肾火热，便有万难自新之厄。此时救法，惟凭两目上视，引降真阴，以压情焰。然此至宝，已化后天，法惟大集真火于下极，猛烹而猛煅之，令其重透尾闾、达泥丸，重下重楼、下绛阙，得大清新一番，否则此宝，不得复原。故古哲于此一节，不敢泄漏，盖以学者极少童真，其身情窦既已开破，功行到此，如何不动情思？且此一径，乃是熟路，欲不夺关而出，难乎其难！惟彼童真，此窦未启、此事不知，行功到此，不过觉大春生，而神机上透，自不下达，万无此变。古哲性功淳澈，功行至此，急引真阴，以压浊火，赖此绛阙清凉，化炁下凝，藏于炁穴，以意封之，湛寂片刻而止。"

又曰："前此详言活午者，以此活午不明，则真阴坐失，纵得从事活子，苟无真阴以涵，功足化神，其飞可必（人知进阳以退阴，不知育阴以涵阳。盖退阴是退浊阴，育阴是育真阴，真阴不存，真阳亦散，此一而二，二而一之相为抱负者）。以真道久晦，余故详述十二时诀之程途定景，使行有把握，不致中惑而退。"

"汝曷不证诸丹经，外肾无念而举为阳生，又曰乃是活子，于此可悟外肾无念而大举，已值身中活正午，此而方事夫取，则所得已非真阳，窃欲借以养生则可，欲借成道，不其难乎？（万氏曰：真正先天活子时到来，外阳亦不举。至举阳，则已落后天矣。至阳大举，尤为后天之后天，采之何益？所谓"见之不可用，用之不可见"也，学者不可不辨）此因学者昧夫内机初动、初现、继动、继现情景，阳复之初，不加培养，俟到正午而采之故。究其所以致误，乃昧夫古哲缩字诀，而仍泥夫定子，故误而不悟。纵能按说加功，已致中误也。其胆怯而复泥见者，竟且置而勿取，以为过时之阳不可采，岂知尚是望正之月，置而勿采，是又误而更误矣。吁！要知津津泄夫活午者，诚以活午乃修道之大关键，若不了悉其情，则十遇而十误。我按前辈精修，每得于活子，计其所失，莫不失于活午者，何哉？性功未足，性为情移（原按：非仅于灵境现时失也，学者恒失于杂念骤起。盖坐至杂念云起，即是身中之活午到验，弃而勿坐，与坐而勿制，制而勿定，皆为失守）。方到正午之际，万路齐开，无奇不现，无巧不彰，命之有者，咸呈勿隐，大凡命功足者，所现必愈精妙（古哲有自知之明者，行功至午，半垂其帘，有目若无目，一凭神会，以调其机，归以清和，炁得藏处而止），非仅得声得色，上而天宫、琼楼霞馆；中凡玉女金童，琪花瑶草，莫可数述；即现中下，亦必名山胜地，或献女乐，或供仙馔；最下灵境，亦自超尘，人物之美，铺陈之精，大足令人顾惑。偶一情系，便滞勿超，迟其升证，如恋兜率。次则神滞泥丸，脱胎无望；更或舍为魔踞，而神遭魔啖，是皆昧却活午功诀所致也。"

太虚又曰："功到真幻无常，虽已未正，苟能督率气志，而加功凝定，半晌之间，运返正午，现有黄金世界，照耀心目，是即李少君日晨再中之功，药物最足，乃以意收，自化真炁。仍以意凝，收入祖窍，乃谓得药。南宗列祖，宗此大成者。淮南王、魏伯阳、葛、许二真，加行包提等诀，拔宅飞升。我师泥丸翁，行而勿用。吾亦身试，得有六天震动之验。师止勿终习。汝宜宝秘，待时授之人。若夫功见坍墙败屋，种种衰象，乃是学者阳衰阴损之验，法惟念念崇真，行行合度，加以存守命门，兼事虚心，致乎实腹，切戒忧恶念生，此亦古哲功从活午入手之口诀。"

又曰："大凡功从活午入手者，乾宫为至要之功，淘此炁机，下注华池，灌夫绛阙，活子到来，但凭神审，子午会交，惟凭性靖，功以终造清新为合度。若从活子入手者，坤腹为至要之功，炼此液气，上达泥丸，下灌华池，清乎绛阙。活午到来，切戒情漏，午子会交，亦凭性靖，以终造冲和为合度。若夫闭目内观，自有种种灵境得现，法贵无着，逐步进功，而移步换影，境不胜述，法惟毋住焉而已。及至炁到坤位，总以得暖为功，俟炁后透，达巅降阙，总以得凉为功，大旨如此。惟能内观不二而一者（二乃二目，一则天目也），全以神体而神会之，此天仙功法，能者从之。"

四　用功法度

《琐言续》太虚翁曰："我辈用功，须法古圣仙佛，必于动处炼性，静处炼命。毋若世之学者，但于趺坐时，方加功法。若辈其然，故十人十不就。古哲不然，故百炼百成。我愿学者，先从身等虚空入手，以天地虚空作法身，以此色身作天心之神室，以此肉心作天心之宰，一无好恶、取舍、趋避等等识念，一无所系，绝无游思。惟存一空空洞洞，无明无暗，所谓浩浩荡荡，不偏不倚，端直其体，空洞其心，真实其念，方不负此良会。而功至活子，不失培养，功至活午，收包得诀焉。呜呼！此身不向今生度，更向何生度此身？"

"修道人初步，何以必自身等虚空一诀始？盖斯虚空，乃天地之本体，吾身之究竟。假此真象以入手，则后持功诀，头头合道。谨按行功，无不以天地为法身者，究其功诀，乃自宽其气机。气机宽，始无中滞，乃得以身为铅，以心为汞，以定为水，以慧为火，而一无或难。况吾身虚处即天，实处即地。其中心肝脾肺肾，乃既精神魂魄意。其在天地间，既为金木水火土，而于道，则为仁义礼智信。体其作用，无非补偏救弊，而不外夫定慧两义。有谓定乃道体，慧乃道用，其说似是而非者。盖定对不定而言，慧亦对夫不慧也。按其精义，定慧两字，皆属道用。夫道之为道，自然纯一，而具万有，该古今先后，而有若寂无，彷之太极，庶几似之。物来顺应，慧之义也；物往勿随，定之义也。然惟圣人能之，我辈修持，亦惟致修及似。始而难，继而能，终至自似焉而已。其功法，不外克己。克己功法，无事净其常，有事净其变。吾师太虚翁曰：'若以虚空为法身，而不以色身为天心神室，则落莽荡之虚无，而中乏主宰，是为外道。'故古哲必以此诀续之，而又虑入无情外道，故更以肉心为天心之心。盖明夫天心，无时或昧，而圆净圆觉，故能应拂无偏，而又出诸自然，气机自充。循是以行夫身心铅汞，定慧水火，此念而外，不杂一念，是即所谓'念中无念'。若并此念而去之，是为水火煮空铛，乃无情之外道。景仰天仙者，须共参之。"

尚按：此上《琐言》数则，宜与二懒内照法合参，乃是"修气摄心"中之火候细微，学者行功时，自审是否到量或合度之明灯。能深体此，方知纵是小周，未可小视，而世人之修炼无成者，皆是落于后天搬运，播弄识神，与道法自然之真旨，相隔天渊故耳。噫！炼功岂易言哉！

又，《修气摄心》，虽从玉液兴功，先修色身，然此仅就功夫深浅而言，并非功法内容，截然不同。即此后之形神交炼，致极圣功，亦不过二、三两章之扩充，功夫愈久愈深，而得验自益玄益神之有别耳。

第四章　采取真旨

古仙云："未有不交媾而成造化者。"交媾即是阴阳合一，水火既济，神气归根。不论修心、修气为主，其目的俱不过完成一交媾耳。交必有产，喻以复卦，比之子时，强名药物，其实不过气机之静极而动，真心之由定而发慧耳。动而外施为漏，慧而分别属识。道贵无漏养慧，复还本初，即此维持复初之功，强名采取，故云"采以不采之采也"。

慈哉！紫清翁《修仙辨惑论》云："以端坐习定为采取"，其义更明确矣。《天仙道程》第八则太虚翁曰："端者，六时专一；坐者，两目附土；习者，羽趋潜阳；定者，寂然不动。"（尚按：坐字岂仅两目附土，也可说三家相见；"习"字繁笔"習"，上羽，下隐日字，日为真阳也）盖"阳待阴养，阴须阳化。我惟全神专注下极（即端坐二字之义），则潜阳旺盛，斯有阴附立化之功，而群阴羽趋之效，有不待致而来者（即习字之义）。我惟虚其气机，则脉络自无阻塞之虞（遇有阻塞，则愈加我虚松其气机一诀），而中有或痒或痛、或麻或跳、或凉或温、或火烫或冰冷、或如丝如带、或如雾如云，种种不同，现于四肢之间，而我只行虚我气机，冥其闻见，心存海底，不起一念，专守下极（即是定字之义）。白祖所谓'开乾、闭巽、留坤、塞艮'（开者，上冲之天，下达之渊；乾者，顶际；闭者，气停于内；巽指鼻；留者，存义；坤指下极足心；塞者，如忍大便；艮，即地户粪门也）如是而已。"小艮真人曰："乘虽有三，采取功诀，并无二致也。"

《阖辟经》云："每当天地交合时，盗取阴阳造化机。谓于亥末子初之时，清心静坐，凝神定息，收视返听，一念不生，万缘尽息，浑沦如太极之未分，溟滓如两仪之未兆，湛然如秋江之映月，寂然似止水之无波，内不知乎吾身，外则忘乎宇宙，虚极静笃，心与天通，先天大药，随我呼吸而入于黄庭矣。"

此中有深耕之诀，假幻钩玄之秘。闵一得注《修真辩难》曰："不在心肾，而在玄关一窍，已暗示采取功诀。盖以后学真破元亏，惟宜深耕置种，乃能假幻钩玄。不识深耕置种，无由返本还元也。欲事深耕，功从三观（内观、外观、远观也）。三观功熟，乃事置种。种者何？同类也。知识同类，又谓采取，胎尚赖结赖圆，岂仅元固已哉！然不为之指示终始，未有不仍事邪说者也。闻之太虚翁，翁谓：邪说之行，病在功不破关，类不识类。破关直指，无过置此身心于先天之先，行到自自在在地位，不劳功力，玄关自开、自见、自入，第当知忌著相著想，又忌当面错过。盖功造初见、既见之时，若一动念，玄关立隐，个中玄况，立必随念而变，致莫中止之虞。诀惟置我神志于不识不知之地，行到万虑不生，一灵亦泯，是造混穆极境，是已深入玄窍窍中地位矣。忽而一念顿动，寂而视之，觉有如吸应呼，不击自鸣，乃是一阳初动之候，须加寂如一诀，又忌木住一弊，诀惟循动透入，是正玄关洞启之候。倘犯木住，古哲名为僵立内外。学造此候，旋必如春如夏，境得日暖风和，花明柳暗。我若真瞽真聋，六门紧闭，一窍不开，是为错过。若因驰骋颠倒，昧我本来，是为逐物，亦足自误。诀惟廓放真元，与境元合，而内存涵志，一意内虚且寂，已觉个中得有无上湛润，外境庶繁，听之而已，是为功造正午，万路齐开之玄况。诀惟从事退阴，然亦不过意存敛志，其元必自若云归洞，第见霞绕空谷，倏忽由和返肃，是造申酉玄况矣。寂视久之，况现冬象，则事乾卦初爻。学者至此，未可住手，诀惟神收下极，功造遍体充和，悠然住手，是为从事玄关初步功法。如是行满百日，再商进步。”

“所谓布种或置种者，须置活虎生龙，备为勾引，感太玄于虚际，是乃清净道侣，以元引元，以一引一，此自然通感之妙用。其偈曰：‘活虎生龙习静时，虚空交感不相知。无中生有还归彼，有里还无我得之。得此恍同巫峡雨，全凭目力慎维持。’”（闵子注《阖辟经·采药归炉章》）

“乃构生龙活虎于丹室，用以感致真元，男则致夫坤元，女则致夫乾元。两元气感，交于虚际，必有所生，吾用我媒引至个中，结成夫妇，是为神仙延年而已。惟能廓我鄞鄂（即玄关），内感三元，假中真火，剥阴留阳；日行月炼，打成一片，待时作用，得感坤母应敕。人元真一，降配我中，真真合德，自得真火如燃；

炼生黍珠，以志引落中黄极中，如珠盘旋，霞云覆护，存若女孕，乃为结胎。法惟虚寂以存之，既惟日温时养而已。如是休养，功到是一非一，是二非二，乃为致成天仙之功诀。"（闵子注《修真辩难》）

"须知若果侣属置种之侣，不宽衣，不解带，一龙一虎，均以清净气神，会透虚空，即于虚空净境，相吞相啖。我于其下，但廓鄞鄂，寂虚以俟，得有种龙种虎，神交生物，自必下投吾谷。我但加倍虚寂，自与吾汞融合。惟戒内起杂念，必无他变。功峻之后，觉吾此中顿倍安泰焉。倘沐天缘，竟于种交之际，感降上天圣父圣母，精交虚际，必有天宝，如月如日，合璧虚悬。我于其时，鄞鄂旷廓，兼吾真阴，积如玄圃，渊深无际，则可以意上迎，自得天宝，如针换芥，亦无他变。倘我此中鄞鄂未具，真阴无多，只可窃叨遗荫，身如背曝日中而已。若或不量，妄意上迎，必有火焰昆岗，玉石俱焚之变。虽有知音伴侣，同成灰烬也矣。古哲所谓天宝，乃是此宝。所谓世财，乃是鄞鄂与真阴也。盖此天宝，其烈过火球，已无真阴以配。我身民相随之，色身立成灰烬者，此无救法也。"

"此外更有虚空采取一诀，太虚翁云：'玉液既满，急宜入圈，成法其然，然只重在寂俟一诀也。后学学造此而境遇不能。'泥丸氏曰：'但自一循道体，致虚致寂于大庭广众之中，则所得亦自无量。凡夫外护内护，皆可勿用，然此只自问，毋自欺焉。个中妙用，大非浮躁能事，亦非固执能行。惟于活泼中行其至诚无急者能之。盖圆寂者，觉无不圆；觉圆者，明无不圆。玄机到时，玄

　　　　　　　　　　　　武功薪传

况呈时，无能或昧，何劳知音音达哉！且凡志士，境力都薄，必如成说，付之浩叹而已。'"

泥丸李翁谕太虚翁云："成道多门，而采取非一，律宗所示为最高，盖谓得自虚空也。得之之时，学者倘有遍体统炽之患，此情动于中之故。法惟退心于密，能感致太极真阳，阴焰自灭。夫此真阳，归自坤位，升得乾护，归休太极，故能降熄燎原之焰，然非凉德所能感降吾身者。是以学贵垒行，名曰深耕。次惟大隐朝市，不劳布种，自有人元虚集，而已则寂静虚无以俟，此则律宗之所受授也。夫太极真阳，学者德能感此，必自顶门而下，且必滴顶应阙，霎时清凉，验乃如此，所谓'乾元得自顶，三界立清凉'是也。"（《阖辟经·采药归炉章》）

闵真人云："玄关开后，有力者预谋元种，无力者寂隐市朝，至上莫如净结无遮佛会。谋成、隐成、结成，自各有无上上大用，此是历古至真，山盟海誓，三更时候口授之诀，未尝形之纸笔者。学者见之，毋作等闲看过。其要全在深耕一著，深耕功浅，得收无多，深耕功熟，得收盈仓，此是至理，幸勿自误。"（注《修真辩难》）

泥丸翁《女宗双修宝筏》曰："男子双修不用鼎，用鼎终非得道人。添油小术非真诀，真诀三才为一身。女子双修总一般，无含三有育成丹。个中真一如仓粟，造化为炉熟任餐。"又曰："可知世有无遮会，种子原来遍大千。假个坛场作鼎炉，卢能去后失真传。"又曰："吾说此偈，天龙八部，应各惊骇，谓吾饶舌，恐遭玄罚。而我畅言之者，盖承玉清神母懿旨，谓惜大道绝传，曾敕不二圣姑郑重宣示，口以授我，意在直泄，毋复假名易号，重误后人。其说曰：‘孤修非至道，同类自相须，身外有身者，形忘堪事诸。其诀曰：‘乾元得自顶，坤元失自牝。人元遍大千，三元一心领。不外心寂虚，不外身无梗。动静合真常，我无元自并。元并一亦并，一元即情性。情乃性之元，性为才共禀。能无元一化，自超无上品。’是乃玉清神母之懿旨，不二圣姑之口授也，能者从之。”

太虚氏注曰：“同类相须，太极之理，是即所谓‘二五之精，妙合而凝’也。《悟真》内外，全部《参同》，所言只此一理，世人误会，乃有三峰之秽行。今得师训，千百载心传始白。炳何幸而得授（炳乃太虚翁派名也），世何幸而得明！是为男女二宗末后大着。第非具有慧力，鲜克有终者。炳味宗旨，法惟无我，乃能无物，物我两忘，真一乃现。真一已现，循一以持，一自相熔，化化生生，无穷无已。个中皇道，莫如无遮佛会，丹书所谓生龙活虎，遍满虚空，炳于斯会见之。然须一循古制，乃无侮吝。以斯会也，其义至密，而迹至显者，切莫误会。夫所谓密，密在一心，有得有失，人莫得而知者是。其所谓显，显若市聚，行行止止，纤毫无隐者是。惟其则法乃尔，故能不为世忌。噫！哲人之心苦矣，哲人之见远矣！”

又曰：“这边事尽，那边易通。那边未通，机隔重山。其通也，以念引之，油然沛然，四邻自至。故虽隔山隔湖，而气机之通，有如觌面。其法惟何？闻之师云，放光以引之，摄心以俟之，若彼升我降，彼退我归，会而已矣，无益也。法惟于不寂中寂然不动，虚而善受，气机一到，觉有谐畅之趣，仍自寂然不动，以意包摄之，深藏内炼，由坤达艮，乘槎入汉（尚按：汉指天河，乃张骞使西域之神话传说，亦即运转河车之喻），觉有金光电掣，凉气弥空，如云如烟，绕身内外。于斯时也，戒杂人意，或慕或疑，念起立撤之。觉有一种气机，油然充塞于中，无有内外，无有边际，倏忽之间，变态叠现，难以计算，莫之能绘，莫之能说。然亦有寂无光耀、黑漆成夜者，是皆谓之玄影，又名彼岸圆像，实则彼我圆图，谓之《华严》、《楞严》、《法华》三境，三山十洲玄景，其实彼我化工之气机，彼岸非彼岸也，而彼岸得证，又不外此。"（《女宗双修宝筏》）

《阴符经玄解正义》闵真注："聋者善视，瞽者善听。绝利一源，用师十倍。三返昼夜，用师万倍。"曰："此篇所言，乃是功法，统而体之，在专一，在至静极虚而中无人我，一任自然，有有无无，一以气机视之。此中常寂，寂忘其寂，则可造至常应常静。纵在一室孤修，而虚空感至真一真元，采不胜采，竟有十倍万倍之获也。"

又注《阴符经》"知之修之"段云："拆'知'字作'矢'、'口'解之，自有《三皇玉诀》可证。然《玉诀》所示，极堂皇、极冠冕，虽处通衢大庭，有矢口之用，岂仅不宽衣、不解带，即使彼我不面，亦且远近不隔，所谓山河大地，莫非炉鼎，蠢动含灵，无非药物。第当空我色相，寂我思虑，只存一炁，无际无边，六合三才，视同粒粟，我之个中，光华内透，有若应感而出，其直如矢，旋见圣日圣月，金光照耀，五彩云霞，浮空随注，疾若飚风，无遮无碍。已而日月合璧，悬我金庭，渐近渐缩，其小如豆，恍若佛前琉璃灯，个中大无不容，细无不纳，比之谓口。斯时不起一念，初必有物来自虚无，觉我此中得有万种充和况味，但可领会，莫可端倪。三圣谓此是真元之至，尚非真一。真一之来，亦倏然自入，寂无声色，惟觉此中万分泰定，安若磐石，而莫可形容。真元真一，如镞之赴的，此之谓矢。夫口也者，盖即是本经之奇器，道宗所谓玄窍，佛氏之彼岸，儒家之无极也。"

又注《阴符经》"故曰：食其时，百骸理，动其机，万化安"段曰："'故曰'二字，藏有妙义，亦见《三皇玉诀》。其诀惟在还返而不流，复于邃古之初，复命之义也。'故'者，反古。是言文胜之机，则当反古。此即《老子》'游心于物初'之义。'曰'也者，个中有一，乃致一之诀，法惟万缘放下，缩身世入我个中，其大无际，一任气机流行，如云如霞，忽焉万籁俱息，内外安定，即以意凝之，但觉油然，寂寂无声，三圣谓是真一之来归，乃是'曰'字玄象，此则所谓无象之象也。若泥于形，则所得必伪。能从虚无入手，则曰时、曰机，皆合道矣。盖不失其时，而后能食其时；不拂其机，而后能动其机也。"

又注《阴符经》"人知其神之神，不知其不神之所以神"段曰："须知虚无中的有交感妙义。此节上句，乃指物我气神（闵注"时物文理哲"段曰："物者，对我之称，谓人也"），相交于虚无之中，所生之真元也。下句乃言三才真元发扬于上之气，感我之气神上达而应之、凝之，则虚无之中，合并而生真一也。谨按经义，言取物我平感合生之物，不过真元，故谓之神之神，不足贵也。能得彼我气神上感两大人元降合虚无而生之物，乃是真一。得而有之，始成圣真之胎，是为至宝。神与神合，故谓之神之神。至合中所生之一，则虚极矣，不可以神言也，故谓之不神之神也。语气偏重下句，故有'知'、'不知'之别。"

闵子《修真辩难参证》曰："丹经所谓'同类易施功，非种难为巧'。只此两句，诀法备矣！味此'类'字，知在先天中讨同类。大地生人，龙虎无量，其中合星合潮者，亦自有无量数可接可取，第以见不见为可否焉。此道惟吾北宗得之。其谓'种'者，义更精矣。不知彻用'种'义，适合水火空煮之讥。见此批者，幸勿草草看过。然此采法，岂仅不宽衣、不解带哉！鄞鄂宽广，百里之内，不面不期，如磁吸铁，而迩若同座也。惟玄关寂开者，行乃不妄，亦不幻也。"

又曰："混俗和光，正以夺造化，了生死。盖古虽遗有深耕置种大法，无如力不能行，势不可办。如吾薛祖者，元既破，真既失，法惟权隐于通都大邑，洞开玄窍，放光引至世散元一，收修鄞鄂，再依巨富有力之家，虔行格至上天天宝，结我圣婴，了此大事。""此乃太上心传。盖通都大邑，乃大丹材库，巨富而有力之家，所蓄更精而近。祖于其中，廓其鄞鄂，洞其玄关，朝迎夕迎，不惟法身日固，天宝必自惠来（尚按：此"混俗"之大作用）。""如是以后，单亦不孤，而双非徒双，何愁温养乳哺、脱化粉碎等等后事乎哉！此诀不泄，大道不明，纵或胎结、胎脱，不行九年面壁，万难粉碎虚空者。以其所结之丹，真中有假耳，其病在求速效，而未得其真信无无之一。惟太上心宗，大道丹法，进一步，淘洗一步。所谓淘洗者，步步命学返至自然。是以古哲，于此一道，必自炼心入手，乃能步步返元，造至虚无可虚，寂无可寂，先天乃现。如是虚寂，造至自然，玄关乃开。关开，始能左右逢源，天宝始从此得。如是结圆，故能聚则成形，散则成气，无须加行面壁也矣。"

《上品丹法节次》曰："俟周天满足，先天乾坤之位已定，从此绝不可从形相推求，仍自虚其心，以致虚之极；实其腹，以守静之笃；诚于中，以自观其复。（尚按：查小周功夫，自阳光二现起，即当停止小周之采炼，更宜专一入定，以培养其真阳，静候阳光之三现。由是于静定之中，忽眉间又掣电光，虚室生白，此时真阳团聚，大药纯乾，气根之内，已有大药可采。故当用七日采工，以双眸之光，昼夜守视中田而勿急）自得凝然大定，纯粹以精，勃然机发，顿失我与天地现存形相，第觉虚灵朗耀，无际无边，一觉急收，登时冥息，即自入于窍中，混混冥冥，不识不知，无声无臭，斯为大开玄关，深入一窍。顷久，一点自落黄庭，才是先天气复，自然周流六虚。方知此身原是坛炉鼎灶，心为神室，我处其中，只是一个真意。觉得气爽神清，身和心畅，天地日月，仍软如绵，是谓金液还丹。只觉圆陀光烁，浑如元珠之在晶盘，其实无形无象，圣人所云'虚灵独露'是也（《戒忌须知》曰："天仙大道，视惟存有圆陀陀、光烁烁，始成水月境界，次成黄金沙世，终成红紫净境。卒忽现境缩小，如米如粟，我则以真意摄入玄关，如磁吸铁，透入玄胎，乃谓安灵入圣之妙用也。"）

亦先师所谓‘乾坤混合，完我太极’者是也。白紫清云：‘片晌凝结，十月胎圆，即无卦爻，亦无斤量，其法简易，惟上士可以学之，甚易成者’，亦此也。”

小艮真人曰：太虚翁论阴阳门派云："余闻之驻世神仙张蓬头，张其寄姓也，故明忠臣瞿讳式耜之子，嘉庆间来金盖，貌若三十许人。余闻其名久矣，因叩以阴阳门派，究以何派为的？仙曰：‘汝师太虚翁应有开示，何问我？’余跪而诉曰：‘然。师谓（真种之得），或于太空，或于通都大邑，或于丹室，或于坛靖，或于丹座，而皆非旁门。’仙曰："得自太空者，以太空为法体，以三才为药物，乃是无上上乘。得自通都大邑者，以六合为法身，以活虎生龙气化之材为药物。得自丹室者，以法身为鄞鄂，亦用龙虎为种为媒，致感太极阴阳交生之物，以意摄归黄庭为丹本。得自坛靖，以丹室为鄞鄂，法身为玄窍。法虎法龙，神凝丹室，摄归玄窍，产生真一。留一配元，以为真种者有之；或用虎龙为媒，致合太极阴阳，神凝丹室，而虎龙亦有所生。乃留太极交生之一与我，致还虎龙所生元一。以一归龙，以元归虎，寂然各归而止。皆属上乘。汝守吾示而行，能虚尔心，寂尔神，忘尔气，世财充足，所得必富。汝欲事此，培德为先，德大则福大。上天泄此妙道，所以度一而济万。志在长生，上天未必鉴佑。汝自量材以行可也。’余乃拜而受之。是日也，五彩云罗，时许乃散。仙师指而示曰：‘小子凛之。今日事，天神已感鉴矣，何不笔以誌之，待时授之世可也。’"（式一子曰："阅此可知道派甚多，皆可成就，不必成见自泥，务须得真师传授耳。先生详示，有功后学

不浅）（注《修真辩难》）

小艮真人曰："得诀以修，头头是道。古仙云：'处处绿杨堪系马，家家门闾透长安。'欲寻真一，诚行自得，第不深造自然，万无幸得之理。盖先天大道，纯以还元为事，苟不置此身心于先天之先，玄关不开，不造自然，先天不现，而所得不真。果能抱守止观，功从先天之先下手，而深造自然地位，则其全神，已证真一，以一求一，易如反掌，焉有得假作真之弊乎！"（《修真后辩》）

尚按：修真一事，不拘"修心摄气"或"修气摄心"，其最后要必深入玄关（大开玄窍），方能从事采取，而行不虚行。故致开玄关之诀，本书在《第二章》中，即特为和盘托出。《第三章》中，虽偏重后天色身之调摄，然亦实是开启玄关之前行。因真开玄关，非是易事。当其未开之前，不得不凝神气穴以修人元之功耳。（玄关即是炁穴，气穴在下，炁穴在上，穴同而窍异也。静极而动，则气穴开；动极而静，则炁穴开也）于此可知所谓采取者，实包括修真之整个次第，扩而论之，古谓原始太上至至今，无日无时不在采取之中，故能弥远弥光，采取宁有底极乎哉！至于"布种钩玄"与"虚空采取"，是北宗寓有南宗法，此与道家南宗金鼎火符、龙虎并用三家相见之妙道，虽尚隔一间，然已不可小视。吾侪福薄缘悭，且际末法，欲入圣域，舍此莫由。古哲"形神虽曰两难全，了命未能先了性"之论，殆必有鉴于此也。且此放光以引之之法，与佛密之修息增怀诛、观想咒诵、上师本尊、诸佛加持灌顶，入我我入之道，有相通者，亦一奇也。本章为道家最深、最要之秘诀。自古丹经，皆隐密不露，今赖闵真之慈悲，大泄天机。尚学浅行肤，不敢妄述，故仅节录真人之数在开示，系统整理。未得诀者，可资之以作寻师之指南；已得诀者，可借之以作行持之心镜。闵真神鉴当不以尚为多是饶舌也。

第五章　火候密义

（此章论火候正义，乃口诀中之口诀，与《漫谈》中之广义者不同。）

所有火候口诀，余已汇载《仙道漫谈》中之《火符概论章》[①]，欲知其详，当参彼品。至本处所述，则是火候之正义与实修之口诀。

炼外丹之法者，不离鼎炉、药物与火候。内事仿之，以黄庭为鼎，气穴为炉（此玄窍未启时之小炉鼎，若炁穴开后，则以乾位为鼎，坤位为炉，是为大炉鼎），精气神为药物，行住坐卧、操持照顾为火候。夫火是火，候是候，火即神火，乃贯彻内事之始终者，但其中有文武、升降、进退、行藏、采取、烹炼、沐浴、封固、温养、脱胎等等变化，皆宜随机取舍，因势利导，不能过与不及，斯即候也。自冲虚子《天仙正理·火候经》集说火候而内

---

① 《仙道漫谈》，见本书姊妹篇《丹道薪传》之第四编。——编者

炼之法大备，无如浅识者流，不得师指，播弄识神，缪执迹象，本是大泄天机，反致浪生邪见，是岂真人之始料所及哉！

考道家大法，阴阳虽分三种，然其实际运用，俱不外无为之后，继以有为，有为之后，复返无为，整个程途之首尾如是，每日每时每刻之功夫，亦无不如是也。无为，即是"钻杳冥"，求虚静，用成交媾之玄，盗夺攒会，舍此莫由。有为，即是慧光生，气机启，须明运用之妙，意必固我（意是分别，必是强作，固是执著，我是色身），在所切记。至复返无为，正示返还之终极目的，兼指阴阳反复，循环不竭，静极必动，动必入静，无使偏胜，且不可间断，于此可知火候之要，不过虚静、自然与无间而已。不虚静，不能功夺造化；不自然，不能运用合辙；不无间，则断续不专，成功路遥。而"虚静"二字，尤为火候之根荄与动力，苟能"致虚极，守静笃"，造至自然地步，则大本已立，体立而用自行，所有以后之采取、封固、升降、周天等，一如禹疏九河，因势利导，皆能从心不逾矣。

故太虚翁曰："饮水饮汤，冷暖自觉。苟其法身已具，所谓调护之诀，收放之宜，无劳访得者，固已有内验足审也。即或法身未具，所谓调护之诀，收放之宜，亦只宜于一身中寻其消息者，亦不外乎塞通、升降、寒温、燥润也。于此而施其则法者，夫岂外乎塞者通之，寒者温之，燥者润之，循环颠倒于其间乎！"（《女宗双修宝筏·第五则》）

又曰：百日、十月、三年、九载等，虽是成说，然以学者禀受不一，智愚各殊，或不及期而功已成，或已逾时而效不见，惟以功候为凭，不可克期求效。又如喻以胎婴，比以丹鼎，妙义存焉。学者当得意忘言，决不可刻舟求剑。行功之际，或收或放，宜降宜升，勉强自然，通泰塞窒，一以神会，致于自然。其机圆，其法活，万不可胶柱鼓瑟也。能悟此旨者，方可取诸丹经以印以证，否则宁可束诸高阁。

闵子曰："若余所闻，贵在知时识候，则进退合度，应文应武，自不失宜。个中之维持调护，只在学者灭动不灭照，机现自觉，随机分处，致之中和，念不偏胜，捷在转瞬，绝不费事。第非虚极静笃，流入莽荡昏迷，则时到不知，机现不觉，足大害事。果能用志于寂，置心于虚，不照而照，一灵常存，何时之或失，机之或蒙也哉！苟遗斯诀而他求，纵得洞悉卦爻等等，诀繁条琐，适足纂扰，万难保无毫发之差殊也。是于太上正宗，一概扫除，专以致虚致一为体，亦以中和、清和为用。南宗陈、白二祖，盖尝印证于律宗钟吕老祖者。"又曰："惟是虚极静笃，而一灵存照，则时至必觉，机现必知，诀惟专一，还返先天，造至中和，等等火候，何难中式合规哉！"（《修真辩难后编参正·内外火候》）

尚按：火候乃修炼中之逐节事条与变化，故自下手以至了手，无处非火，即无处无候。然总括言之，不外"动静"二字。所谓交媾，即是由动入静；所谓采取、烹炼、升降、周天等等，即是由静入动；最后神入混沌，气归虚无，即是动极仍归于静耳。此动静循环，即是阴阳叠更，要必以虚静为体，清和为用，法于自然，准于无间，火候虽繁，岂能外此？此乃提纲挈领，穷原竟委之论，智者须具慧眼以观之，方知此乃火候秘中之秘，诀中之诀，故以密义名之也。

第六章　形神交炼

（此乃十月功夫，不传之秘。不知此旨者，只能神妙而形不妙也。）

夫修炼虽始终不外一神，而其中先天后天与夫动静之转化，却不无深浅。概括言之，初功炼精化气，由后返先，以动静交炼为主。及至气足无漏，祖窍豁开，则渐造静多动少，以至有静无动，此正冲虚子所谓炼气化神之功。大药既入神室，神光不可须臾失照，必以元神为大药之归依，相与寂照不离，则阳炁自能勤勤发生，与真息相运于神室。又必以大药为元神之点化。大药得火炁相运于神室，既能点化神中之阴，阴神赖以降伏而念虑不起，又能培补神中之阳，阳神愈益阳明而昏睡全无。此时元神虽安居中田（实即安居祖窍，所谓虚空之谓中也），却连合下田二气以为妙用。因此时关窍全通，下田二炁勤生，自能运转于已通之正路，服食于二田之虚境，吾惟致虚守静，以元神寂照为主宰，二炁运行为辅助，造至运忘其运，神入大定（念无生灭），灵光不昧，迥脱根尘，则食脉两绝，昏睡全无，而炁化神纯矣。

《上品丹法节次》曰："灵丹既归神室，古所谓'丹灶河车休矻矻，鹤胎龟息自绵绵'之候。王重阳曰：'圣胎既凝，养以文火，安神定息，任其自然。'正阳老祖云：'不须行火候，炉里自温温。'杏林祖师曰：'炼气徒施力，存神枉用功。岂知丹妙诀，镇日玩真空。'以上皆是养胎真口诀。盖以前虽得大药，五彩并现，时人便谓之结胎，然未经变化也。是以仙师曰：'丹田有宝非真宝，重结灵胎是圣胎。'得丹之后，为十月养胎之始。此后当刻刻操持，时时照顾，如龙养珠，如鸡抱卵，暖气不绝，始得灵胎日渐坚固。一意温和为主，念不可起，念起则火炎；意不可散，意散则火冷。第令无过不及，惟以炉里温温为是，别无他法也。若有作为，危险立至，慎之哉，慎之哉！十个月功夫，自始至终，须得犹如一日，时时全此七情未发之中，刻刻保此八识未染之体，方谓修之炼之，而得以神全胎化也。如遇丹火发热，存两眉间有一黑球如碗大，收摄入于神室，其热自退，不可不知。"

此十月炼炁化神，亦概略言之耳，且若欲大成，尚有"真空炼形"之诀在，故普照佛心曰："鼻端有白我其观，却叹人从瓮里盘。最上一乘含蓄远，好从玄窍觅天宽。"莫认真云："平生姿韵爱风流，几笑时人向外求。万别千差无觅处，得来原在鼻尖头。"孙陀罗尊者云："世尊教我观鼻端，我初谛观，经三七日，见鼻中气，出入如烟，身心内明，圆洞世界，遍成虚净，犹如琉璃，烟相渐消，鼻息成白，心开漏尽，诸出入息，化为光明，照十方界，得阿罗汉。"古仙云："形以道全，命以术延。"此术是窃无涯之元炁，续有限之形躯。无涯之元炁，是天地阴阳长生真精、灵父圣母之炁也。有限之形躯，是阴阳短促浊乱凡父凡母之气也。故以真父母之炁，变化凡父母之身，为纯阳真精之体，则与天地同寿也。盖人未生之先，一呼一吸，气通于母；既生以后，一呼一吸，气通于天，天人一气，连属流通，相吞相吐，如扯锯焉。天与之，我能取之，得其气，气盛而生也；天与之，天复取之，失其气，气绝而死也。故圣人"观天之道，执天之行"，每于羲驭（注：太阳别名）未升肠谷之时，凝神静坐，虚以待之，内舍意念，外舍万缘，顿忘天地，粉碎形骸，自然太虚中有一点如露如电之阳，勃勃然入玄门，透长谷，而竟上泥丸，化为甘霖而降于五内。我即鼓动巽风以应之，使其驱逐三关九窍之邪，扫荡五脏六腑之垢，荧身炼质，煅淬销霾，抽尽秽浊之躯，变换纯阳之体，累积长久，化形而仙。诗曰："天人一气相呼吸，以法追来炼形质。窍窍玲珑五蕴空，霞光万道连天碧。"陈翠虚曰："透体金光骨髓香，金筋玉骨尽纯阳。炼教赤血流为白，阴气销磨身自康。"丘长春曰："但能息息常相顾，换尽形骸玉液流。"张紫琼曰："天人一气本来同，为有形骸碍不通。炼到形神冥合处，方知色相即真空。"盖真空炼形之法，譬与运瓮相似，若处瓮内，焉能运之？必也处于瓮外，身处瓮外者，即释氏所谓"外其身而虚空之"是也。故《老子》曰："外其身而身修，忘其形而形存。"《清静经》曰："内观其心，心无其心；外观其形，形无其形。"形无其形者，身空也；心无其心者，心空也。心空无碍，则神愈炼而愈灵；身空无碍，则形愈炼而愈清。直炼到形与神而相涵，身与心而为一，自然语言道断，心思路绝，能所两亡，色空俱泯，无滞无碍，不染不着，身似翔鸿不可笼，心如莲花不著水，光光净净，潇潇洒洒，腾腾任运，任运腾腾，做一个无事无为，自在逍遥之散汉，方才是形神俱妙，与道合真者也。此法虽曰有作，是修外而兼修内也。依法炼之百日，则七魄忘形，三尸绝迹，六贼潜藏而十魔远遁矣。炼之千日，则四大一身，俨然如水晶塔子，表里玲珑，内外洞彻，心华灿然，灵光显现。灵光者，慧光也。斯能身与神合，形随道通，隐则形固于神，显则神合于气，蹈水火而无碍，对日月而无影，存亡在己，出入无间矣。

尚按：得丹之后，十月温养，乃任人皆知者。而此炼形之功，却知者甚少，惟《性命圭旨》一书提出此法，然其中论述，前后参差错杂，使人不易彻底了解，此殆古哲故意隐秘也。余今特为整理，俾理法显豁易悟，至云诀中之诀，当自参之。

第七章　致极圣功

（此章论还虚、合道、合自然，虽为末后归元之事，然中有医世圣功，实与初功发心及证量之深浅有关，注意，无忽！）

此章约略言之，包括炼神还虚、炼虚合道、道合自然之三者。

《泄天机》曰：十月即毕，"九转火足，气候圆满，婴儿如动，还宜自问，曾否到还返功纯？如后凡悉化、悉销者，自必动定一如，驻世升遐，惟其所愿。盖已即身即世、即地即天，与道合真，何有出入、升降、高下、远近、凡圣乎哉！倘或凭运（指识神搬运）而通、而化、而结、而圆，先少后多（先，先天；后，后天），未能融化此身，则必预放金光一团，悬于顶上虚际，名曰意珠，上应镇星者，遂将我身透入，珠随包覆我身，内融外洽，销化后凡，自然淘尽，学士惟自存虚寂、寂虚以化之。已而闻见胥泯，到得寂无所寂，真常得性，自与还返功纯一般。此禀受有不同，入手有各别，安行利行，功成则一，造物毫无容心焉。"

太虚氏曰："镇为天罡罡主，为坤地真元炁升而结，光照则生，光注则化，人物赖以生成者，位在中天。按即五星之中星，高出日月诸星之上。我师泥丸氏曰：'于人身，按即囟门盖骨。'此一骨也，人身生炁所聚结，成于落地之后，吕祖谓为人镇。其华，金阙谓为意珠，太上用以卫婴者，学人不可不知。倘得药过早者，用于圣婴既育未壮之时，假取是珠，悬于顶上虚际，以补平时还返未纯、识神未化功夫，祛除诱侮，不致被魔吞食耳。（柳华阳曰："十月功圆，静而又静，至脉住气停，胎圆炁足，则天花乱坠，出神之境至矣。顺而收放之，外境一切莫著，只候自身中一轮金光现于空中，乃我本有之灵物，将法身近于光前，以法聚光，取于法身内，遂即法身入于凡身，久久乳哺，则凡身立可化而为炁。"）正阳《末后一著》曰：'学造婴成，谈何容易！分阴未尽，必有身识勾引外魔，朋比串侮，法惟退隐道体。苟或先少后多，则惟混入意珠，自融、自化、自造，内外冰释，久久身等古佛也。'太虚曰：'意珠足珍如此。然而历祖传经，鲜有备述者，尚因此法，为救下士性根未彻而设，如性光早定者，末后无须此法故也。'"（《泄天机》）

若还返功纯者，"十月养功既毕，则气足神全，喻以圣婴，实即先天虚无一炁所凝结之法身，并非凡精、凡气、凡神。隐现随心，金铁能透，毫无透迹得体者，曰胎曰婴，喻义而已。"须知神即是性。古哲云："性在天边。"天边即指乾位脑部，乃人身至清之地，犹斗之有北极，世之有天镇，天之有玉清天也。"故行功至此，当由中宫直升上黄泥丸，又曰天谷。萧紫虚云：'移神天谷，正以炼性。'方其三花聚顶，五炁会元，直有一刻万几之扰，而能端拱无为者，慧以镇之，乃有机到自寂之验。"学者至此，当仍自冥心寂定，正位居体，不为魂魄眩惑，而中外清明，内外消忘，自在无我，动静一如，聚散不二。盖静以养慧，动以炼慧，而炼法不外一诚，诚于静者神自明，诚于动者性自澈，性澈而神自大定，神明而性自圆通。其中不可以知知，不可以识识，并不可以神神，惟安定我不神之所以神，即造自诚而明之本性也。曰炼神还虚者，"因定能生慧，核即静极而动，有虚而不屈，动而愈出之妙，得大智慧，具大神通。但动必还静，慧始能保，神方不疲，其诀即在于群动之中，独抱静观自得之趣，存此身世至广至大，个中气机隐现无常，皆我一体，物来顺应，不忤不废。一如日月之容光必照而日月无容心，斯能亘古今而常明，历万劫而不蔽也。"然炼神还虚，尚有虚空在，必并此虚空而粉碎之，方是炼虚合道。法惟真幻两忘，一任自然，连物我之见亦不存，则虚、道等名夫何有！所谓离对待、绝二边，一心静定，直见本来，一念不生，轮回便息，尘沙恶业，随念消除，等与群生，同清净果也。至道合自然，亦只如是如是，不过更于语默动静之间，冶炼纯熟，造至事事不勉而中，念念不思而得，亦即从心不逾之地步耳。此何等直捷！何等快活！更何所惮而不肯直下承当耶！（《上品丹法节次》）

伍冲虚曰："末后还虚者，缘守中乳哺时，尚有寂照之神，此后神不自神，复归无极，体证虚空，虽历亿劫，只以完其恒性，岂特九年而已哉！故于九年之中，不见有大道之可修也，亦不见有仙佛之可证也，于焉心与俱化，法与俱忘，寂之无所寂也，照

之无所照也，又何神之可云乎！故强名以立法，为末后还虚云耳。"（《仙佛合宗语录·末后还虚第九》）

尹真人云："始而有作有为者，采药结丹以了命也；终而无作无为者，抱一冥心以了性也。"施肩吾曰："达摩面壁九年，方超内院；世尊冥心六载，始脱藩笼。""夫冥心者，深居静室，端拱默默，一尘不染，万虑潜消，无思无为，任运自如，无视无听，抱神以静，无内无外，无将无迎，离相离空，离迷离妄，体含虚寂，常觉常明，则万法归一。色不得而碍之，空不得而缚之，体若虚空，安然自在矣。"阴长生曰："无位真人居上界，空寂更无尘可碍。有为功就又无为，无为也有功夫在。"所谓居上界者，盖即婴儿之栖天谷也；空寂明心者，盖即吕祖向晦宴息，冥心合道之法也。果能六根顿定，一性圆明，定极生慧，神通自显。功夫至此，一切善恶境界、楼台殿阁、诸佛众仙，皆不可染著。"须用虚空观而扩充之，即观自心本不生，自性本空，周遍光明，犹如虚空，莹彻清净。复观察自身，则心之虚空，而通于身之虚空；身之虚空，而通于天地之虚空；天地之虚空，而通于太虚之虚空。虚虚相通，共成一片，则我天谷之神升入太虚，合而为一也。"再加精进，以灵知寂照为心，虚空不住为观，抱本还元，归复太极，由此进进不已，将天谷元神，炼到至极至妙之地，证成道果，此炼神还虚也。（《性命圭旨》、《尹真人东华正脉皇极阖辟证道仙经》）

至于"无为也有功夫在"者，即太上即身即世，即世即心，遥相固济之宗旨。太上曰："将此身世身心，融归入窍，外则混俗和光，内则暗积阴功。盖机发于心，两大之气机，合发而弗违。此即人能宏道之旨，而功法不外神栖天谷，行夫不识不知，惟深惟寂，阳光不漏，故能愈扩愈大，弥远弥光，自能变化生神，生之又生，生之无尽，化之又化，化之无穷。"东华帝君曰："法身刚大通天地，心性圆明贯古今。不识三才原一个，空教心性独圆明。"此言当以普济为事，是即行满三千，功圆八百之旨。余（尹真人自谓）昔有云："功圆才许上瑶京，无限神通在色身。行满便成超脱法，飘然跨鹤觐三清。见今金阙正需材，邱氏功高为救灾。止杀何如消杀劫，三千世界尽春台。"（《东华正脉皇极阖辟证道仙经·移神内院章第九》）

此身世心一，遥相固济，即是医世大道。法以头为天，以绛阙为都会，以坤腹为间阎，意迎无极真气，降注腹心，透脊达背，以得心清气恬，遍体冲和为宗旨。日行三次而无间，则身安世治，效验如响。其实际功诀，法于虚极静笃之时，意敛目神向脑一注，继由顶门透迎上天镇星，自能引到天罳，下合身罳（见红黄星点若雨，洒下为验，尚〔即义尚自谓〕意准之密法，似应有五光之观修），汇照阙盆，透入黄中，下降坤腹。存久冲和，由下极穿尾间，循夹脊，透玉枕，上昆仑，驻泥丸，天雷一震，甘露沛洒，五脏清凉，从而坤（腹）乾（顶）并迎，绵绵照注，神完气足，内感外应，自然身世两益。此功玄关开后，即可行之，乃大圣人脚踏实地，德功并臻之大学问，丹道之无上上乘，非仅行于结圆之时，故闵真谓直承此功入手，则便身世两利，毋劳续事功圆一宗，亦即不须加行九年面壁之功。惟性功不圆者验不淳，命功不圆者致不坚，气质不圣用不神，三宝尽圆，返夫先天者，行之藉诸人，盖人禀天地之气，故通天地之气，而能运天地之气，人气为天地二气之枢纽，性命之功未圆则气不灵，性命之功既圆而四大已空，则无所依据以有为，故天仙亦让其权于人，此人所以为三才之一也。

尹真人云："无上师曰：'养得金丹圆似月，未免有圆还有缺。何如炼个太阳红，三界十放俱洞彻。'"李清庵曰：'身外有身未为奇，虚空粉碎露全真。'水邱子曰：'打破虚空消亿劫，既登彼岸舍舟楫。阅尽丹书万万篇，末后一句无人说。'李真人曰：'欲说未说今将说，即外即内还虚寂。气穴为炉理自然，行满功圆返无极。'盖功至炼神还虚而止，犹落第二义，非无上至真之道也。禅关一窍，息心体之（此一句为开玄窍之枕中秘），一旦参透，打开三家宝藏，消释万千法门。还丹至理，豁然贯通。盖释曰禅关，道曰玄窍，儒曰黄中。事之审之，方能炼虚合道，乃为圣谛第一义，即释氏最上一乘之法也。此法无他，只是将散外之神，摄归本体，又将本体之神，销归天谷。又将天谷之神，退藏于祖窍之中，如龙养颔下之珠，似鹤抱巢中之卵，即内即外，即气即心，凝成一粒，谨谨护持，无出无入。眼前即是无量寿国，而此三千大千世界，咸各默受其益，无有圭角可露。虚寂之极，变化之至，则其所谓造化者，自然而复性命，自然而复虚空。少焉，神光满穴，阳焰腾空，自内窍达于外窍。外大窍九，以应九州，大窍之中，窍窍皆大神光也。小窍八万四千，以应郡邑，小窍之中，窍窍皆大神光也，彻内彻外，透顶透足，在在皆大神光。"

（闵一得曰："光之所注，其处利益，故当在在照注，注以透彻为度，无有丝毫作用于其间，惟以恒定为妙。定则周遍，恒则透澈。医世秘诀，尽于此矣。盖照则'一'到，光则'元'至，能透能足，施有虚施乎哉？是有实理实验。然在行者，不费一文，不劳丝力，坐而致之。得闲即行，日计不足，月计有余，况有三年九载乎？第当切戒者，于光照之时，慎毋妄加作用为要。"因我辈性功未彻，命理未精，用或不当，得罪非细，不如迎光普照，不加意念为得。）

"再又摄归祖窍之中，一尘不染，寂灭而静定，静定而寂灭，静定之久，则红光如奔云发电，从中窍而贯于上窍，则更无论大小之窍，而神光洞耀，照彻十方，上天下地中人，无处不照耀矣。"（闵一得曰："医世至此，所得益地，不独震旦南赡可周，西牛、东胜、北获、中赤，皆受益焉。而功用全在一尘不染，并无作用于其间也。下文所行所言亦如此，是有涵育薰陶，俟其自化之义。"）

"如是，则更加敛摄，消归祖窍之中，一尘不染，寂灭而静定，静定而寂灭，静定之久，则六龙之变化已全，而神更变为舍利之光，如赫赫日轮，从祖窍之内，一涌而出，化为万万道毫光，直贯于九霄之上，若百千昊日，放大光明，普照于三千大千世界。大觉禅师偈曰：'一颗舍利光熠熠，照尽亿万无穷劫。大千世界总皈依，三十三天咸统摄。'而舍利光既满于三千大千界内，又自三千大千界中，复放无量宝光，直充塞于极乐世界，既而又升于袈裟幢界，又升于音声轮界，复直冲于胜莲华世界，得与贡胜如来相会也。自从无始分离，今日方才会面，彼此舍利交光，吻合一体，如如自然，广无边际。菏泽禅师偈曰：'本来面目是真如，舍利光中认得渠。万劫迷头今始悟，方知自性自文殊。'始知太上所云：'天地有坏，这个不坏。'这个才是先天主人翁，这个才是真性本体，这个才是金刚不变不坏之本体，这个才是无始劫以来不生不灭之元神，这个大神通、大性光，觉照阎浮提，普度一切，才是不可称、不可量、不可思议之无量功德，这个才是清净法身、圆满报身、千百亿化身、毗卢遮那佛。偈曰：'天上天下无如佛，十方世界亦无比。世界所有我尽见，一切无有如佛者。'"（《东华正脉皇极阖辟证道仙经·炼虚合道章第十》、《性命圭旨·第九节口诀·本体虚空超出三界》）

尚按：致极圣功，主述还虚合道，若果系玄窍已开，还返功纯之士，于炁化纯神之后，神不自神，自还于虚，虚不见虚，自合于道，所谓"无空无无空，即名毕竟空。无定无无定，即名真如定"。此因已即身即世于平日，故无劳于十月三年之后，再加九年面壁，续事功圆者。若性功未纯，先后混杂，甚或先少后多，则当于三年乳哺之时，加用意珠之功，亦即金光化形之道。此仍是引罡之续，藉假修真之法耳。至于医世大道，主要惟在慧而不用，则慧光愈蓄愈丰，用照全身，恒诚周遍，内感外应，身世两益，此与密法之修息、增、怀、诛，不同而同者。然此虽属结圆之尾功，实已奠基于玄窍之初启，非必俟此三年九载之中方行之也。于此可知，本章之功，皆不过二、三章之补充说明耳。上乘功夫，简易圆融，不信然欤！

第八章 炼魔须知

（此章系据真仙口诀，兼附鄙见整理。不知此旨者，虽得真师口授下手法诀，亦决难有成功之希望也。）

仙道炼阴成阳，返后为先，皆是逆施造化。逆则非凡，故于定中之见闻觉知，每异寻常，性功不淳者，喜、怒、悲、恐、惊、疑、思、慕等念，随之而起，定功失矣，是之谓魔。魔有内外之分、邪正之别。内魔者，气机之幻；外魔者，精灵之乘。邪者欲损于我，正者勘验于我，总与大道有碍者也。

魔不炼，道不成。炼魔之法，首须识魔。其所谓魔者，皆由学者慧光失照，心为境夺。若正念不昧，心境一如，则不特见魔识魔，而且能任魔自魔，与我何干乎！

吾人既下手行功，尤其下极、髓海、绛宫三地，及玄关洞开之候，常现亿亿万人物山水、殿城宫观、瑶台琼室、十洲三岛、仙童玉女、甚至淫席，种种可喜可爱之境像。或现铁围无间、刀山剑树、焰原沸池、虎豹毒蛇、冤家恶人等等，可惊可怖之情况。

法当见而不见，闻而不闻，不有有，不无无，不动不变，不取不舍，所谓"凭他风浪起，我自不开船"也。尤须"明我道本体，原无不包，一切见闻，仍非外物，是我一体。心生分别，遂有见闻，因有生灭，生灭知妄，喜惧无因，心便泰定，行功无阻矣。况人一身，阴阳二气耳。阳利人善，阴利人恶，修真一道，炼阴化阳，阴尽为成，阳纯为道。炼阴之境，日存海底，阴遭阳炼，精气溢身，如云如雾。阳胜则暖，阴胜则凉；阳胜则通，阴胜则滞；相搏则痛，相食则和。阳性善飞，阴性善伏。阳为火，阴为水；气为阳，精为阴。凡夫见见闻闻之物，类为阴精乘气而幻化者，诀惟有凝神海底，一念默注，勿飞其心，全神注守，通塞痛痒，概置勿顾，生死存亡，悉置度外，万无内魔猖獗之理，亦无外魔得肆之祸。此皆我与先师亲历之境，其制法也惟如是。昔我砚兄刘君不依此诀，因而中废而死，是自取灭亡也，非关修道之故。"（《天仙道程宝则·第四宝则》）

《二懒心话》曰："当炼气海一关之时，其间景象，多不胜述，然三教经书，千言万语，诸子百家，汗牛充栋，无非治心一法。须知好不足喜，歹不足忧，一切好好歹歹景象，似真而咸幻有者，心不可为之动，念不可为之摇，行不可为之阻。其所现之象，总不外乎'惊喜'两种，然其中变变幻幻，每有出人意表者，总以不动为宗。须明皆是魔幻，或是上真遣来尝试者，惟能不为魔动，方是大丈夫本来面目。故凡遇夫魔扰，则宜益加坚定，益加勇猛为是。盖邪正不两立，而魔道每并存，何以故？无魔不显道，魔而不退，道乃成故！"

又曰：髓海炼诀，惟"上与天通，而下澈地局，四维四正，无际无边，气象湛如寂如，不有山川城廓，惟存有赤洒洒黄金世界、明晃晃皓月当空，此为入手之秘。凡现夫种种瑶台琼室、十洲三岛，亦不视之（此即"上德无为"，有而不有之秘诀）。铁围无间，刀山剑树，焰原沸池，亦弗之察（此即"不以察求"之诀）。惟存一无可着之正念，而除其动心，此治髓海一关之要诀也。"

又曰：此关世说功法，作用颇多，"然皆地仙、鬼仙之诀，非天仙至道也。要明夫天仙之究竟，与夫先天一炁之淳妙，其质至清至柔，而至刚至锐，金铁不能格也。所过者化，所存者神，大周天界，细入微尘，放之可包三千大千恒河沙世界，化之可结亿亿万万人物山水、殿城宫观；聚则成形，散则成炁，混三清而不二，合三教而为一者。""此等境界，不愁不得，惟愁神着。何以故？一经念动，则此等境界，变现不休，且必愈出愈奇。一经着相，便入魔道，小则成魔，大则立死。世间修道人着此而死者，比比也。非惟本人不知，即其眷属道侣，亦且认为某果得道而去也，其误人也不小矣。是故天仙家概不以此为效验，且咸以此为魔扰。若坐而现此之境，又不可用意辟之，一用意辟，则又化成斗境，有变现不测之相扰相降，必成狂疾而死。或竟为魔摄去而死。或竟入魔彀中，几然战胜，从此神通法力，不炼而大，本人迷昧，以为道得之明验焉，孰知正为魔诱入彀，命终而去，适成修罗眷属而已。又或因斗不胜，全神离壳而去，其壳反为魔踞。外人不得而知也，以为斯人道成，试其神通法力，与古神仙无二。

其魔踞壳，行其魔道，从者如云。究其谈论，以淫以嗔、以贪以诈为无妨于真道，从之者咸入魔境，成魔眷属。如今昔白莲、红灯等邪教之教首类，因修道迷误，魔踞其壳，而成斯等邪教，此不可不知也。故凡修道者，总以见而不见，闻而不闻，一守我清空无住之念，一任他有有无无、青黄赤白，为降魔大秘诀。所谓'凭他风浪起，我自不开船'。此示以不之动念之大要诀也。凡炼髓海者，切鉴之也可。"

《天仙道戒忌须知》曰："泥丸氏曰：'行不由人者，非安分之志士，乃好奇务异之徒，王难或幸免，天律必难容。故律有之，偶尔一犯，罚滞三载。恶其性喜隐僻，不由中道，流祸至烈，故重罚不稍宥焉，可不戒哉。'太虚翁曰：'我师所言，真实不虚者。古之隐士，住世忘年，载之册籍，炳炳可考者，千有余人。今反混迹尘寰，或为荒寺收供僧，或与褴褛乞丐伍。最上者，匿迹峨嵋、鸡足、太华、崂、黄诸山至僻处，豺狼为侣，趺坐数百春秋，叶落没躯，荆榛塞径，惟恐人知，是皆汉魏、六朝、唐宋、元明之大术士也。昔日显异迹多者，其罚滞也无岁月。我实知之，我实见之，不忍白其名姓焉而已。我恐世之有志者，迷而误用，其自害也不浅，故不吝为人一饶舌。志士切戒之也可，慎毋行不由人是嘱。'尔时，海留翁侍，曰：'神通法术，乃驻世真人藉以积功累行者，册籍载之详矣。夫子戒之，岂以书载不足尽信欤？抑寓有深意而故辟之极欤？'太虚翁曰：'汝迷，不足以语此。虽然，不为汝说，贻误后人。汝见翼卵而成雏者否？'曰：'见。'曰：'见形未全而预有出壳者否？'曰：'未之见。'曰：'卵之变化有其

　　　　　　　　　　　　　　　武功薪传

道，变化成形有其理，形成破壳有其时，未有时未至而得变化，时未变化而得形成，时未形坚而得破壳者。强而致之出，未化未形者死，形成未坚者萎，形坚时未至者病。我昔所言，盖已形成而坚如者，特时未至一流，故其患也仅如此。然已病甚矣！吁，雏之一物，凡物也，自无而化有者，养至形成，其功已竣，而天破人破，其损其益犹如此。若夫吾道，仙道也，自有化无，炼实还虚，拨妄返真，摄情归性，炼阴成阳。种种修诀，不舍色身，不着色身，活活泼泼，混混穆穆，若存若亡，精精纯纯。不以五脏六腑为五脏六腑，不以四肢百骸为四肢百骸。视惟存有圆陀陀，光烁烁，始成水月境界，次成黄金沙世，终成红紫净境。卒忽现境缩小，如米如粟，我则以真意摄入玄关，如磁吸铁，透入玄胎，乃谓安灵入圣之妙用，不假外来丝毫杂气，与我身中未经历炼之凡精、凡气、凡神半缕混入者也。方其玄关初辟，一杂用显异秘宗（即好奇宣异），我胎未结，真炁甚微，真灵虽备，而尘蔽尤坚，光明无几。显异秘宗，乃是真灵率彼识神，统我凡气，外合地天罡杀生气以行事者。其灵异在假天帝之号令，是以地天之气，莫不来合。然其来合者，莫非六天魔王，上遵帝令，敕其魔气会合而来。中多畏正佯驯之神，其心未正，既遵号召而致，自必如令而承行者，故其行也，必灵必验。要知行法之士，功夫未淳，真炁未足，真灵尚微，心性未圆，妄念犹炽，是以有此妄炼，无非妄有，好胜好名，贪灵希异，与夫欲速尝试之痴心也。彼诸魔神，鉴之熟矣，因而诱我内魔，朋比篡踞我躯，彼诸学者，亦不自觉心已着魔，从此肆行无忌，而法益灵异，反谓昔修咸错，因而自误误人，必然之势。倘渠（注：渠，代词，他）道根深厚，得遇至人，从而喝醒，复返真道，勇猛修持，亦得胎圆胎出。而于粉碎了当一着，百千年久，有不得而行者，何以故？昔之妄业，积如山海，业消罪赦，天诏乃临，斯关始破，可不戒哉！海留，要知内养一圆，功行自足，与造物者一鼻呼吸，念动神应，神凝气护，如心使指，指无不应，而谓神通不巨乎？何藉乎法、何藉乎术哉？蔽而不之神，蔽而未之通者，凡情凡念耳！净其凡情凡念，而一策之复之真，斯自神通矣。'海留翁悦。懒云氏乃为笔之于书云。"

尚按：关于道家炼魔之重要口诀，此已具足。谚曰："道高一尺，魔高一丈。"故凡入真道，必有魔难，而欲实践修性修命者，于以上炼魔之诀之理，不可不平日反复熟读而精思之也。此外，佛法密宗，于炼魔之法，更为精深丰富，如本尊、坛城、观想、密印、降魔咒诵（即诛法），皆系不共方便口诀。尤其发起殊胜大悲菩提心，念魔为众生之一，因不契般若，致流入魔道，然佛性犹是也，迷而不觉，贪嗔痴慢，殊深可悯！因而发起同体大悲、无缘大慈，为之开示般若，消灾除障（修息法），使之开慧成佛，则恶魔感服，转为护法，此尤不共中之不共口诀。高明渊博如闵真，于此及缺略未及，尚觉不无遗憾，故特补之，以惠来哲。至于好奇务异，行不由人，玩弄神通之弊，太虚翁论甚深入，殊堪珍佩。闵真人于《医世说述·跋》中，对道术之辨，亦论之甚悉。盖神通有依、道之别。依通者，或依咒力、或依气力、或依定力、或依观力、或依药力，均属缘生法，缘聚即有，缘散即无，是术

　　　　　　　　　　　　　　武功薪传

非道，与灵觉无涉，不足贵也。惟证智本觉后所现之通，悉系自性境界，不用造作，一切现成，谓之道通，即是无依智通，乃是大道。闵真云："明玄学者，不屑为触石斗棋之幻；握神机者，不屑为羽扇反风、杯酒噀雨之事。"此见与禅门之屡斥神通，如出一辙，可知东圣西圣，其揆一也。

第九章　女修功诀

（此章论男女先后，灭异同之理。与夫下手之诀、补亏之秘、斩龙之法，皆采取古仙已有成证者之所示，一依家师秘授整理。女诀有此，无须他求矣！）

古哲云："大道不分男和女，阴阳五行总一般。"此就炼己筑基，采取先天大药而言，男女修炼，无不同者。然就后天生理而论，则大不相同。男，乾象也，属阳，其数奇，天一生水，以精为本，而精以暖旺，故于脐下坎宫炼气下手；女，坤象也，属阴，其数偶，地二生火，以血为本，而血以凉生，故于两乳中间离位炼形兴功。故刘悟元（刘一明，号悟元子）云："只有下手真口诀，彼此运用隔天渊。太阳炼气男子理，太阴炼形女蹄筌。"此一定不易之理也！

人身两乳，内通肝肺，两乳中间一穴，名曰乳溪，则通心、通肾，又通脾，乃女功下手之窍也。因心凉方能生血，而欲造心凉，诀惟神凝乳溪，若存若忘，心息相依，调息入定，达至虚寂清和境界，则自然神清心凉矣。此功应专行久行，愈久愈多愈佳。

夫神归则炁旺，炁旺则阴精受炼，自觉双关（位脊前宫后，内有二穴，左曰膏，右曰肓），凉液融动，此即羽趋潜阳（"习"之繁笔"習"字义）之应，当益加念注乳溪，并加用手旋摩，左旋右转（约各三十六次）。觉此阙溪溶溶，再加分摩两乳，先缓后急，再先轻后重（亦约各三十六次），以使气机灵活洋溢，自觉两房及溪中，真炁氤氲，凉液如泉，出自双关，涌向心宫，此时即当息心静气，万缘放下，一任气机之散布，自觉遍体极清极和而止。此中必须注意者，按摩等法，专为气机壅滞不灵而设，若已灵活，则不须用也。故太虚翁在《女宗双修宝筏》曰："女子行功要旨，以专以柔，不为物诱，调其心炁，一其气机，知此身为寄器。凡夫按摩、提缩与诸运频加者，不过灵活其气机焉而已。苟其气机已灵且活，法惟专柔为主，念起即化，一收即休，慎勿骑牛觅牛，收不知休，是名头上安头。即如通充升降、温凉平润等验，得之皆忌粘滞，亦犹收当知休之义耳。"如此行持，一日不间，百日之内，弱转强，衰还壮，老变少，面色如桃花，天癸似胭脂矣。此乃女功补亏之秘诀，等同男功初步之化癸添油也。

仙道初步效验，谚曰："男子修成不漏精（为降白虎），女子修成不漏经。"此炼断月经之法，为斩赤龙。法于上验已获后，仍如前聚神烘关，俟烟焰弥漫，满关泥液，沛注乳溪，一如泉涌，旋以真意导入南洋（一称南海，即是心宫也），寂而守之（约有四九之息），至炁聚倍旺，舍意一松，觉此个中油然而降，分注两腰（亦即加意后退，分注两腰），更以目神分率炁旋左右（即以目神分率两腰之炁同时旋转，各约神息四九之数，共成七十有二息，即赤血化白，肾气充足矣），必得炁烘若炙，乃一意引聚脐轮深处（即两炁各向腹兜环拱至脐轮），更以意导绕轮，缓旋四十九，急旋四十九（一云意导绕轮，不计其数，必得遍体氤氲〔余液化气〕，下极若沸，炼气化炁为验）。察吾尾闾暖炁后穿，如或势缓，可用提缩二便法，自得穿尾升脊，逾枕透谷（上过昆仑，降注泥丸），斯时内现三山玄圃，有如净境，急需从事忘忘（觉此泥丸宽广如海，自可停留涵育）。忽又冥寞成夜，我自寂守久之，必自得有电掣雷轰、露洒若注、华池充满、咽不胜咽，油然降阙达脐，遍体清和。吾仍寂体以视之，觉有一点，点入子宫，即须若忘若存，以俟子宫之安静。（《女宗双修宝筏·第二则》："既而降注华池、绛阙、大地阎浮，露珠沛洒，混忘所事，但觉恍焉惚焉，不呼自呼，不吸自吸，不提自提，不咽自咽，此中滋味甘香，气神充和，三田一贯。已而玄况四塞，急需内顾，顺将万缘放下，旋觉身虚若谷，大地亦无，隐隐凉气袭人，氤氲四塞，忽复雾散云收，下现性海，碧波澄如，吾总一念不动，忘境忘情。忽现金光万道，细雨如珠，随光下注，左旋右转，化成皓月，浮沉晶海，遽然如梦而醒，此际急需内省此身，斯时以气爽神清，遍体和畅为得。得则全身照凝片时，以意注牝〔闵真曰：曰奇器、曰玄窍、曰牝户、曰子宫，名虽有四，穴则一也。尚按：此指阴跷穴，实为中脉之底端。〕觉得此中恬泰，是矣。"）

若子宫体得一阵热气盘旋，此时泉扉更宜紧闭，莫教放松。得有逸趣，最忌念起。稍有恋情，便致遍体酥麻，非惟急宜定情，且仙凡从此两分。于斯时也，急需息心多时，寂俟子宫安静而后已。盖即魏元君"宝归北海安妥妥"也。（即万一情牵，急需艮背之功）遂复摩手摩面，运神绕腹，双耸辘轳，俱各行四十九息，徐徐扭腰，摆洒膝腿，坐点趾尖，各行二十四息而止。行之百日，日行三次无间，赤龙斩而天仙根基立矣。

斯后更圆成玉液，洞开玄关，以招摄先天一炁，即身即世而证果，与男功无有二致矣。

尚按：修真一事，男修功诀，已是或残缺而简陋，或繁琐而无当，不得师指，无从下手。而女修之功，尤更有甚焉。世人动云："男子修真降白虎，女子修真斩赤龙"，然其理何在？其诀何若？古哲虽有记述，皆是依希仿佛，倘恍迷离，此殆缘古哲运心不普，或惧浪泄天机故也。闵真一代宗师，慈悲广大，既反复叮咛于男修，亦谆谆显露乎女诀，惟惜皆词源浩瀚，贯串维艰，余赖师言可证，又复玩索功深，故除整理男修口诀如前外，兹复将女修之秘，整理如上，见之者希清心明目，细细玩味，庶不致当面错过，空负此生也。

又关于斩赤龙功法，泥丸有云："女子精修，以阳旺为始，而以阴格为终。此法至秘，知者鲜矣。迷者循修男诀，智者趋向禅宗，亦克自证一果，得有立亡坐化之效，不知仍沦鬼趣，离道远矣。"太虚亦云："此则大略，古名上天梯。大道丹诀在是，只欠末后大著。后之学者，务先熟读，字字体去，息心默会，日十百遍，则行功时，如入熟径，不为境迷。纵或现象稍异，而层次井然也。"

此诀出自《女宗双修宝筏》，《西王母女修正途》亦有论及。余今复据师授，为之整理，可谓不传之秘，已完全活跃于字里行间矣。后来女哲，希宝之珍之，更希身体而力行之。

又，摩、运、续、筝、扭、摆、坐、点等，皆是动功，乃用以补助内运之不足者，此虽小术，然运用得宜，确能大有补助，未可轻视。证以密宗金刚拳法（亦称不死运动），更可坚信。但若练失其真，流于粗犷勉强，则不特无益，或反致伤残，不可不慎。

第十章　弦外余音

（此章论白日飞升、圣功拔宅、鬼仙转阳三事。）

此章为与修持证量有关之应知事项。

闵一得先生论白日飞升曰："余曾以飞升事叩之太虚翁。翁曰：'此道千真万真，皆非虚妄。究其得到白日飞升，乃以假幻以炼真，始而化赤成白，既而化白成气，继则化气成炁，加炼归虚合道，以致自然，无非还返先天。然非今日那，明日此，乃是一时辰内功法，日计、月计、岁计乃成。方其道成遐举之际，纯是先天气凝之身，所服衣履，悉属气化，是故日中行立而无影。吾尝三遇泥丸翁（尚按：乃太虚之师，姓李，俗称李八百，以岁已八百故）以叩之，答曰：汝犹昧夫还返之非妄！余凝思间，蒙为一手取余巾，一手自擎戴帽，嘱余俯察，惟见巾影，巾外一无所有。余方惊异，复蒙以帽戴余头，而以余巾自戴，亦惟察见余巾，而余头影无帽。乃笑曰：汝可悟矣。然功从实朴朴地下手，乃能还虚，微沙未化，微沙影在焉。'"（注《修真辩难》）

又论拔宅曰:"太虚翁曰:'是有两门,一法一道,法幻而道真也。吾考古今拔宅升举者,七十余所,而由道升者,惟黄帝、桓玄与贞白也。他若伯阳、淮南、旌阳辈,皆假法以显道,实则避地海岛,加修还虚等等,道成与否,未可知也。是乃肉身偕宅而去者,若夫黄帝、桓玄、贞白,乃是肉身冲举,余乃蜕壳,共有八百余位,然非三官保举,玉诏诏升,不能幸举者也。而谓升尽幻法乎!可谓仙非凡证乎!我师所述如此,兹为补述,盖以证夫册籍所载,无一而非真者也。'我师又曰:'拔宅圣功,功从卯守始。卯守功诀,以天地为法身,大气盟旋,下包地局,上包云际,由远缩近,行功不息。一旦气罡合,造至罡气护身,风云不能侵,厥效见矣。渐至门启,蛇兽不能入,功更进矣。习炼不止,待时移居,亦自不难。然三千年内,惟伯阳魏祖、远游许祖两仙能之。而吾泥丸李老师以为道非切己,余故未之敢习云。'"

闵真人谓转阴成阳捷法曰:"玉液还丹,了真如之性,静极神出,是为鬼仙。闻之先师太虚翁曰:'鬼仙道成,而未脱色身者,知有无上大乘,而进求金液大丹,尚有捷法。但须虚寂身心,埋其知觉,塞其闻见,绝其思虑,一如婴儿未孩之时,专志诚迎无极真一,则此金液大丹,自必旋得,而宛如梦觉一般。拨发自然真火,不武不文,载炼载养,一旦阴化纯阳,天仙可学。然须预置有无存亡于勿问,遇惊勿惊,遇喜勿喜,湛寂之外,概以梦幻泡影视之,庶得真一常存,后天得因而化(万氏曰:因字须着眼,识得古因字,便知大丹之法)。因者,依也,依此无极所降真一也。原此降一,乃属金液之母,能化身阴。身阴乃是吾身之三宝,在身曰先天，在极曰后天，尚是阴物，法惟依一乃化者也（万式曰：身中先天三宝，在太极尚曰后天，则太极之先天究何在？此非真师口诀不明）。然功至此，身中识力，必觉大减，勿因怠惰。始若不支，渐复其初，已而渐入泰安，四肢加旺，神色光润，两目有光。如是，加迎天罡，返照我身真一，则自身一日生。诚持不间，岂仅一元全复，而世财充满。他日缘到，大还丹降，万无沉水入火之虞也。'又曰：'鬼仙道成，不加等等功法，一旦劫临，四大非我有，无舍得安，不欲迁移，另开生面，何可得哉？'"

尚按：道家旧说，以白日飞升为证果最高，至功能拔宅，则更是超绝，但果有斯事乎？如何方能造至斯境乎？素少正确论断。今阅真开示，可为定论，故特附录。至于鬼仙转阳一节，言修"玉液还丹，了真如之性，静极神出，是为鬼仙"，可知玉炼之事，虽云去阴存阳，坚固色身，然此阳系就后天一身而言。若论先天，则仍是属后、属阴。故钟祖曰："四大一身皆属阴，不知何物是阳精。"又曰："有无交入为丹本，隐显相扶是水金。莫执此身云是道，独修一物是孤阴。"必玄关开后，真种到来，温养脱化，方是先天之先天，纯阳之法体，则此转阳捷法，固非限于鬼仙之用，亦实通于由小而大，自人地而水天也，细体勿忽是盼！

1962 年壬寅古七月十五日重录竣

第九编
师资回忆录

前　言

我这次整理李（雅轩）师日记随笔，弄清了练功秘键后，想到诸师不可无传，因先写金家二三事，略述金家功夫之名人逸事。又想到太极拳杨式诸祖师，过去陈微明有笔述，诸师亦有所论列，但自顾留馨氏扬陈、武而抑杨、吴，颠倒史实，乱写一气，实有重写之必要，否则时代推移，古人之真实事迹将湮没无闻，因再写杨式太极拳史略。又思个人一生之所学，皆不出诸师之所成就，因续写字门王师、吴式太极、形意八卦诸传略，附武术逸闻二则。又增写道功诸师、内学诸师、医药术数诸师友传略。凡此皆根据个人之所亲历或得于诸师之口述，与道听途说者不同。至于个人在语文方面之诸师，如傅永举、文光斗为开业师，乃仅教识字讲解而已。9岁、10岁时，罗文芹（字泮甫）师教我写书读诵，一年功夫，可抵两三年成绩，此于我后来之研究一切学识皆有影响，斯后则梁用于（月艇）与邓少甫先生皆对我之文章写作有所促进者，此间未能一一矣。

1978 年 1 月 4 日

第一章　鲁璠王师略传

师忠县南岸之王场人，小康之家。幼年从岳云三师习南派字门拳并药功。身材武短，赋性聪颖。所学仅正桩一式，然学而能用，曾以之多次御侮自卫，皆能圆满收效。其功多半手、头、肩、肘并用，特别重视身法、步法之相配合，但不主张动腿，认为易被人乘。尤善阐捶，上阐下阐、左阐右阐、反阐顺阐、横阐直阐，或攻或守，无不随心所欲，乃是少林功夫之绝招。师健谈，善诲人。余幼时孱弱，得入其门，身体因以健，技击趣味增。斯后由浅入深，钻研甚力者，皆由师之启迪得法所致也。师与家严曾同学，年龄略长，余故于书信之中，常以伯父称之云。

第二章　金家功夫二三事

第一节　金一望先师传

金家功夫是怎样一个来历？师曰：金家原是姬家。少林功夫原有两种传授：一为少林寺，乃用以接待四方来学的一般俗人，传授普通的技术；二为福荫寺，乃专门教授十方出家僧侣和已有相当功夫的人，所指示的都是高深秘密功夫，还有神功。金一望先师身为道者，原籍蒙古，与马龙、马虎弟兄同学于福荫寺。寺僧有游方至山东者，因争购蔬菜，与一姬姓者相角而败，因知姬家有至高之拳法，乃世代相承，不传外人。金道人与马氏弟兄闻之，特往学习，拒不接纳。夜间秘密往探，则只闻高垣密室之中，有"嗵！——嗵嗵！嗵！——嗵嗵！"之声而已。幸三人俱有轻功，因跃上屋顶，于瓦隙潜窥。深恐室内发觉，于是三人结为弟兄，轮流而往，约潜窥所得，互相交流，经三年余而得其秘。因金师悟性好，艺能特高，马氏弟兄疑金交流不真，转生嫉妒，进谗言于福荫寺老僧，僧因传五雷神火于马氏弟兄，欲伤金师。二人且昼夜监视，恐师遁逃。金因与马氏言和，于神前香灯盟誓，乘马氏跪盟之际，飞身上屋，雷火倏来，空行得脱，而大殿已烬一角矣。师既脱身，佯向北行，而暗中南下，转至武汉，沿江上行入川，至万县登陆，欲取道东大路上成都。万县赴梁平，途逾东山，过葫芦坝后，应沿银河桥上蟠龙洞，师错前行至袁家沟。时已夕阳西下，阴影渐浓，忽见一叟，面容慈祥而有忧色，携稚子散步田间。其子年约八九，印堂晦暗。金因叹曰："奇哉怪哉！此子年龄不大而祸隐杀身何也？"叟曰："道长何以知之？"金曰："贫道由气色上知之。"叟曰："有解救法否？"金曰："有。"叟曰："甚善！"遂请金道人至其家，待以上宾之礼，一住八年。此叟即袁二老爷，已年近七旬，为袁家沟之巨富，嫡出二子，曰一培、一发，俱年已成人，庶出一子曰一才，年最幼。培、发恶其分产，屡欲除之，故其父常携身边不离。后一才功夫练成，得金道人之感化，培、发亦俱师事之，此姬家功夫在梁平之来历也。金在梁传徒，除袁家三弟兄外，有张占宽父子、李少侯、李丹翼、丘六老爷共八人。其中以李丹翼为得大成者。但除李少侯外，余俱未有传人。

金先师之功夫，入城不由门；八十里地往返，壶水未沸；临终之时，八徒家中各死一道人。师后来常住张占宽家，张为梁邑巨富，有"张百万"之称，当时制、抚、藩、臬之到任去任者，往来多住其家。其人性粗暴，倚势欺良，目中无人，道人曾屡戒之而不能改。道人临终之后，张亲视入殓，道人随身携带之拂尘、锡杖、岩瓢（一传三者共二百四十斤）附于棺中。年后有梁邑某素识道人于宜昌遇之，寒暄之后，道人托彼转语张占宽，为谢过去招待照扶之劳，并语曰："令彼速改习性，诸事谨慎，否则将有灭门之祸，千万！千万！"其人曰："张性粗暴，我不敢说。"道人因交一钥匙曰："他如不信，可将此钥开我住室之门自知。"后其人语张，果不信，以钥予之，方信，往发道人坟，只见拂尘等物，只一空棺耳。然性终不改，卒招灭门之祸。

第二节　李少侯与麻贵廷传

梁平原有余门拳法，由开县余有福传熊学能。余本石工，首创余门拳，有十路架式，各种软硬功夫练法，兼有五禽气功，乃外家功夫中之铮铮者。熊学能为余之高足，身高不满三尺，诨号"熊崽崽"，然功夫超群，授徒甚多。李少侯，梁平城人，乃熊最小的关门徒弟，故功夫很不寻常。李年与一才相若，但其妻姓袁，乃袁一才之近房，论班辈为一才之侄女。新婚之后到一才家做客，谈到功夫，目中无人，一才亦不相下，因曰："你练的算什么功夫？我要叫你一下跌出，手足无有用处！"李不服动手，被一才一个"熊出洞"，打翻在地。爬起汹汹问曰："你这功夫向谁学来？"一才指道人。李遂气冲冲问道人曰："你是什么功夫？"道人曰："我姓金，功夫跟我姓走。"此姬家改金家之来由。李要求与道人角，道人曰："我徒你尚不如，还找我么？"李一再强之，道人曰："你年轻骨嫩，哪里经得着打！你真要打，仔细着！我将仍用我徒之打汝者以打汝，好好防备吧！"一动手果又被道人一个"熊出洞"打翻，并且昏迷不醒。经道人用药，一昼夜始苏，于是口服心服，要求人道人门墙。道人谓李目有红筋，初不允许，经一才等一再说合，始允之。当时李立誓且曰："我李某入门得艺之后，若胡作非为、轻师慢道、癫狂而死。"后李功渐深，惟于悬空（即轻身飞腾）与挑担棍法（即以软物作器械）未得，因见金道人平常功夫入神，私忖且暗算之，看能应付否？于是暗藏利刃，请道人入浴，乘其不意之际，自后以利刃劈之。道人将浴巾一挥，刀飞陷顶楼木板上。当指责之曰："你要疯咧！你要疯咧！"李后作静功于菩萨顶（山名）之南华堂，果然入魔疯狂，从此不识羞恶，不避亲疏，墙壁屋柱，逢之则摧，屡修屡毁，人皆以"李疯子"目之，以至于死。

麻贵廷，梁邑之兴隆场人，身材魁伟，诨号"麻大堆"，为熊学能早年门徒，人皆以大师兄称之。艺成之后，走镖川陕间。后归来晤李，李曰："师兄去后，梁平来了好功夫呢。"麻曰："我不相信。我艺成之后，十载无敌呢。"李曰："确实不虚，比余门功夫还强得多。"麻曰："谁有好功夫？敢和我较量么？"李曰："李少侯有。"麻曰："师弟开甚玩笑？同出一门，我不清楚吗？"李曰："非是玩笑，事实如此。"麻不服，二人较量，麻应手倒楼上，以体重跌猛，楼几为塌。李母于楼下调之曰："麻大汉可能挨了打呢！"此时道人已不在，故麻以大师兄而拜小师弟之门。此李、麻先是兄弟，后成师生经过。麻与刘子连、杜伯长为师兄弟，三人各有专长，杜精膀子，刘长拿法，而麻则以头风气功称胜，故有"杜膀子"、"刘拿法"、"麻头风"之外号。师一日为理发者所恶，遂以意使发根缩入头皮内，使理发者半天不能将发刮净，后来赔礼道歉，说了多少好话才算。

第三节　万师祖玉成略传

万师祖玉成，梁平观音岩人，出身寒微，与麻贵廷先师为饲马僮。然性敏慧，甚辛勤，常随麻往来于刘、杜二家，皆能得其欢心，故得三人之传授。师至三十六岁，方离麻师自立，到梁邑巨富王家教拳。三年之后，王家谢师，师辞其金，而愿领其家素养之梨园队作班头，到外地唱演，两年之后，再予归还，以此当谢礼。王家从之。师手有残疾，一手指爪屈缩不舒，人故以"万抓爪"名之，"抓"即屈缩意，乃地方方言也。师虽带残疾，然技艺超群，顶发一绺，人若握之紧，能随意带之翻滚空中。师在大街上行走，人若从后戏弄其发辫者，任你身手怎样快速，皆不能逃其惩处。族人械斗，知其能，先诱之以酒，至醉如泥，于墙壁凿孔，牵其发于别室拴牢，然后攻之，师惊悟，一合劲躬身，墙壁毁矣。一日，有弄猴戏者至观音岩，扬言其猴最灵捷，能搏高明之教师而败之。师慢言曰："真的吗？"其人曰："有人能与我猴斗者，猴死不索值。"观众恶其大言，亦愿为担保。时值冬日，师脚踏烂鞋，手提烘炉，兼有阿芙蓉癖，行路弱不禁风。师放炉出场，动手一"铲臁脚"，鞋随脱落飞至猴顶，猴一往接间，师已参前乘势用拿法擒住猴之前脚，两手一分，撕裂立毙。弄猴者至此方丧悔无及，无资返里，苦苦哀求。师悯之，为敛川资而去。师在同心场，与一教师谈武艺，时左手捧水烟袋，右手持纸捻子，因曰："你能经吾纸捻一击否？"其人不服，师动手一"鹞子入林"，其人翻出丈外。万邑富绅谭某者，慕师之名，特聘至家中教其子，并以壮仆四人供驱使。仆见师走路打偏，风吹不禁，一付大鸦片烟瘾，心思如此之人，主人请之教拳，真是活见鬼！四人私下商量，想弄教师丢面子。一日早起，师闲立阶廊，一仆送洗脸水请洗脸。师蹲下净面，另一仆乘师无备，以双手自后猛扳其肩，欲使仰卧。孰知刚一着力，飘飘而起，翻过一个坝子，跌于师之面前三丈许，几至毙命。早餐之后，师不辞而行，以为主人之指使也。谭家后来一再解释误会，并请人说项，师终不返。师之事迹甚多，此不过就我之所知者略书一二而已。

第四节　周师之德略传

周师之德，梁平东路石安场人。石安原有高宪隆者，学余门功夫于孙建廷，乃熊学能之再传弟子，功夫为一方之雄。高与师为比邻，故早从高学，技艺成后，亦开门授徒，已不下百数十人。一日，高谓周师曰："余门功夫虽好，然不如金家功夫之妙，可惜该功夫不易传，我曾师事麻贵廷，两年有余，毫无所得。只有大师兄万玉成一人得其秘要，斯时万已离开麻师，故我欲亲近之而不得。现闻万已返里，我们何不设法请来，共同受教？"师大喜，与高师计议，又虑资力不足，募得另外有志者四人，共是六人，合力成就其事。后万师到来，开支耗费甚巨，而功夫又非常难得，不到一年，其他四人者皆退出，只余师与高师爷二人。以高亦周之师，当然不能过分计较，故实际供养万师祖者，只周师一人而已。万鸦烟瘾极大，食必鸡鱼精肥，且须烹调如法，稍不称意，不特冷嘲热讽，甚至怒骂严斥，周师始终恭谨顺受，倍加殷勤，无稍怨言。例一日，师爷见师之母猪所产小猪甚好，遂谓师曰："你的小猪才受看呢！"师立即令一小徒，送两只小猪至师爷家去。旧历年关将届，师爷说："我家今年还缺菜油呢！"师立即令两个徒弟与师爷送一百斤菜油去。如此之事甚多，而师与师爷家相距不下五六十里也。如是者三年，始为师说真实口诀。

万师祖传功，都是闭门指授，不令第二人知闻。师之小徒凿壁孔以相窥，不料母犬护子，咬了一口，被万发觉，停止不教者多日。经师一再道歉，并把小徒严责一顿，保证不再无礼，才算了事。但自此传功更密，根本无外人得悉了。师初二年之后，欲学开合气功，婉言示意，万怒曰："是你教我吗？还是我教你呢？到了应学的时候，我不知道教吗？"从此不敢再请。后来得传，练至 60 日，丹田火发，腹中暖气如沸水，贯尾闾，沿脊上行入脑，复返丹田。自是以后，精神大增，黑夜不辨五指，而师能于百步以外认物，用于轻身步，能履稀泥田坎而不陷。场上有斗殴者，师往劝止，一带一放，其人滚过三间铺门。万复为周师说：拳脚功夫，金家已到顶点，至于器械，据彼所知，当以子午棍为最，万县朱国材尤擅胜场。适朱于川陕镖行告老归来，周师迎之至家，习其艺，因朱无后，并愿供养终身。我到师家来往时，朱尚健在，我辈皆以师爷呼之。

师学艺时间，正是清朝末年，艺成，已入民国。师原有田产数十亩，因供师之故，又不善治生，已成破产之家。但性慷慨，广交游，兼事医业，开药铺，又营作坊，做火炮，熬硝，甚至贩卖鸦烟。家中徒弟来往甚多，经常数席不断，虽多所经营，而结果大都被人诈骗，不过尚能糊口而已。因科学昌明，火器日新，我于1928年遇师时，师早已辍功不练，且染阿芙蓉癖。然斯时功力尚未全退，其膀子着人，异常沉重，能令人脏腑震动，气喷口鼻；其手指着人，犹如铁钳，痛彻骨髓。对于金家功夫的真实秘密，也能无误指授，但因他得来不易，故对之仍深自秘惜，不轻语人。经我一再竭诚请益，并于困厄之时以银元三百相助，前后五载，方倾怀相吐。尤其开合一功的观修诀，到了1956年冬月方说明白，我在1957年腊月，才辨之分明。新中国成立之后，师完全以医为业，内外并行，伤科尤卓绝。

师系1897年丁酉腊月三十日生人，到了1976年腊月则整满80岁，不料在1976年农历十月十日因病去世。他要是练功不辍，善自调摄，我相信他是有更高的寿命的，惜哉！

第五节　尾跋

上面《金家功夫二三事》，比较简单而扼要地叙述了金家功夫的来源、传播及重要人物的略传。这些事例，都是我亲身听到周师的讲述而写，一点也没有加以夸张或改变。内里有些地方，要用科学的眼光去衡量是说不通的，但是这家功夫的高妙精深是个事实。我这里也只是姑妄听之、姑妄言之而已，见仁见智，各随其便吧。

我1910年降生，1岁丧母，并且一下地即赖姨祖母抚育，长养成人。我稚年体质屡弱，到了 13 岁那一年，病五心潮热，盗汗骨蒸，几乎丧失了生命。业师邓少甫先生看到了我的身体太坏，讲了许多武侠奇士锻炼身体的故事，我因此知道身体可以转变，人定可以胜天，立志要努力与病魔作斗争。14 岁入高小，认识了王万森兄，知道他父亲是个拳师，所以翌年就拜在他父亲王鲁璠师门下学字门拳。经过两年的苦练，又结合作少林拳术的深呼吸法，身体得到了很大的益处；但从技术上面和内功方面说，我渐渐认识到斯功的不足，所以在我 18 岁那年（1928）的秋天，由我岳叔谈有恒的介绍，列入周师之德门墙学金家功夫。我当时兴致很浓，虽然正读中学，又是新婚之后，但逢寒暑两假及短暂节日，家里可以不回，而师家是一定要去的。如是两年过后，周师见我之求学，心诚且切，方逐渐为我说深层功法，总计前后五载，才见到金家的全盘底细，至于内功、观想、悬空诸诀，则是到了1956～1957 年，才彻底明白。

当我在初中时候，已经看到了《太极拳谱》，赏识了它的高深；后来在上海读复旦大学高中部，1933 年下期，学校请上海武术界到校表演，见到了武汇川先生与吴云倬先生推手，无限神往。1934 年春，学校开始请吴云倬先生教太极拳，我立即加入学习，一年学完架式，又学推手、剑法、对剑、枪法，当时进步甚速，自感日新月异；不幸至 1937 年 7 月，中日战争爆发，遂与师隔，无人指点，歧路彷徨，又旁及易筋、形意，几至不欲再练太极，后遇郑曼青师，才扭转了我的认识。1942 年至成都遇李师雅轩，未得大益；1946 年春复至成都，正式入李师门墙，并与师同住了将近两年，才将架子定型。可惜当时于松软一点有所误会，新中国成立后又荒疏了十一二年，至 1963 年，又才重新用功。由于对松软含义未透彻，虽然下了五年功夫，都是走了岔路。1968 年被逼停练，1970 年恢复，已不如过去之精勤。1974 年重到成都，弄清了一些关键问题，归来反复研究，又整理李师杂记与随笔，到现在才可以说是大彻大悟。想到师资的重要，因此写了上面的《金家功夫二三事》，至于今后成就如何，则是以自己的主观努力如何为断了。

1977 年 11 月 10 日

第三章　杨式太极拳史略

第一节　杨禄禅祖师与班侯、健侯史略

广平永年杨禄禅，初习梅花拳，闻河南陈家沟陈长兴之名，特往从之，经十余年，尽得其秘，归任北京神武营教师，完全以软柔化劲沾粘胜人，人无敌者，故称"杨无敌"。有子班侯、健侯，俱早年享盛名。北京当时有刘某者，武术威望最高，经人挑拨，与班侯较，刘被击败，班侯亦袖口抓裂。班侯归，洋洋得意，禄禅责之曰："你还得意吗？哪有太极功夫打人衣袖还被抓破的呢?!"班侯不服，禄禅曰："你来!"两手方交，班侯被父轻轻一粘，进退不得，上下左右无地，顷刻之间，浑身汗出，丝毫不能得力，而其父固神色自若也，方始信服。据班侯弟子富二爷者云，一日大雨倾盆，禄禅祖师倏到其家，足着粉底白鞋如新，无一点污染痕迹，门外亦未见有车马，不知其从何而来也。祖师临终前数日，遍发通知，云某日将有远行。届期众到，祖师一一亲自接

待，然后正坐中堂，弟子分立两旁，嘱大家好好用功，把太极拳流传下去。嘱毕闭目，久无动静，班侯趋前往探，已逝世矣。

一日，有一南人来访，谓班侯曰："听说你们有粘劲，着人如胶粘不脱，信然欤？"班侯曰："岂敢！"南人曰："能试验否？"班侯曰："愿受教。"于是南人令于八卦亭周围铺砖，一步一砖，约班侯以手扶彼背上，彼前行，班侯后跟，不准两脚落地、两手离开，否则即算负输。遂依行。南人愈走愈快，直似风驰电掣，但班侯始终相粘不离；南人着慌，最后陡然一个旱地拔葱，飞立于八卦亭之巅顶，以为必将班侯甩掉矣。方欲回顾，不意班侯已在后轻拍其背云："老兄太累乏了吗？请下去休息休息吧！"南人惊服，订交而去。班侯无子，只有一女，年已十八，一日班侯不在家，暴病而亡，已入殓矣；班侯归，抚棺恸哭，手一落一起者三，棺亦随之而上下，最后捶胸顿足，身随上涌数尺，虚悬空际，数分钟后方落下，则又两脚陷没土中。

健侯先生，班侯之弟也，赋性温厚和平，不似其兄之刚暴，曾以手掌承麻雀，雀不能飞。盖雀飞必藉足之弹力，两翼方能张开，以听劲之灵，使雀足欲蹬无据，以此两翼无法张开，故如有绳系于掌心，欲飞不得也。先生虽声名不及其兄之大，但众信先生之功夫并不亚于其兄。杨家先辈之事迹尚多，他书已多有记载，此不过就我之所闻于亲承诸师之所述之比较显著者而已。

第二节　杨澄甫太老师略传

澄甫太老师，健侯先生之次子也。赋性聪慧，敦厚酷似其父。

其拳法雄浑开展，松软沉实，与其祖及伯父有"三代无敌"之称。

我于前民1930~1937年间在上海，武术界一致公认，论太极功夫，当以澄甫先生为巨擘。先生早年在北京教拳，清廷倾覆后，其弟子陈微明首先南下，于上海办"致柔拳社"，学者风起云涌。随后先生与其高足武汇川、李雅轩等，亦相继南下，教拳于广州、杭州、南京及上海，至今凡是学杨式太极者，皆系先生之直接或间接传播也。武汇川先生之徒孙李天骥根据汇川先生所传之架式，编"简化太极拳"，新中国成立之后推行甚广，于发展体育事业、增强人民体质，做出了有力的贡献。先生之徒郑曼青者，至今在美国纽约教授太极拳，纽约大学之太极拳讲座，须具有教授资格方能听讲，是先生之拳，不特风行海内，亦且远播异域矣。

关于澄甫先生之功夫：有杭州全国国术比赛第一名之某君，留杭州国术馆任教职，时澄甫先生任该馆教务长，专教太极拳，某君不信太极拳有技击作用，屡欲与先生较，先生皆谢绝之。一日早起，某君忍耐不住，乘先生浴面之际，即骤出手袭击，先生顺势一掤，将其粘起离地，随手一放，跌入办公桌下，内脏震伤，吐血数口。家师李公雅轩于《太极拳体会随笔》中云："我与杨老师推手时，有一种很特殊的感觉。只要一搭上手，便感觉没有办法，身上各部都不得劲了。杨师虽是很松软地轻轻往我臂上一沾，我不知怎的，便觉着身上各部，都被其管着了，犹如撒下天罗地网一般，我无论如何动，总是跑不脱，都是与我不利。杨师之手虽是稳稳地轻轻地往我身上一放，而我便感觉着这一手来得非常严重，动也不行，不动也不行，用大力不行，用小力也不行，快动不行，慢动也不行，用刚劲不行，用柔劲也不行，无论如何总是不行。就如同与妙手弈棋一般，人家一动子，我就没办法了。杨师虽是稳稳静静的样子，但我不知怎的，就感觉着提心吊胆，惊心动魄，有如万丈悬崖将要失脚之感；又如笨汉下水，有气隔填胸之感；又觉自己如草扎人一样，有随时被其打穿打透之感；有自己的性命自己不能保障之感。然杨师却是并未紧张，并未用力，并未动什么严厉的声色，只是稳稳静静地一起一落，一虚一实地缓缓跟随而已。但我就如捕风捉影，东倒西歪不已，如不善滑冰者着溜冰鞋立于冰上，倒与不倒操于人家之手，自己丝毫不能自主了。如以上澄甫老师这种功夫，我一生在太极拳界中还未见过第二人有。我自己虽是追随杨师有十余年之久，但以天分不够，未能学好，多说着也不过有杨师功夫的十分之二三而已。"以李师功夫之高，犹有如上对杨师之感觉，其他就可想而知了。《随笔》又说："澄甫先生谓古人练拳分四步功夫：一是练体以固精，即是练架子，在筋肉方面使其增加弹力，在关节方面使其增强活动，在骨骼方面使其坚实并精髓充满也。二是炼精以化气，即行养气功夫，使饱满之精髓化成充实之中气也。三是炼气以化神，即是养气藏神功夫，在气足精满之后，仍朝夕锻炼下去，它就会发现神明的灵智，无论用于任何事务，都可达恰到好处之境，不独是打拳推手神妙也。四是炼神以还虚，即是静极默笃以养虚灵之功夫。炼出神明灵智后，又将它藏于内心骨骼之中，含而不露，表面看来似乎什么亦没有，然在实际上它是包罗万象，无所不有，无所不为，无所不然的，如以绢裹明珠，光泽内藏，能普一切也。"于此可知太极之妙，与道相通，无怪乎在养生技击上有出神入化之境也。

澄甫先生有兄曰少侯，性情刚暴，恰如其伯父班侯，人皆畏之，不敢从学，故不如澄甫先生之知名。

第三节　李公雅轩老师略传

李师雅轩，原籍河北交河人，早年从澄甫太老师学太极拳，追随十余年。澄甫先生南下到杭州、广州、南京教拳时，师亦伴之做助教，四方之来访问太老师者，大都即由李师应付之，毋庸太老师亲自出手也。师后任职南京军校，抗日战争发生，随校迁至成都，即定居焉。当时成都有外家巨子陈某者，平素不相信太极有技击作用，且谓是骗人、哄人。有人谓之曰："李某是真有功夫，不要轻视。"陈不信，一日至李师前而言曰："闻你会太极拳，且有技击功夫？"李师见彼来意不善，因直告之曰："你是来较量功夫的，明说就是，何必吞吞吐吐！"陈曰："善。"遂交手，被师连败三阵，口服心服，要求向师学习。师曰："你的身体已经练成僵硬麻木不灵了，我的功夫你是无法学的，倒不是我不教。"彼遂将其子拜入师门。师身体魁梧，气魄雄伟，练拳架式特别开展大方，另具一种飘逸之姿态。生平较技，不计其数，从未败北。晚年得膀胱癌（70岁以后），动过两次手术之后，其技益精。师诲人谆谆不倦，即在川中所成就之人才，如周子能、黄星桥、栗子宜、何其松、赵清溪、陈龙骧、付如海、贺洪明等，皆足传其技艺、为人师资，陈龙骧功夫尤深，栗子宜次之。另有林墨根者，虽非正式弟子，然其人肯钻研，勤学苦练，故功夫与以上诸人不相上下（注一），其子文涛，尤深得太极之精髓，惟稍次于陈、栗耳。师有一子，曰同俊，二女曰惠弟、敏弟，敏弟生于六十以后，然性喜拳术，能世其家，后与龙骧结褵。我于1942年从师学习，至1946年正式列入门墙，但以自身条件太差，与师会少离多，熏陶不够，成就不大，虽亦追随诸同学之后，不过滥竽充数耳。师与我感情最好，故其精心著作《太极拳练法详解》一书，交由我全权整编成册，其他日记、随笔等，亦交我代为整理。师七旬大庆之时，我特邮呈俚句，用表愚忱（注二）。我1974年最后一次晤师时，师喟然叹曰："相识满天下，知心能几人！你我师徒见面不易，当共摄一影，以留纪念。"斯时师之膀胱恶瘤适病情转重，然犹抱病为我改架子，密传练功秘键，并示太极枪法。离别之时（1974年7月9日晨，我是6月20日晨到师家的），又嘱我再次去蓉。不意于1976年3月动癌症第三次手术，以年龄过大，于4月11日晚上九点零八分与世长辞。师系甲午古六月十四诞生，至1976丙辰，享年82足岁。论师之体质，若非癌症相缠，期颐不难也。伤哉！

注一：见我问成都诸人，师回信，今附之于下。

　　关于你问成都练拳的人谁的功夫大小好坏的问题，今答之如下：老一班的人，如子能，功夫也有些，惜脚步不灵不随；黄星桥身势不大通，但他动作颇灵机，一般的人推手赢不了他；何其松功夫，身体太硬，但是身大有力；赵凯是后学，可是有聪明，有勇敢；赵清溪，大身体，也柔，也聪明，有弹性，发劲不错；栗子宜功夫大，但个子矮，我以前在他身上下功夫，教他推手，也有几下子，如再有散手动作就好了，我因他是个自私自利资产阶级的脑袋，故未教他散手。以上这些人论推手比能力，都不相上下。还有个林墨根，以前练过些乱七八糟其他不规则的东西，后跟子能学，子能说他不诚实，所以我也未十分地教他。但他十分用功，身体壮，因功夫大，脚下稳，力量大，好胜，论推手比能力，不在以上些人之下。还有一个付如海，是老班的人，聪明，和林推起手来，比林手法好，可是林弄起勇力来，付胜他不了。

　　至于青年人：一、贺洪明，廿多岁，现分到陕西蔡家坡工作，他和这班老的人，差点有限，此人有智慧，有勇敢，能活学活用。二、陈龙骧，廿三岁，在一三二厂当工人，因其品性好，我教得多，他学了些散手，与推手结合着用。他是 8 岁从学，练出东西来规矩，论能力，要真的斗起来，很少有人比得上他。与林拼斗过几次，林用蛮力冲击，陈以散手打他，有过几次把林打伤，林偷偷地倒没了趣去。然陈龙骧散手是会得多点，也有缺点，他腰板子硬，胆量小，在勇敢方面不够，如无这两个缺点，那是很不错的。练拳要天天在松软上、灵感上、稳静上、舒适上、沉着上，及利用呼吸上仔细思悟研究用功，久而久之，才能长进。

注二：师诞邮祝三首，癸卯七秩呈。

其一

太极技艺与道通，其中奥妙窈难穷。

形气神虚浅深别，松匀稳静外内融。

须知有着皆属病，岂若无为合天功。

最要惟是观师诀，一心密契造化同。

其二

道德崇高技入神，天矫行云游龙身。

有法非法吐肺腑，无象之象见天真。

妙悟能入大空定，高洁自守不忧贫。

数奇只缘卓识少，朝菌安知八千春。

其三

昔日锦城傍高门，化雨春风共晨昏。

亲眷聚居逾骨肉，道艺与析欣至言。

堪恨会少多别离，安能长时接清温。

惟愿吾师期颐寿，他日面谒究根源。

尚按：此三首有详注，已记入拙作《太极拳会心录》中，此不多及。

第四节　武汇川先生并其高足张玉、吴云倬、武贵卿略传

武汇川先生，身材伟岸，为澄甫太老师之首徒，人皆谓其功夫之深纯，仅次于太老师。我曾亲见先生与吴云倬先生于复旦大

学体育馆作推手表演，吴师亦身材魁梧，体重二百余磅，但武先生较吴犹高一头。以如是臃肿之身材，动作论理应不会灵便，谁知一经接触，两人四足如蝴蝶穿花、风驰电掣，又似水流云行，脚落于木板之上，毫无声息，一若微风不动者；但武一发劲，吴则张皇失措，每被击出寻丈之外，地下木板枕子，轰然有声，若将倾圮毁折然。当时上海诸武术家如陈微明，犹谓大师兄之功夫，直似金刚之体，与之推手，全身如有电流，一着即触，无不跌仆于寻丈之外。家师李公雅轩，于其同门少所许可，常谓郑曼青先生颇聪明，深懂真正的太极拳味，可惜侍师不久，对于正式的散手比斗不行（我在重庆跟郑先生学过，真正不错，只是时间不长，得益不多），惟有武汇川不错，功夫也很全面（指刀、枪、剑法全盘皆精），可惜鸦片烟把他害了。盖先生曾为张宗昌之部下，以致沾染了鸦片毒害。先生在上海授徒，榜其门曰"杨氏首徒武汇川太极拳社"。据家师李公云：太老师之技击，无人能敌，确实惟汇川先生尚敢与其拼斗数合，虽然也一样要被打伤打倒。其弟子之技术，以张玉为最，李师犹称其能。

吴云倬先生之功夫，仅次于张玉，曾在复旦大学任太极拳教授三年有余，乃余初学太极之师也。我初练外家字门拳二年，后又改练金家功夫三年，仍两脚无根，气血不畅，从先生习太极后，仅半载而根力自生。盘架子时，虽冬日严寒如割，练到第一个十字手，即自觉热气蒸腾，直贯指梢，如沸水上潮，寒意全消。并且式毕之后，自感两脚轻灵有根，气沉丹田，腹实胸宽，飘飘如仙，欲为凌风之游，其进功之境界，直今日与昨日不同，甚至晚练较早练又别。不幸道高魔高，发生演式则背椎剧痛，又不听师话，贪多务得，兼练太极剑、对剑、奇门剑、六乘枪等杂技，反致障碍了太极拳基本功夫的正常发展。随后日本侵华，抗战发生，遂与师别，明知不对，无处问津，幸遇银剑尘师兄指示介绍，正式列入李公雅轩之门墙，又才逐渐地找到了内中的真味。

汇川先生之侄武贵卿，其功夫稍次于云倬先生。汇川先生早卒，时年仅47岁。吴云倬先生亦于新中国成立之后去世。故吴剑岚先生谓目前上海真正之杨式太极拳，仅有张玉与武贵卿二人而已，因剑岚先生亦私淑于武汇川先生者，虽功夫未达成熟，然犹知其孰为正门、孰是邪径耳。

第五节　吴式太极诸名人传略

清廷倾覆，政治中心南移，诸武术名家亦随之先后南下，当时在太极拳方面，除了杨式而外，以吴式为盛。吴式的传承，是由旗人吴全佑先从禄禅先生学习，后又列班侯之门得来。全佑之子吴鉴泉，早年任教于北京各大学，后来又在上海长时教拳，就当时之声誉说，除澄甫先生外，则是吴鉴泉先生了。吴先生之拳，特别长于柔化，在致柔社周年纪念会上我曾亲眼见过先生表演，时年已六十开外，然举止轻灵，动作圆活，完全看不出有一点棱角滞涩的地方，真是令人佩服。不过就其架式之外形看，有点紧短前倾，不如杨式之中正安舒、大方开展，因之在自然松沉与气魄雄浑方面不够，此亦不可讳言者。先生之弟子，以徐致一为最著名，能以生理、心理与物理力学解释太极拳之内涵，其所著

《太极拳浅说》与《吴式太极拳》，比所有的太极拳著作都好，乃能知道太极拳之真正味道者，不特陈、武、孙诸式著作不能望其项背，就是陈微明、郑曼青编著之杨式的《太极拳术》《太极拳体用全书》也要稍逊一筹。杨式太极没有一本像样的书籍，李师的书很好，但又未能出版，确是憾事。此外吴先生的后学，还有先生之二子，其婿马岳梁，与赵寿邨、陈振民等，但究竟功力如何，我未见过，也就不敢乱说。不过我可以这样讲，吴式的真传正授，是不错的，学者如无机会学杨式，遇着吴式，千万不要轻易放过，它和那些杜撰的或修正的太极拳，是不可同日而语的。目前在上海的太极拳，无识者流，把陈式吹捧得相当高，实际上陈式的第二路炮捶，是百分之百的外家拳，第一路讲缠丝劲，也只是在形质上的矫揉造作，不过比一般外家拳稍微柔和一点。还有武式、孙式，比陈式又更柔一些，但武式松而不净，真正软沉松重的味道还未有，孙式是形意、八卦的底子，讲主动的快，松软程度尤差，更不要说轻灵虚无的境界了。

第四章　形意八卦略历

　　余于上海读书期间，除练太极外，亦兼事形意八卦之参研，据闻形意本岳武穆之遗，辗转传至姬隆丰，姬传李洛能、马学礼、戴龙邦，李传郭云深、刘奇兰，郭性好斗，外号"金眼雕"，有"半个崩拳打遍天下"之称。形意五行十二形，方法简单，应用方便，故在北五省中，流行最广。因形意拳与金家功夫俱源出姬家，同有五行、六合、十二形、四把捶，及头、肩、肘、手、臀、膝、足之着法名目，其身法步法亦完全相同，时代亦同，故二者实为同源而异流，不过在内容上不尽相同耳。

　　至于游身八卦掌，则系董海川先师访道于皖之百花山，得异人传授，其功以转行为主，螺丝劲，层出不穷，圈中圈，处处有变。由两仪单换，四象双换，以至乾坤坎离震艮巽兑八卦，再参伍错综之，则成八八六十四卦。董有凌空八步、提气腾空之能，曾与郭云深氏作友谊比赛，连斗三日，初尚亦步亦趋，后则愈变愈奇，最后一个穿掌，几伤郭喉，自动不发，斗亦结束，当时互道佩服，实则技高于郭。董授徒甚多，以程延华为最，能夜行四百里，空中搏飞鸟。程传弟子中，以孙禄堂为最知名。据云董海川先生临终之时叹曰："吾诚有负尔曹，我之功夫，汝曹未得十分之二三也，我有师弟应文天，异日若有机缘，可以事之。"孙既得程氏之学，不自满足，遍历名山大川，探访应师之踪迹，卒于川楚交界烟云缥缈之某高山中，相遇应师，得竟八卦掌之全功。其转掌之时，能身影连成一线，更或四围皆见其身。其生平轶事甚多，野史不少记载，早已脍炙人口。

我在上海致柔拳社周年纪念会上，曾见其子孙存周表演转掌，真是如龙游、如鹰翻，别具一种风味，四座掌声雷动，连呼"再来一个！"无不惊奇赞赏，叹为稀有！当时剑岚先生亦在座，归语吴云倬师，师云："好是好，乃二十余载之功力，其父犹谓其这也不行，那也不济云。"盖吴师曾从禄堂先生学，故知其始末如是。吴师又云："相传董师弥留之际，一弟子为更衣，师不欲，一举手将之抛掷于户外，距约一丈有余之遥。若是外家功夫，临终痛苦不堪，无此能力矣。"又武术界有点穴拿穴、分筋错骨之说，但此必须有特殊之功力，若同是内行，胜负仍决于技巧。郭云深与专擅点穴之刘某比试，刘某三次跌出，郭虽被点而不伤，即是显例。故吴师尝云，功夫成就后，着人如利刃枪弹，何必拘拘于一穴，既同是内行，各有技巧，对方非死人，又安能必中其某一穴。善哉言乎！

附录：武术轶闻二则

（一）

余族伯张鸣告者，与吾祖年龄相若之人也。余在小学读书时，犹屡见之，已年逾八旬矣，体量不逮中人，而矫健特甚。壮汉十余人，团团围抱之至极紧，彼一抖身，则十余人齐声倒地，俨若中心爆炸然。善踢毽子，不拘左右足，能在独凳之上一次踢两千以上。两手投石特远，比一般最善以石抛远者倍之。凡遇恶犬猛袭，彼能骤然蹲身，抓住恶犬之后腿，掷于寻丈之外，从无能逃其惩处。能空手入白刃，任持何等器械、相距远近，一动之间，彼已立于面前，而器械亦脱手坠地矣。彼初学拳于邻乡之周善元，已尽其妙，后复参拜鄂籍老武师施某者，其技益精。周为洪门，施亦是外家拳，然其技竟能出类拔萃一至于斯，可见功夫虽一，随学习者之会心如何掌握如何耳。

（二）

余学易筋经于涪陵黄克刚师，据云传功夫之某师，枯瘦如柴，全身薄皮包骨，简直不见有肌肉，但能胜重击，虽以铜鞭铁杵重刺其胁肋，如着花岗石上，不留痕迹。其年龄若何，籍贯何许，不以语人，临去之时，一弟子送之，至一楠竹林休憩，弟子请曰："师远行矣，能将其秘密功夫显示一二否？"师曰："我何能，不过练功精勤耳。"随以手拊一楠竹之根干，只听咋然有声，由根部直

武功薪传

趋梢巅，视之，竹裂直贯梢巅矣。又前行，至一冶铁铸铧之厂，其弟子复请之，师以手指足趾着铁铧上作饿虎扑食式，既起，视其指趾着处，如齑粉矣。遂去，不知所之。

黄师传易筋经，共有卅二式，其中如犀牛望月、翻铁门坎等，非有相当臂力并关节柔韧力强者不易作。与五禽功较，多玉关锁以固两腰、降魔杵以练阴蹻，其拍打推揉须别行，炼气功夫分九转，最后方是洗髓经，比五禽功更精深，惟导引姿势多而繁杂，不免有瑕瑜杂出之感。其入门礼神，用十二根香，十二支烛，十二副杯筷，以示十二年而功大成。黄师亦能身受重击，曾多次表演腹承汽车之重压。晚年境遇甚差，然犹寿至89岁。

第五章　道功诸师传略

　　银公正合宗道源老师，铜梁首富也。自幼好道，广参宿学，得异人授《三车秘旨》。至后复得上海丹道刻经会之《道窍谈》，因合印成编。又刻自著《合宗明道集》三册，编纂《明道语录》二册，并其他扬善之书十余种，无偿流通，广结道缘。抗战期间，复旦迁北碚对岸之黄桷镇，校中经济系主任兼教授之卫挺生先生，雅好中国气功强身之术，聘请涪陵黄克刚先生教易筋经真传，1937 年腊月寒假期间，卫请黄先生住其北碚附近之天生桥寄寓中，余每日往从，费了约二十日，将易筋经卅二式全部学完，并整理成册。适黄师有事不能续教，因请银剑尘先生前来代理，银即道源老师晚年之独子也。相处既熟，言及其父之道德，剑岚先生遂先往受教，回校之后，极赞其学识渊博，功力湛深。我在 13 岁时，已见到《参同契》、《悟真篇》、《金丹真传》、《试金石》（合称《四注悟真篇》），苦不能解。14 岁见《性命圭旨》，大喜过望，又后见《天仙正理》、《丹道九篇》、《仙佛合宗》、《金仙证论》、《慧命经》，心益豁然，但于层次转换、周天度数与象言比喻之间仍有未彻者。因吴师之激发，遂纂《丹经质疑录》一册，于1938年春往谒银师，列入门墙，反复请益，质疑诸问，涣然冰释，归来作《丹诀归一论》与《九层炼心一贯编》（现俱已不存）。理法既已明彻，惟待入室之印证矣。余之于身内阴阳清静丹法之事得贯通无惑者，实银师之赐也。

我虽然受银师之教，明白了本身阴阳之道，但对于《四注悟真篇》，仍觉凿枘不投。1941年冬，于重庆石桥铺张家花园重遇丁六阳先生，因为我在上海期间已曾在跑马厅世界环球旅舍访印权时会过一次，他这回透露了南宗身外阴阳的路子。我写信问银师，银师坚决反对，但《参同契》，尤其《金丹真传》之学又如何解释呢？因此在我心中留下一个疑团。后又遇阎仲儒师，也暗示了有身外之学，其时已入佛密，闻其中也有双身之道，心中于是得到决定。1945年到成都，闻有讲丹房器皿、法财两用之学者，即周师一三也，因即师事之。周师道号明阳，壮年精武术，曾随赵尔丰平定西藏，于道宗之学，无所不究。为了访道求师，曾裹干粮入开县之仙女洞探奇达半月之久，连身体肌肤因受硫磺熏染，也变黄色，过了半年才慢慢恢复。又在青城山里还作过两年多的静功，见到了一些光影，认为不究竟。后来遇陈祖莲溪，发明内外二事。清末，夔州鲍超奉旨炼丹，师追随陈祖也到那里，住了一段时间。后见鲍不知人元之重要，妄希天元之神丹，遂离去，至成都近邻之天彭，侍候祖师入室，亲眼看到祖师作了筑基、得药、结丹三步功夫。陈祖之师为扬州李春芳（李是状元），李则三丰祖师之亲授也。祖师做完三段功法后，当时四川制台丁公保坐成都，其外侄某依势欺良，强调民妇，陈祖之子通武，时任武官，忿而杀之。祖恐祸及，遂远行隐去，于时师适往嘉定，故未能与之同去。师得法之后，浮沉尘海近五十年，无法入室，仅服后天气以延年，兼作动功锻炼，故我遇师之时，虽已年近百龄，然犹两颊红润，耳目聪明，食量过人。师不信鬼神，专讲人体化学、药物神效，常云"金丹便是药中王"。人元之学，乃是三家相见，添油接命，不比讲静功者之仅似扭紧灯芯，减少消耗，延长灯明之时间也。此种功夫，只要条件具备，不啻乘飞机以赴北京，安享其成，需时亦不多，然福德智慧难齐，此三丰祖有"需福德过三辈天子，智慧胜七辈状元方可为之"之语。

因真正人元功法，究不易行，后来重读丹书，于闵真人《古书隐楼藏书》中，得知有虚空阴阳之事。此一功法，专在尽己以待人，曹真人所谓"形神虽曰两难全，了命未能先了性"。我辈福薄缘悭，周师之学既不能行，则此虚空阴阳之法，其唯一可践履之途径乎！总之道功之研究与实行，皆非易事，故明阳老师曰："知道易，信道难；信道易，明道难；明道易，行道难；行道易，成道难；小成易，大成难。若使不难，则天下皆至人矣。"

吾友张觉人君，陈撄宁先生之弟子也，亦曾师事银道源老师，与我为同门，生平于丹书无所不读，然学而不行，至87岁时，下肢浮肿，神识渐昏，方悔过去之非，然已晚矣，戒之哉！慎之哉！

注：金丹人元之学，百日筑基，可增加60岁之寿命，再行得药、结丹，则有300岁之寿年，其以后之炼己、还丹、温养等事，则往往不是马上可以续行，须待机缘成熟，方能从事，时间长短，或数年，或数十年，俱不一定也。

第六章 内学诸师传略

当我阅读丹经的同时，也见到了《心经》，但不明白其含义；又屡闻人言，佛法无边，教海汪洋，难穷其底，故初无心深入。1940年冬，报载重庆道门口钱业公会请王恩洋居士讲《心经》，我当时在李子坝蜀华公司做会计，姑往听之。不料一听就吸引了我，虽然是每天晚上听讲，两地相距在八里左右，不分晴雨，我一直坚持听至圆满。当讲到观心不住的住心法时，我顿然悟到了在修定修性的功法上，道家的不彻底，也可说没有佛法的高明。随后又在同一地方，听了龚云伯居士讲《普贤行愿品》、梅光羲居士讲《金刚经》，对佛法修心有更进一步的认识。代为银师发送道书时，又认识了农民银行顾徕山君，由他介绍我皈依贝马布达上师学佛法密宗。师为诸佛传承之传法弟子，已具证德，从之得到了观音、莲祖、五度母、五文殊、弥陀大法、金刚无量寿法、恒河大手印、入大圆胜慧密修法等。1942年春调职成都，又遇到了根桑上师，从之学忿怒莲师头鬘勇、颇瓦法、观音大灌顶、大圆满前行次第法及大圆胜慧本觉心要修证次第法、白哈拉护法。1945年冬，又从贡嘎上师领喜金刚大法灌顶、杜槎马护法，并与满空法师合作，译出《喜金刚常修略轨》。1949年春，于重庆再次遇贡师，从他领受胜乐金刚大法，嘛哈嘎拉、吉祥天母合修大法，金刚亥母法，大圆满综合传承，恒河大手印，上师秘密瑜伽法，阿苏马、善金刚、热呼拉三尊护法，并得到事业大手印亥母甚深引导大法。但我虽然承蒙诸上师的慈悲传授，对于大手印、大圆满与事业手印，还有未能豁然之处，幸赖韦见凡居士与秦仲皋居士惠我心地法门，陈新孜居士传我诺佛传承大圆胜慧不共前行，尤其陈健民居士传胜乐金刚下方口诀，韩大载居士赐《恩海遥波集》，韩大载与陈性白二居士为我印证大手印、大圆满之究竟义谛以及整个密宗之轮廓，使我得到了了义无惑决定正见，铭感五内。

很明显，道宗之修持，是着重气、脉、明点的，密宗之第二灌顶与第三灌顶修法，也是一样；大手印、大圆满与显教之禅宗，则是以修心为主的，本心具万种法，毋庸外求，故称内道，乃对向外驰求者而言也。然若以科学观点看，修心实即修脑修神经，而神经又无不包含气、脉、明点，不过渐修顿修之有别耳。

不问道功或佛法，其中有些学识都不是一下子便可学到的。道家南宗不必说，即佛密中之双身、大手印、大圆满，有终身得不到传承，即或得到传承，又弄不清楚具体内容，无从着手实践者，比比皆是。

还有，道家南宗与佛密双身之身外阴阳，虽同是修气脉，在道宗是修固色身，并且一层有一层之做法，由浅入深，从粗至精，最后形神俱妙，次第井然，一步不能逾越。在密宗则是滋润菩提心，乐上空，空上乐，乐空不二，打开心中脉结，证光明大手印，成就虹霓光蕴之身。其前列次第，亦是一步一步认证，前行未能如法如量成就，则正行无从说起。而正行之条件虽较道宗为简，欲完全合法，亦不易也。

又道宗金鼎火符、龙虎并用，乃是三家相见，敬如神明，爱如父母，用气不用质的；密法双身，降持提散，则是猛火里栽莲花，刀尖上翻筋斗，以空乐不二断俱生我执的，所以又称贪道。与专修心地法门的解脱道有所不同：一是欲乐之道，一是清静之事。其成就虽一，但度生降魔之力，则以修贪道者为胜，此贝马布达上师之口授也。

附注：中国密宗，有两大支流。一是唐朝时由印度传来的，未终唐世，即已转流东瀛，现在所谓之东密是也；一是唐末时由印度传至西藏的，一直保存流传到新中国成立以前，一般所谓藏密是也。藏密又分红、白、黄、萨四派。红教以莲华生为开山祖师；白教以马尔巴向印度支那诺巴学来，那师帝洛巴，帝师即金刚持也；萨迦亦称花教，乃综合红、白两教之精髓而自创体系者；黄教最晚出，乃宗喀巴大师针对三派只重行持不重戒律之流弊，而特另创一注重显教教理戒律之密宗也。准红白判教，分佛法为九乘，即显教三乘（声闻、圆觉、菩萨），密法下三部（作部、行部、瑜伽部），密法上三部（马哈、阿鲁、阿的，萨迦称父续、母续、无二续）。东密之法止于下三部，而上三部之无上密宗乃是藏密所独有的。诺那活佛是红、白两教昌都的活佛，其师贝雅达赖，住世150岁，临终之后，身缩至一尺许长，且变成晶体。诺佛早事清修，前后闭关十三载有余，因政见上倾向祖国，与达赖之甘附英国者不合，发生战争，战败被俘，为达赖囚于旱牢之中（山上掘土洞，直深三四丈，将人以绳放入其中）。师牢中勤修，功德日进，五年之后，绝食幻死，达赖使人验视无讹，并以宗教之礼火葬之。不料年余之后，却于内地北京出现，因此即在内地弘法。师之神通事迹最多，据贝马布达上师云，师在广东之时，一日有二人扶一患风瘫者前来礼叩求治，师起趋前，将其人一脚踢出五六尺远，其人顿觉如释重负，自起向师敬礼数拜，千万感谢而去。秦仲皋居士云，师在杭州之时，有章某居士者，夫妻平日感情最好，其妻暴死，哀思不已，致失神志，奔至上师之前，礼叩不起，必欲师生死人而后已，法众亦代为请求。师云，死者已腐，无能为力，若必团圆，只能易形，章亦同意，师令于距约数十里外之某家有新死之闺女，急往求之，言能使之复活，但活后须从我，并须订好条约。如法行之，女尸骤起，见章即相抱痛哭，而不识其本来之父母，于是斯家只得以女妻之而归。郑子壬居士云，彼患落头疽，医谓死无治，往礼上师，师见之，注目移时曰："恶魔！杀人不眨眼，该死！去！"一再礼拜请求，愿从此洗心革面，皈依座下，忏悔前愆。师取一竹筒，筒口尽是红丝线，令彼任拣一丝于耳门听之，所闻为何？以告。得一真言，师令记清回家，连夜不停诵之，并云停则必死。果依行，至翌晓，欲净面后再谒上师，正净面际，忽觉项痒，于无意中以手搔之，不意疽连痂脱，骇一大跳，以手抹项，平复无痕矣，遂往敬谢上师活命之恩，后知其真言乃时轮

　　　　　　　　　　　　　　　　武功薪传

金刚心咒也。余与居士同在根桑上师门下学大圆满时，只见其行住坐卧，除食饮对话外，从未辍止咒诵，盖彼原任军法官多年，至此已放下屠刀而成为一虔诚礼佛之优婆夷矣。诺师住世缘尽，大载居士在侧，据云：师身后诵开路经时，晴空隐隐有雷声，且现虹霓二道；师原体重一百五十余磅，圆寂后缩小如十一二岁童；昇赴火葬时，体重不过三十斤左右；火发之时，异香四溢，空中又现虹霓数道，且有雷鸣地震之应；火后收取五色舍利，心脏不化，现忿怒金刚状。附近喇嘛及居民皆曰："大喇嘛大成就矣。"众生福薄，未能继续住世度生，惜哉！

诺佛临寂，自荐贡嘎打尔马省哈前来内地，继彼未竟度生之业，广传红白两教无上密宗大法，说不能尽。

贝马布达上师仰承二师尤其诺佛之法教，亦能于定中知人因果业报，修法之时，诸佛、菩萨、金刚、护法降临，弟子之眼业净者皆能见之。西藏密宗于唐后千有余年而得继元代之后在内地弘扬者，此上三师之力为多也。

附录：圆光目击记

我1942年在成都从根桑上师学密法时，连续收重庆民生路月宫饭店王敬宇君来信，要求到成都见我，我想我毫无功德，因回信止之，言本人学浅行疏，劝之勿过信人言，万一若不择弃，待我腊底返家过渝时，决趋前拜望。后来我过重庆，住旧友沈君处，言及王事，沈自告奋勇，于午后三点钟伴我前去。得悉王为山东人，原任某军之团长，于抗日南口战争中，固赫赫有名者，但斯后则一蹶不振，故弃军职而转营商业。相见之后，畅谈一切，自叙宦场不兢，且家中一连发生不幸事故，非常灰心，故转生向道之志。彼全家系天主教信徒，但对于因果鬼神之事，感到渺渺无凭，因问有法可以现见否？沈曰不难。余当暗思彼大言不惭，究竟如何兑现？适已安排晚餐，沈曰："餐后再说吧。"

餐毕，王之夫人复请之。沈因问："你家有几个孩子？"遂出来四个孩子，还有一个曾姓合川籍之青年女仆（年约廿岁）。沈坐藤几，一面与我和王谈话，一面竖其右手以肘搁扶手之上，令彼五人观其指尖，如有所见，即以实告。一刻，五人皆曰："沈先生指端有白气。"沈问高若干，或曰一两寸，或曰三四寸，惟女仆曰有一尺以上。沈曰："你的眼力不错。"因令彼一人改观其掌中，仍见甚说甚。移时，她说掌中有白雾，沈曰再观。又移时曰，雾散光朗，犹如明镜。沈于是问王之夫人曰："你想看什么？"曰："我想看我三女儿。"问其名，以告。沈正色曰："请护法神把某人的灵魂与我提来！"移时，曾身向后退，连说"我不看了"，连说连退。王夫妇正色叱之曰："怕甚么？有我们呢！"沈亦曰："不要怕，有我在，你但说就是。"曾一面作畏缩状一面说："我看见三小姐了，三小姐好苦啊！仍着平时衣服，全身染血，正哀哀啼哭。"王夫妇亦黯然泪下，顿使全家沉入一片悲哀气氛中。沈曰："你我相见，亦是有缘，我为你们超度吧！"遂郑重其词曰，"请师尊！"移时曾曰："有一老叟出现。"沈于怀中出照片问之曰："如何？"曾曰："正是此人。"沈遂郑重其词曰："请师尊慈悲，将某人拔出苦海！"曾曰："老人与三小姐讲话了。"又曰，"三小姐向老人跪下。"又曰，"老人扶三小姐起立，拿出一件新衣披小姐身上。"又曰，"三小姐笑了，转身去了。"盖王之三女于其前不久产难而死也。

至此王说，我欲见某某人。沈亦如前提人，移时曾曰："有老头出现，衣八团花马褂，铜扣子，扣上有龙纹。"问其地址，曾一一说其房屋山势，老头正立于走廊之上。王曰："此家父也，其衣着亦符合，地址则山东老家之房屋也。"王又说一人名欲见，移时曾曰："有一女子出现，好漂亮啊！"王问其形状衣着，女一一告述。王曰："不错。"王又问："此人我能再见否？"曾曰："现字了——'不能'。"王曰："她与我是何因缘呢？"曾边看边慢慢地说："前一生一欠一她一三一百一几一十一几一元一钱。"王默想一刻，将大腿一拍曰："一点不错。"此事彼家人亦不知，盖彼曾在天津眷恋一个妓女，为她所用的钱，算来恰好是这数。于是曾曰："我想看我爸爸。"沈问了名字，嘱护法提人，移时，曾突然下跪，放声大哭不起。经王夫妇及沈劝说，她在地下跪着连哭连说，说她爸爸穿着一如过去，两手抚腰屈背，非常痛苦。原来她也读过书，后来母亲死了，留下她父女二人，后来她爸爸又腰部生疽，无钱治疗而死，她在家中不能生活，才跑到重庆找工作的。她跪在地下不断地哭，沈说："不必哭，你遇着了我，总算有缘，我一并替你超度了吧。"于是请师尊一如超度三小姐，她亲眼看见她爸爸着上新衣，容光焕发，面转笑容而去，于是她才拭泪起来了。

次夜，王友段伯阳医师亦来相见，段亦天主教徒，抗战前在汉口行医，此时则在月宫饭店之对面开业，且曾于报上征求与彼辩论关于天主教之教理者。段提出欲看曹某某，沈如法令现，曾见现出一老头，且曰其人与段先生很相像。段曰："不错，我固曹姓而过继段家者。"曾曰，老太爷背后立一女子，年约十八，手提铜制之灯，其形状如何。段曰："此我之姊，十八而夭，未死之前，固曾随时侍候家父者。"第三夜，王、段俱赴法坛皈依，曾见神佛不断出现，多有不辨其名者，又曰，"观音到。"我思我与观音有缘，因默求加持。曾曰："观音手中放光。"随向我头上看望曰，"其光直射至张先生之头上。"其他所问所见之事尚多，未能一一。我于新中国成立后学辩证法，深信其为世间之真理，但由此等事例观之，则又不能不承认物质世界之外尚有心灵世界之存在矣。

按：圆光乃假于人，如自己修定能见，即是天眼通。如诺佛之治病活人，是为神境通。此外贡嘎上师有他心通，如一日，一女师兄见师之四臂观音像，心甚爱之，想上师若将此像赐我才好呢，上师随曰，某居士，你喜欢四臂观音像，我过两天送你吧。过了数日，其人又想上师事多，说赐我佛像，恐怕忘记了。二日见上师，师即曰，给佛像的事我没有忘记，等我临走时给你吧。

第七章　医药术数诸师友传略

我稚年身体极坏，经常服药，家中旧有《寿世保元》，到了10岁以后，为了却病，经常翻阅，但始终找不着治病的规律。而幼年时的疾病虽多，总是由本地的老医姚礼堂先生治疗，少则一剂，最多也不过二至三剂就可以恢复健康。后来攻读科学，一般都有点鄙薄固有文化，尤其到了上海，有病都找西医治疗，因为学校校医，根本也就是西医，没有中医的。但是我有一次阴症伤寒，西药无效，经刘民叔中医师用了一个桂附重剂，真是药到病除。后来又一次伤风咳嗽，由西医治疗，咳剧治咳，咳已而痰涎涌盛，痰重祛痰，痰减而咳嗽转增，如此反反复复，久治不愈，改就江湾之中医与刘民叔医师治病，亦效果不佳，致胸胁痞闷，气郁干咳，昼夜不止，缠绵了两个多月。时语文教授吴剑岚先生见我长咳不已，因介绍我去找他的中医老师梁少甫先生求治。梁潘州人，当时为上海三大名医之一，一般中医治病，诊费不过二角，最多一元二，如陆士谔、陆渊雷等当时名医，而梁之诊费则是三元。

但我经治之后，真是如饮醍醐，一剂大效。后来也有一次，都是外面久治不痊，求他着手成春。因此我才对中医有了正确认识，并且不时购买中医书籍阅读。

我的语文程度较好，因与剑岚先生感情日深，无所不谈。先生原籍安徽之滁州人，天才甚高，诗词歌赋，出口成章，擅七弦琴，花卉翎毛尤精，别具一种清淡幽远之致（注），又深通武术，于太极为汇川先生之高足，且研几性命之理，实践定慧之学，我在复旦近卒业时之两年亦自学中国山水画，且喜探幽访奇，于催眠术、心灵学等无不涉猎，与先生之性格多同，遂与先生成莫逆。谈到中医，先生曰："你如学医，并不困难，须知中医书籍，虽浩如烟海，然《伤寒》、《温病》，是两大眼目。治之有二途，一是从《内经》、《难经》、《本草经》、《伤寒》、《金匮》以至《温病》，从古到今，依时次之早晚而学；另一则是从《温病》入门，再由之上究金元以至仲景、《内经》、《难经》，逆时序而回溯，近人体质薄弱，一般多是温病及其变病，故此法更为捷径实用。至于药性，以《本草三家注》为好。切脉贵在实践，初学只能由病验脉，渐久则能因脉测病，不可能一蹴即会。处方为画龙点睛之事，更关重要，处方与作文无异，善作文者，起承转合，条理井然；善处方者，君臣佐使，亦秩然有序，配置恰当。尤要博学多闻，增加一切有条理之知识，以为医用；若就医学医，能力有限也。"我于是用先生之法以治之，由浅入深，由近及远，果能得心应手，事半功倍，至今以医为业，且于此间有相当医誉者，实先生之教导也。

我于治病，不拘一家之言，外感以《伤寒论》（《来苏集》、《辑义按》、《金鉴》、《类方》等为最要）、《通俗伤寒论》、《温病条辨》、《湿热经纬》、《时病论》、《广温热论》、《寒疫合编》，《世补斋医书》等为宗，亦参日本之皇汉医学，与近人恽铁樵、陆渊雷之著作。杂病则以《金匮要略》、金元四家、葛可久、徐灵胎、傅青主、费伯雄、唐宗海（容川）、张寿甫（锡纯）等为据。在眼科上，因家父精眼科，余秉其"寒热勿过、解表勿忘"之法，以《审视瑶函》为主。妇科以傅青主、沈尧封、陈修园等为主。外科以《大成》、《正宗》、《金鉴》、《全生集》等为主。又本地名医经验，如姚礼堂先生之于内伤杂感、外祖父谭仙舫之于脾胃肝病，亦多取之。其他伤科、儿科、针灸，与自然科学、哲学、逻辑、辨证论等，皆多所涉猎，尤其丹经佛典、武术、气功之研究，能予医事以启发之处不少，此亦我之于杂病有不同于其他同道之治疗之缘由也。

我在 10 岁左右，见有为占时之术者，心即奇之。家中素有《卜筮正宗》三部，因祖父深信之故。13 岁时，又自购《武侯遁甲》、《梅花易数》诸书。占时术无准，易数用之有验。《正宗》初不尽解，又不敢问祖父（因非正业），至 14 岁方通。《遁甲》较难，后来买了《大全》、《五种龟》、《元灵经》、《烟波钓叟歌注》等，到了大学时间，才把它的起例弄懂，但随即置之，未做实验；要说比较懂得彻底，还是 1974 年遇到了霍斐然君，重新研究的结果。霍君通易象易数甚深，于来瞿塘、杭辛斋俱有微词。对奇门饶有兴趣，以《阴符经》释奇门，丝丝入扣，《阴符经》在过去即有人疑为唐李筌之所作，李曾作《太白阴经》，合《遁甲》究之，确不无蛛丝马迹之可寻。霍君又以易卦上坎下乾需变夬正卦互卦之象释刘伯温《烧饼歌》，亦若合符契。

总之，术数虽不见重于当世，然究是古代文化之遗，霍君现年不过四十而能有如斯前无古人之见解学识，确属难得。中国术数，奇门主地，大六壬主人事，与太乙占天，合称"三式"。太乙我未研究过，六壬之学，我亦涉猎，其中地盘天盘、四课三传，以发三传为最难。欲深入学习，须有《六壬大全》、《六壬寻源》、《六壬粹言》、《六壬际斯》、《六壬钥》等书，方有所依据。

此外地理风水，阴阳二宅之相法，我早年最不相信。结婚之后，岳叔以《地理小补》、《辨正直解》示之，感觉别有园地，怀着好奇心理，初学鲁瑶王师之法，次学樵仙陈师之法，又学肇修张氏、元极王师之法，至元极而臻其顶。师作《挨星金口诀》，确能贯通《辨正》一书而无惑，故师之门徒遍天下。其《伪法丛谈》、《地理辨正疏》、《三元阳宅粹编》等，亦流通甚广。元极师相貌奇古，于地学三元派玄空大卦挨星五行之法，探研四十余载，发明之后，以之遍验廿四名坟之兴衰成败时节因缘，皆一一符合。与人论学，辨析是非，坚持原则，丝毫不相假借。然性仍谦虚，余与师仅相晤一面，晤时反询我对于形势之看法，余即以所知者告，师极然之。据冯藻光师兄云，有人来天昌馆（师开设之书局）谈地者，师时清理书籍，一面工作，一面高谈，直至来人惶恐佩服而去。师在地理这一术数中，殆亦可谓之权威者矣。

注：吴师精花卉翎毛，绘成所题之诗词尤超绝，我过去保有师之作品不少，可惜于1968年间全部化为乌有。至1977年底（即前此数日），师自动寄我条幅一帧，山石两丛，间以菊卉，其清淡超逸之姿，直是不食人间烟火之绝响，自题诗曰："萧萧落木石斓斑，云自悠悠水自宽；开到霜华谁识得，任他风看倚清寒。"诗画相辉，洵是佳构，当永宝之。

1978年1月3日深夜

第八章　九十自述

忠州张义尚　遗作

皖水余兆祖　整理

友人赵小田赠诗一首

赠虚一子

我爱虚一子，沉静寡言笑。

身为富家郎，而无纨绔貌。

朴素任天真，超然淡怀抱。

佛心与侠骨，贯以金丹道。

旁及医卜书，胥能中肯窍。

问年未四十，努力犹深造。

会当臻玄奥，洞彻乾坤妙。

我于 1910 年降生，1 岁丧母，并且一下地即赖姨祖母抚育，长养成人。我稚年体质屡弱，到了 13 岁那一年，病五心潮热，盗汗骨蒸，几乎丧失了生命。业师邓少甫先生看到了我的身体太坏，讲了许多武侠奇士锻炼身体的故事，我因此知道身体可以转变，人定可以胜天，立志要努力与病魔作斗争。14 岁入高小，认识了王万森兄，知道他父亲是个拳师，所以翌年就拜在他父亲王鲁璠师门下学字门拳。经过两年的苦练，又结合做少林拳术的深呼吸法，身体得到了很大的益处；但从技术上面和内功方面说，我渐渐认识到斯功的不足，所以在我 18 岁那年（1928）的秋天，由我岳叔谈有恒的介绍，列入周师之德门墙学金家功夫。我当时兴致很浓，虽然正读中学，又是新婚之后，但逢寒暑两假及短暂节日，家里可以不回，而师家是一定要去的。如是两年过后，周师见我之求学，心诚且切，方逐渐为我说深层功法，总计前后五载，才见到金家的全盘底细，至于内功、观想、悬空诸诀，则是到了1956～1957 年间，才彻底明白。

当我在初中时候，已经看到了《太极拳谱》，赏识了它的高深；后来在上海读复旦大学高中部，1933 年下期，学校请上海武术界到校表演，见到了武汇川先生与吴云倬先生推手，无限神往。1934 年春，学校开始请吴云倬先生教太极拳，我立即加入学习，一年学完架式，又学推手、剑法、对剑、枪法，当时进步甚速，自感日新月异；不幸至 1937 年 7 月，中日战争爆发，遂与师隔，无人指点，歧路彷徨，又旁及易筋、形意，几至不欲再练太极，后遇郑曼青师，才扭转了我的认识。1942 年至成都遇李师雅轩，未得大益；1946 年春复至成都，正式入李师门墙，并与师同住了将近两年，才将架子定型。可惜当时于松软一点有所误会，新中国成立后又荒疏了十一二年，至1963年，又才重新用功。由于对松软含义未透彻，虽然下了五年功夫，都是走了岔路。1968年被逼停练，1970年恢复，已不如过去之精勤。1974年重到成都，弄清了一些关键问题，归来反复研究，又整理李师杂记与随笔，到现在才可以说是大彻大悟。想到师资的重要，因此写了上面的《金家功夫二三事》，至于今后成就如何，则是以自己的主观努力如何为断了。

余学易筋经于涪陵黄克刚师，据云传功夫之某师，枯瘦如柴，全身薄皮包骨，简直不见有肌肉，但能胜重击，虽以铜鞭铁杵重刺其胁肋，如着花岗石上，不留痕迹。其年龄若何，籍贯何许，不以语人，临去之时，一弟子送之，至一楠竹林休憩，弟子请曰："师远行矣，能将其秘密功夫显示一二否？"师曰："我何能，不过练功精勤耳。"随以手扪一楠竹之根干，只听咋然有声，由根部直趋梢巅，视之，竹裂直贯梢巅矣。又前行，至一冶铁铸铧之厂，其弟子复请之，师以手指足趾着铁铧上作饿虎扑食式，既起，视其指趾着处，如齑粉矣。遂去，不知所之。

黄师传易筋经，共有卅二式，其中如犀牛望月、翻铁门坎等，非有相当膂力并关节柔韧力强者不易作。与五禽功较，多玉关锁以固两腰、降魔杵以练阴蹻，其拍打推揉须别行，炼气功夫分九转，最后方是洗髓经，比五禽功更精深，惟导引姿势多而繁杂，不免有瑕瑜杂出之感。其入门礼神，用十二根香，十二支烛，十二副杯筷，以示十二年而功大成。黄师亦能身受重击，曾多次表演腹承汽车之重压。晚年境遇甚差，然犹寿至89岁。

忆14岁时，偶见《悟真篇四注》，购而读之，深信其义理渊深，登真有诀，无如隐语满纸、譬喻连篇，如入五里雾中，莫辨东西。后于一亲戚处见《性命圭旨》，喜其语意浅显，立赴书店购归，反复诵习，然节节变转，功候不明，终始大旨，卒莫了然。又约两载，方见《天仙正理》、《慧命经》、《金仙证论》、《仙佛合宗》等书，不禁大喜，以为道在是矣。然与《四注》等南宗之书对勘，则又格格不合，莫知所可。廿九之龄，始遇我道源老师，指个入处（师姓银，四川铜梁人，直承涵虚西派，号道源，又学龙门派，号合宗。自著《合宗明道集》三册、《明道语录》二册、辑印《道窍谈》、《三车秘旨》、《九层炼心》，普赠有缘，并同时发送其他木版道书善书多种）。但于南派功法，不能汇通，总觉歉然。其后参师访友，历搜秘册，南北东西，并究合研，直至卅六之岁，缘遇周师一三，方悟金鼎火符，非师不明，门派繁多，法各有异。若不分清来脉，混参混究，无异李戴张冠，必致凿枘不投。因又发箧详研，分门别类，随读随思，随思随录，前后十六载，始见精中之精、细中之细，纲领条目，融合贯通。于焉理明而心澈，心澈而不惑（彻底开悟），而年亦五十又二矣！

夫成证一事，攒簇五行，盗夺造化，若师诀不真，即入门无路。师诀纵真而穷理未彻，则行持之际，异见奇闻，心无本柄，稍有变转，必疑贰自阻矣。且理不彻者，见必不定，见不定者，功必不力，则纵有所修，皆是浅尝，动静不续，等同儿戏，欲入混沌之窍，显先天之元者，难乎其难！（上摘自尚师《心气秘旨·

附序》）

人元之学，乃是三家相见，添油接命，不比讲静功者之仅似扭紧灯芯，减少消耗，延长灯明之时间也。此种功夫，只要条件具备，不啻乘飞机以赴北京，安享其成，需时亦不多，然福德智慧难齐，此三丰祖有"需福德过三辈天子，智慧胜七辈状元方可为之"之语。因真正人元功法，究不易行，后来重读丹书，于闵真人《古书隐楼藏书》中，得知有虚空阴阳之事。此一功法，专在尽己以待人，曹真人所谓"形神虽曰两难全，了命未能先了性"。我辈福薄缘悭，周师之学既不能行，则此虚空阴阳之法，其唯一可践履之途径乎！总之道功之研究与实行，皆非易事，故明阳老师曰："知道易，信道难；信道易，明道难；明道易，行道难；行道易，成道难；小成易，大成难。若使不难，则天下皆至人矣。"

吾友张觉人君，陈撄宁先生之弟子也，亦曾师事银道源老师，与我为同门，生平于丹书无所不读，然学而不行，至87岁时，下肢浮肿，神识渐昏，方悔过去之非，然已晚矣，戒之哉！慎之哉！

注：金丹人元之学，百日筑基，可增加60岁之寿命，再行得药、结丹，则有300岁之寿年，其以后之炼己、还丹、温养等事，则往往不是马上可以续行，须待机缘成熟，方能从事，时间长短，或数年，或数十年，俱不一定也。

当我阅读丹经的同时，也见到了《心经》，但不明白其含义；又屡闻人言，佛法无边，教海汪洋，难穷其底，故初无心深入。1940年冬，报载重庆道门口钱业公会请王恩洋居士讲《心经》，我

486

当时在李子坝蜀华公司做会计，姑往听之。不料一听就吸引了我，虽然是每天晚上听讲，两地相距在八里左右，不分晴雨，我一直坚持听至圆满。当讲到观心不住的住心法时，我顿然悟到了在修定修性的功法上，道家的不彻底，也可说没有佛法的高明。随后又在同一地方，听了龚云伯居士讲《普贤行愿品》、梅光羲居士讲《金刚经》，对佛法修心有更进一步的认识。代为银师发送道书时，又认识了农民银行顾徕山君，由他介绍我皈依贝马布达上师学佛法密宗。师为诸佛传承之传法弟子，已具证德（注：贝马布达上师为诺那、贡噶二位活佛之弟子中得金刚阿奢黎灌顶可以代师传法之大德，修法之时，诸佛菩萨临，凡眼业净者皆能见之）。从之得到了观音、莲祖、五度母、五文殊、弥陀大法、金刚无量寿法、恒河大手印、入大圆胜慧密修法等。1942 年春调职成都，又遇到了根桑上师，从之学忿怒莲师头鬘勇、颇瓦法、观音大灌顶、大圆满前行次第法及大圆胜慧本觉心要修证次第法、白哈拉护法。与此同时，值遇湖南陈健民居士从西康贡噶山闭关回内地，过蓉转赴乐山、嘉定，彼此相遇，于宝慈佛学社（根桑上师讲场），一见如故，我于居士，亦师亦友，斯后鱼雁频通者，几四十载有余。

1945 年冬，又从贡嘎上师领喜金刚大法灌顶、杜槎马护法。并与满空法师合作，译出《喜金刚常修略轨》。1949 年春，于重庆再次遇贡师，从他领受胜乐金刚大法、嘛哈嘎拉、吉祥天母合修大法，金刚亥母法，大圆满综合传承，恒河大手印，上师秘密瑜伽法，阿苏马、善金刚、热呼拉三尊护法，并得到事业大手印亥母甚深引导大法。但我虽然承蒙诸上师的慈悲传授，对于大手印、大圆满与事业手印，还有未能豁然之处，幸赖韦见凡居士与秦仲皋居士惠我心地法门，陈新玫居士传我诺佛传承大圆胜慧不共前行，尤其陈健民居士传胜乐金刚下方口诀，韩大载居士赐《恩海遥波集》，韩大载与陈性白二居士为我印证大手印、大圆满之究竟义谛以及整个密宗之轮廓，使我得到了了义无惑决定正见，铭感五内。

我稚年身体极坏，经常服药，家中旧有《寿世保元》，到了10岁以后，为了却病，经常翻阅，但始终找不着治病的规律。而幼年时的疾病虽多，总是由本地的老医姚礼堂先生治疗，少则一剂，最多也不过二至三剂就可以恢复健康。后来攻读科学，一般都有点鄙薄固有文化，尤其到了上海，有病都找西医治疗，因为学校校医，根本也就是西医，没有中医的。但是我有一次阴症伤寒，西药无效，经刘民叔中医师用了一个桂附重剂，真是药到病除。后来又一次伤风咳嗽，由西医治疗，咳剧治咳，咳已而痰涎涌盛，痰重祛痰，痰减而咳嗽转增，如此反反复复，久治不愈，改就江湾之中医与刘民叔医师治病，亦效果不佳，致胸胁痞闷，气郁干咳，昼夜不止，缠绵了两个多月。

时语文教授吴剑岚先生见我长咳不已，因介绍我去找他的中医老师梁少甫先生求治。梁潘州人，当时为上海三大名医之一，一般中医治病，诊费不过二角，最多一元二，如陆士谔、陆渊雷等当时名医，而梁之诊费则是三元。但我经治之后，真是如饮醍醐，一剂大效。后来也有一次，都是外面久治不痊，求他着手成春。因此我才对中医有了正确认识，并且不时购买中医书籍阅读。

我的语文程度较好，因与剑岚先生感情日深，无所不谈。先生原籍安徽之滁州人，天才甚高，诗词歌赋，出口成章，擅七弦琴，花卉翎毛尤精，别具一种清淡幽远之致（注），又深通武术，于太极为汇川先生之高足，且研几性命之理，实践定慧之学，我在复旦近卒业时之两年亦自学中国山水画，且喜探幽访奇，于催眠术、心灵学等无不涉猎，与先生之性格多同，遂与先生成莫逆。谈到中医，先生曰："你如学医，并不困难，须知中医书籍，虽浩如烟海，然《伤寒》、《温病》，是两大眼目。治之有二途，一是从《内经》、《难经》、《本草经》、《伤寒》、《金匮》以至《温病》，从古到今，依时次之早晚而学；另一则是从《温病》入门，再由之上究金元以至仲景、《内经》、《难经》，逆时序而回溯，近人体质薄弱，一般多是温病及其变病，故此法更为捷径实用。至于药性，以《本草三家注》为好。切脉贵在实践，初学只能由病验脉，渐久则能因脉测病，不可能一蹴即会。处方为画龙点睛之事，更关重要，处方与作文无异，善作文者，起承转合，条理井然；善处方者，君臣佐使，亦秩然有序，配置恰当。尤要博学多闻，增加一切有条理之知识，以为医用；若就医学医，能力有限也。"我于是用先生之法以治之，由浅入深，由近及远，果能得心应手，事半功倍，至今以医为业，且于此间有相当医誉者，实先生之教导也。

我于治病，不拘一家之言，外感以《伤寒论》（《来苏集》、《辑义按》、《金鉴》、《类方》等为最要）、《通俗伤寒论》、《温病条辨》、《湿热经纬》、《时病论》、《广温热论》、《寒疫合编》，《世补斋医书》等为宗，亦参日本之皇汉医学，与近人恽铁樵、陆渊雷之著作。杂病则以《金匮要略》、金元四家、葛可久、徐灵胎、傅青主、费伯雄、唐宗海（容川）、张寿甫（锡纯）等为据。在眼科上，因家父精眼科，余秉其"寒热勿过、解表勿忘"之法，以《审视瑶函》为主。妇科以傅青主、沈尧封、陈修园等为主。外科以《大成》、《正宗》、《金鉴》、《全生集》等为主。又本地名医经验，如姚礼堂先生之于内伤杂感、外祖父谭仙舫之于脾胃肝病，亦多取之。其他伤科、儿科、针灸，与自然科学、哲学、逻辑、辨证论等，皆多所涉猎，尤其丹经佛典、武术、气功之研究，能予医事以启发之处不少，此亦我之于杂病有不同于其他同道之治疗之缘由也。

我在 10 岁左右，见有为占时之术者，心即奇之。家中素有《卜筮正宗》三部，因祖父深信之故。13 岁时，又自购《武侯遁甲》、《梅花易数》诸书。占时术无准，易数用之有验。《正宗》初不尽解，又不敢问祖父（因非正业），至 14 岁方通。《遁甲》较难，后来买了《大全》、《五种龟》、《元灵经》、《烟波钓叟歌注》等，到了大学时间，才把它的起例弄懂，但随即置之，未做实验；要说比较懂得彻底，还是 1974 年遇到了霍斐然君，重新研究的结果。霍君通易象易数甚深，于来瞿塘、杭辛斋俱有微词。对奇门饶有兴趣，以《阴符经》释奇门，丝丝入扣，《阴符经》在过去即有人疑为唐·李筌之所作，李曾作《太白阴经》，合《遁甲》究之，确不无蛛丝马迹之可寻。霍君又以易卦上坎下乾需变夬正卦互卦之象释刘伯温《烧饼歌》，亦若合符契。

总之，术数虽不见重于当世，然究是古代文化之遗，霍君现年不过四十而能有如斯前无古人之见解学识，确属难得。中国术数，奇门主地，大六壬主人事，与太乙占天，合称"三式"。太乙我未研究过，六壬之学，我亦涉猎，其中地盘天盘、四课三传，以发三传为最难。欲深入学习，须有《六壬大全》、《六壬寻源》、《六壬粹言》、《六壬晬斯》、《六壬钥》等书，方有所依据。

此外地理风水，阴阳二宅之相法，我早年最不相信。结婚之后，岳叔以《地理小补》、《辨正直解》示之，感觉别有园地，怀着好奇心理，初学鲁璠王师之法，次学樵仙陈师之法，又学肇修张氏、元极王师之法，至元极而臻其顶。师作《挨星金口诀》，确能贯通《辨正》一书而无惑，故师之门徒遍天下。其《伪法丛谈》、《地理辨正疏》、《三元阳宅粹编》等，亦流通甚广。元极师相貌奇古，于地学三元派玄空大卦挨星五行之法，探研四十余载，发明之后，以之遍验廿四名坟之兴衰成败时节因缘，皆一一符合。与人论学，辨析是非，坚持原则，丝毫不相假借。然性仍谦虚，余与师仅相晤一面，晤时反询我对于形势之看法，余即以所知者告，师极然之。据冯藻光师兄云，有人来天昌馆（师开设之书局）谈地者，师时清理书籍，一面工作，一面高谈，直至来人惶恐佩服而去。师在地理这一术数中，殆亦可谓之权威者矣。

注：吴师精花卉翎毛，绘成所题之诗词尤超绝，我过去保有师之作品不少，可惜于1968年间全部化为乌有。至1977年底（即前此数日），师自动寄我条幅一帧，山石两丛，间以菊卉，其清淡超逸之姿，直是不食人间烟火之绝响，自题诗曰："萧萧落木石斓斑，云自悠悠水自宽；开到霜华谁识得，任他风看倚清寒。"诗画相辉，洵是佳构，当永宝之。

虚一子诗抄

（李雅轩师七秩寿诞邮祝三首）

其一

太极技艺与道通，共中奥妙穷难穷。

形气神虚浅深别，松匀稳静外内融。

须知有着皆属病，岂若无为合天功。

最要惟是观师诀，一心密契造化同。

其二

道德崇高技入神，天矫行云游龙身。

有法非法吐肺腑，无象之象见天真。

妙悟能入大空定，高洁自守不忧贫。

数奇只缘卓识少，朝菌安知八千春。

其三

昔日锦城傍高门，化雨春风共晨昏。

亲眷聚居逾骨肉，道艺与析欣至言。

堪恨会少多别离，安能长时接清温。

惟愿吾师期颐寿，他日面谒究根源。

尚按：此三首有详注，已记入拙作《太拳会心录》中，此不多及。

（九十自述至此）

后　序

　　忠州张义尚先生，当世之真人也。古有学人问本净和尚云："师还修行也无?"本净和尚对云："我修行与汝别。汝先修而后悟，我先悟而后修。""是以若先修而后悟，斯则有功之功，功归生灭。若先悟而后修，此乃无功之功，功不虚弃。"先师张义尚先生，即所谓"先悟而后修"者也。其学涉及金家拳、太极拳，丹道三元丹法，佛教密宗大圆满、大手印、那洛六法，中医学、药学、针灸学，周易占卜星相、地理、奇门遁甲、太乙、六壬诸术数，旁及绘画、花卉翎毛、古典诗词，无不该通。

　　先师1910年5月6日生于重庆市忠县，1937年毕业于上海复旦大学经济系，生前为忠县政协委员，忠州镇中医院中医师。尚师14岁习武，1928年师从周之德学金家功夫，且从黄克刚学真传易筋经32式，并得李雅轩亲授杨式太极拳，此皆武林之绝技。张义尚先生还师从吴剑岚、梁少甫学习中医，广览医籍，民国年间以张虚一的名字参加全国中医资格考试，在蜀中名列第七，竟成当地名医，后终生行医为业。1940 年，尚师又皈依贝马布达上师学佛法密宗，继之由贡嘎活佛灌顶授法，俱有成就。其间同陈健民大师多有交往，曾为陈氏《中黄督脊辨》作序，收入中国社会科学出版社《曲肱斋全集》第五册。1939 年，张义尚先生又拜大江西派宗师李涵虚嫡传弟子银道源为师，得丹道西派之别传。精研自身阴阳丹道十年悟透闵小艮虚空阴阳丹法之后，又寻觅同类阴阳丹法以破解《参同契》、《悟真篇》之秘，1945 年在成都幸遇周一三先生，得龙虎丹法之传，至此人元大丹之学已大备。张义尚先生多才多艺，于丹道、佛密、中医、武功四门绝学，皆有过人之处。吾自 1980 年起在海内外潜心寻访三家四派丹法传人，阅人多矣，近世丹师自李涵虚而后，其精研丰博无人能出张义尚先生之右者。张义尚先生的遗著《丹道薪传》、《武功薪传》、《中医薪传》、《禅密薪传》皆具有国宝级的学术价值。

　　20 世纪 70 年代末，我在广州中山大学读书期间结识内丹学家无忧子师，得南宗同类阴阳丹道法诀之传。其中有龙虎丹法修持法诀，对男子性保健有关者记忆深刻。然此道耗资巨大，条件难备，有如庄子所云"屠龙术"，虽学得妙术，龙却难寻，实无所施其技矣。直到 1982 年，我关于内丹学的研究得到钱学森院士的关注，他建议我展开对丹道法诀和佛教密宗的调研，为他倡导的人体科学作出贡献。我为调研丹道法诀和密宗承传，亲赴康藏，出入禅密、行走江湖、跋涉山林，历时 30 年，耗资 13 万元，于 2009 年 9 月将调研的最终成果《丹道法诀十二讲》交到钱学森院士手上。但是，人体科学研究所遭遇的长达 30 多年的政治游戏是发人深思的。使人稍感庆幸的是，我以自己艰苦卓绝的劳动完成了钱学森老师交代的人体科学调研任务，也为中华民族保存下一份珍贵的非物质文化遗产，这项调研活动因老丹师的去世别人无法重复了。

我于1981年春访道崂山太清宫曾师事匡常修道长，他建议我到中国道教协会跟王沐先生学习丹道。1985年初我来到北京，和王沐老师朝夕相处，并给他整理出版了《内丹养生功法指要》。当时他正校注《悟真篇》，将其一律解为自身阴阳的清净丹法，和我在广州所得无忧子丹法传授大相径庭。因之，我将自己所知同类阴阳丹法大略讲给王沐先生听，被王沐老师斥为"学了邪术"，并说他曾在济南从一郝姓道长受龙门律师戒，是"宗"字辈，要我也皈依龙门派，诚心学道。王沐老师十分推崇陈撄宁先生的丹道观点。他在"文化大革命"前和陈氏有交往，佩服陈氏的学问和为人，早在1987年就将台湾出版的《中华仙学》拿给我看。陈撄宁的《中华仙学》是汇集了民国年间一大批与陈氏交往的学道菁英的文献，其学术观点影响国内外学人达半个多世纪之久。《中华仙学》是我一生研读着力最多的一部书，盖因陈撄宁之人格气节跃然纸上，和我心灵有相通处。而后我在个人著作、报章杂志、《中华道教大辞典》中向学术界多方介绍陈撄宁先生，对其推崇不遗余力焉。我的丹道调研工作的重点也以陈撄宁为中心全面铺开。陈撄宁一生丹道著述最重要者有两种，一为《学仙必成》传清净丹法，一为《参同契讲义》，传彼家丹法，惜未定稿。我为了完成钱学森老师交代的丹道调研任务，在既无空调又无暖气的陋室中熬过两度严冬和酷暑，以极为虔诚的心情修补完成陈氏《参同契讲义》，了其生前遗愿，并按彼丹师的要求请了两位海内外知名的哲学家为此书写了序言。陈氏《参同契讲义》整理稿交给他后，该丹师突然爽约，拒不按承诺交出陈氏《学仙必成》手稿由我复印，又要擅自删去原经他同意邀请两位哲学家为陈撄宁《参同契讲义》写的序言。我当时暗暗立下誓愿，一定要参访到从学理到修持都高于陈撄宁的丹师，使丹道的研究超越陈撄宁时代的水平，并打破江湖丹师的垄断，将丹道推向学术研究的殿堂，并把法诀公诸于世，使之不再充当江湖门派争名夺利的工具。此后我走访了多名当年接触过陈撄宁的丹师，查清了陈撄宁和该江湖丹师的真正底细，陈撄宁《学仙必成》及其他手稿也不期而至，完成了对陈撄宁的调研任务。

1995 年我主编的《中华道教大辞典》在海内外发行，来信来访日益增多。安庆的余兆祖先生"文化大革命"前毕业于清华大学，夫妻俩曾师事陈撄宁之侄陈可望先生，来京时带来台湾真善美出版社张义尚先生的《仙道漫谈》。由于陈撄宁不谙龙虎丹法，王沐先生又斥为"邪术"，因之我将广州所得无忧子师所传丹法在箱子里压了 14 年，见张义尚先生之书，方知龙虎丹法才是吕洞宾、张伯端、三丰真人一脉正传。张义尚老师委托我和余兆祖道友整理他的书稿，才发现尚师一生拼力于佛、道、医、武之研究，用功颇巨，其著述系独立精思修持经验而成，皆有传世的价值，生前名声未能大彰者，因受历史条件的限制，著述无法面世故也。我和余兆祖道友花了几年功夫将尚师手稿搜集齐全录入电脑，又

　　　　　　　　　　　　　　　　　　武功薪传

经我反复校改编成《丹道薪传》一书，送尚师审定，没想到时日迁延，张义尚师于2000年12月5日以颇瓦法辞世，终年91岁，《丹道薪传》整理稿亦在丧葬期间流失矣！彼时余兆祖道友已皈依藏密宁玛派，去甘孜白玉县亚青寺闭关修持大圆满，临行前把尚师的所有资料托付给我。幸好我当时为了尽快完成丹道的调研任务，收了上海的杨靖超、姚劲松、林锋、张懿明四个学生随我学习丹道，他们文化水平较高，曾追随多名老丹师学道有年，可以协助我完成上海一带的丹师参访。其中张懿明曾追随张义尚、胡美成等，于是我委托他继续整理尚师的《丹道薪传》和《武功薪传》，为此他付出了艰苦的劳动。《中医薪传》也由学生录入电脑，由中医古籍出版社的名医樊正伦先生帮忙校改。

按原定计划，张义尚师等人的著述排在我的《丹道法诀十二讲》之后，由社会科学文献出版社统一出版。谁知几经波折，我的《丹道法诀十二讲》至2009年9月才问世，当调集尚师著述的电脑光盘时又发现由于电脑的更新换代发生残缺。唐山盛克琦君是我门下弟子，雅好丹道修持，曾四处拜师求道，和我交往多年，对丹道研习日久，其学术水平竟在我招收的博士研究生之上。我将继续整理《丹道薪传》、《武功薪传》和《中医薪传》的任务委托给他。盛君为此披肝沥胆，付出了巨大的心血和劳动，为此次尚师遗著面世出力最多功德最大者。此书即将面世之际，我非常怀念张义尚老师的哲嗣张力先生，他自幼随父习武，在太极拳、金家拳、医药学诸方面皆有极高造诣，2001年10月我曾去忠州为尚师扫墓探望师母及他全家，2002年4月又在武当山参拜张三丰

后 序　　　　　　　　　　　　　　　　　　　　497

真人时相见，相处甚洽。张力师弟年刚过六十，竟英年早逝，遗下盛年之妻和幼女幼子，颇感伤情。《武功薪传》后来的电子稿，是云南的张宏先生提供的，书中的武功操演图片亦取之他的功照。张宏先生乃张义敬先生之子，张义尚老师之侄，幼承家教，不仅继承其父小提琴、太极拳之绝技，又得先师张义尚金家拳之真传。吾观张宏先生资质甚佳，是修道之上根利器，能绍继此数般绝学，乃师门之幸也。《禅密薪传》的手稿，亦为张宏先生提供。然这些书稿大都是先师20世纪50年代的手迹，录入和校对工程令人望而生畏。吾年近古稀，已不堪如此沉重的劳作，因此，除张懿明、盛克琦君曾为代劳外，将最繁难的《禅密薪传》委托给了西安终南书院的朱文革先生，《中医薪传》的校对则委托给北京广安门医院的中医师李游女士。朱文革又名朱沐尘，本为军校年轻的教官，和台湾僧人释一吉以及蒋俊女士皆为尚师生前得意的学生，尤以朱文革得先师传授最多，与我交往亦有年。我四处拜师求道，实为完成钱学森老师的丹道调研任务，并未拘于一派之传，将来张义尚老师所创丹派之掌门人，亦非朱文革君莫属矣。李游女士在中国中医科学院研究生院听过我的讲课，她竟将网上所有关于我的资料搜索齐全写出一篇研究论文。吾知其为有心人，故将《丹道法诀十二讲》送她研读，并将尚师《中医薪传》委托她校对，亦可谓得人。这样我只要最后将这四本书审读定稿，就可以完成先师之遗愿矣。

尚师生于蜀东巨富之家，幼年失怙，锐力求学，拜师访道，多在1949年前。1949年后，尚师在乡间行医为生，在当地颇有声望，虽不乏政治运动干扰，但尚师和光同俗，潜心著述，故其手稿大都完成于20世纪50~60年代，多为一些读书札记，著书喜摘取前贤成说，重要著作则经多次改写、反复锤炼而成。"文化大革命"期间尚师受残酷迫害，当地群众谣传他受捆绑跪打，一夜之间能飞身去北京上访，革命派畏其武功，未敢过甚，是以得保有用之躯。"改革开放"之后，尚师遂周游天下，传道授徒，精研医术，悬壶济世，间或给某《气功》杂志写些文章，这些文章亦被录入《丹道薪传》之中。《中医薪传》是20世纪60年代尚师为响应政府号召培训当地中医师编写的教材，曾刻蜡纸油印，当时国家尚无此类教材出版，至今过去近50年尚珠光灿然。《武功薪传》除收入尚师绝学金家功夫、真传易筋经，尚有太极拳、气功修炼等，故名之曰武功。《禅密薪传》乃尚师摘取释典精要而成，一册在手，佛密心法一览无余矣！尚师之著述，60年来，多有散失，今面世者，不过十分之六而已！

《道德经》云："图难于其易，为大于其细；天下难事，必作于易，天下大事，必作于细。是以圣人终不为大，故能成其大"（六十三章）。吾之未敢早务修持归隐山林者，因平生有五件大事尚未及完成。其一为全国老子道学文化研究会已从中国社会科学院转到教育部，挂靠南京大学。需筹集资金将其重新启动起来，并创建老子文化基金会，把老子学院推向全世界。现全国道学文化爱好者不下7000万人，欧美等国家亦甚风行，此文化战略关系着中华民族的命运，也关系着人类的和平大业。其二是我以30年心血调研丹道和佛密著成《丹道法诀十二讲》，有两种版本，一为

后 序

80万字版的三卷本，价630元；一为120万字版的八卷礼品珍藏本，价6300元。需有胆略善于发行书籍的企业家投资300万元和出版社合作重新启动起来，可获数亿元商机，我则仅为保存中华民族的一项非物质文化遗产而已。其三是整理出版先师陈国符先生的《道藏源流考》（再增订版）和尚师的《丹道薪传》、《武功薪传》、《禅密薪传》、《中医薪传》，以为中华民族道学的研究开拓进展，我则仅为兑现承诺报答师恩而已。其四是重新修订《中华道教大辞典》，使其成为道学领域一部经典的工具书，留传后世，在此基础上选编一部小型的《中华道教辞典》，以备普及和实用。其五为倾我毕生学力，取古今中外文化之精华，创立有时代精神的新道学，著成《新道学引论》一书。目前新儒学已传了四代，新道学还没创立起来，这一学术工程终归是要人做的。近两年来，我不开会、不赴宴、不会客，以诚信、宽容、忏悔、感恩的心法清理自己的心灵，等待有缘人助我完成此心愿。尚师之遗著付梓，是我当年拜师时对他的承诺，亦是五大心愿之一部。尚师在那个年代精心著述，曾多方投递，甚至给郭沫若上书，仍不能出版，今日在全国最高学术殿堂中国社会科学院的社会科学文献出版社赫然付梓，先师有灵，或可稍伸己志哉！记得2000年3月吾有一诗贺尚师九秩寿诞，诗云：

曾许百代游人间，

仙骨嶙峋气森严。

执象不害天下往，

悬壶能济世事艰。

已经蠹鱼三食字，

肯将尺素一脉传。

四海莺燕歌眉寿，

身居阆苑自长年。

先师之遗著能顺利出版，特别要感谢社会科学文献出版社的谢寿光社长、人文科学图书事业部主任宋月华女士，以及责任编辑诸先生，他们和我多年合作结下了深厚友谊。值尚师之遗著即将面世之机，特邀尚师之弟、重庆太极拳名家张义敬先生为之作序，吾亦向读者略述其始末，以志缘起云尔。

胡孚琛

识于中国社会科学院

2011 年重阳节

图书在版编目（CIP）数据

武功薪传／张义尚编著 . -- 修订本 . -- 北京：社
会科学文献出版社，2016.6（2025.2 重印）

（述而作）

ISBN 978 - 7 - 5097 - 9062 - 5

Ⅰ.①武… Ⅱ.①张… Ⅲ.①武术气功②气功 - 养生
（中医） Ⅳ.①G852.6②R214

中国版本图书馆 CIP 数据核字（2016）第 086542 号

·述而作·

武功薪传（修订版）

编 著／张义尚

出 版 人／冀祥德
项目统筹／宋月华
责任编辑／周志宽 侯培岭
责任印制／王京美

出 版／社会科学文献出版社·人文分社（010）59367215
地址：北京市北三环中路甲 29 号院华龙大厦 邮编：100029
网址：www. ssap. com. cn
发 行／社会科学文献出版社（010）59367028
印 装／三河市东方印刷有限公司

规 格／开 本：889mm × 1194mm 1/32
印 张：16.125 字 数：340 千字
版 次／2016 年 6 月第 1 版 2025 年 2 月第 6 次印刷
书 号／ISBN 978 - 7 - 5097 - 9062 - 5
定 价／69.00 元

读者服务电话：4008918866